[세무사 시험대비]

황정빈
정통 재정학

미시경제학

서울고시각

**Stand by
Strategy
Satisfaction**

새로운 출제경향에 맞춘 수험서의 완벽서

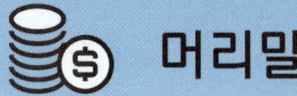 머리말

이 책의 목적은
"재정학의 이해"
단 하나이다.

경제학과에서 재정학은 미시경제학을 선수과목으로 이수한 학생에 한해 수강 신청 자격이 주어진다. 재정학이라는 학문 자체가 미시경제학의 응용분야에 해당하고, 그에 따라 재정학에서 다루는 대부분의 내용들도 미시경제학 이론을 토대로 하고 있기 때문이다. 미시경제학에 대한 충분한 학습이 선행되지 않은 상태에서는 재정학에서 다루는 내용들을 이해하기가 어렵고, 학습시간도 길어진다.

그렇다고 해서 미시경제학의 모든 내용을 학습하고 이해해야 하는 것은 아니다. 재정학에서 다루는 내용은 미시경제학에 비해 그 범위가 제한적이기 때문에 재정학의 이해라는 궁극적인 목적에서 동떨어진 내용들은 굳이 학습할 필요가 없다. 뿐만 아니라, 세무사 재정학이라는 좀 더 구체적인 틀에서 보면 재정학을 위해 필요한 미시경제학 이론들도 심도 깊은 학습을 요하는 것은 드물다.

필자는 이러한 점들을 고려하여 세무사 재정학 시험을 준비하는 수험생이 짧은 시간에 효율적으로 미시경제학 이론을 정립하고, 재정학 고득점을 목표로 할 수 있도록 도와주자라는 취지에서 이 책을 썼다.

미시경제학 이론들 중 반드시 필요한 내용들을 중심으로 내용 이해를 돕기 위한 다수의 부연 설명을 추가하였다. 그리고 기존에 파트별로 실려 있던 확인학습 문제를 내용 중간중간에 예제로 배치하여 전체 분량을 간소화하였다. 결론적으로, 전체 페이지 수는 꽤 줄었지만, 그 내용의 충실도는 더 높아졌다고 할 수 있겠다. 세무사 시험을 준비하는 수험생 모두의 행운을 빌며, 부디 이 책이 꿈을 향해 내딛은 한 걸음을 튼튼하게 받치는 디딤돌이 되기를 바라 본다.

마지막으로, 책이 나오기까지 각종 편집 작업과 몇 번이나 되는 교정 요구에도 아무 불평 없이 수고를 아끼지 않아 주신 서울고시각 출판사 직원분들께 다시금 감사의 말씀을 드린다.

황정빈 드림

Contents

CHAPTER 01 경제학의 개요 및 방법론 ·········· 2
    제1절 희소성의 법칙과 선택의 문제 ·········· 2
    제2절 합리적 선택과 기회비용 ·········· 6
    제3절 생산가능곡선 ·········· 8
    제4절 경제체제 ·········· 12
    제5절 경제학의 방법론 ·········· 13
    ■ 요약정리 / 18

CHAPTER 02 수요·공급이론 ·········· 20
    제1절 시장과 가격 ·········· 20
    제2절 수요 ·········· 22
    제3절 공급 ·········· 28
    제4절 시장의 균형 ·········· 33

CHAPTER 03 수요와 공급의 탄력성 ·········· 38
    제1절 탄력성 ·········· 38
    제2절 수요의 탄력성 ·········· 39

CHAPTER 04 소비자잉여와 생산자잉여 ·········· 58
    제1절 소비자잉여와 생산자잉여 ·········· 58
    ■ 요약정리 / 61

차례

PART 03 소비자이론

CHAPTER 05 한계효용이론 · 64
- 제1절 소비자이론의 개요 · 64
- 제2절 한계효용이론 · 66

CHAPTER 06 무차별곡선이론 · 72
- 제1절 개요 · 72
- 제2절 무차별곡선 : 주관적 조건 · · · · · · · · · · · · · · · 73
- 제3절 예산선 : 객관적 조건 · · · · · · · · · · · · · · · · · · · 82
- 제4절 소비자균형 · 85
- 제5절 소비자균형의 이동 · 92
- 제6절 가격효과와 수요곡선 · · · · · · · · · · · · · · · · · · · 97
- 제7절 보상변화와 동등변화 · · · · · · · · · · · · · · · · · · 105

CHAPTER 07 소비자이론의 응용 · 108
- 제1절 사회보장제도 · 108
- 제2절 이자율과 저축 및 소비 · · · · · · · · · · · · · · · · · 113
- ■ 요약정리 / 119

PART 04 생산자이론

CHAPTER 08 생산이론 · 124
- 제1절 생산자이론의 기초 · 124
- 제2절 단기생산함수 · 126
- 제3절 장기생산함수 · 129

CHAPTER 09 비용이론 · 147
- 제1절 비용의 기초개념 · 147
- 제2절 단기비용함수 · 149
- 제3절 장기비용함수 · 155
- ■ 요약정리 / 160

Contents

PART 05 시장이론

CHAPTER 10 완전경쟁시장 ········· 164
- 제1절 시장이론의 개요 ········· 164
- 제2절 완전경쟁시장의 개념 및 특징 ········· 166
- 제3절 완전경쟁시장의 단기균형 ········· 167
- 제4절 완전경쟁시장의 장기균형 ········· 173
- 제5절 완전경쟁시장에 대한 평가 ········· 177

CHAPTER 11 독점시장 ········· 179
- 제1절 독점시장의 개념 및 특징 ········· 179
- 제2절 독점시장의 단기균형 ········· 181
- 제3절 독점시장의 장기균형 ········· 186
- 제4절 가격차별 ········· 188
- 제5절 독점시장에 대한 평가 ········· 195
- 제6절 독점의 규제 ········· 196
- 제7절 자연독점 ········· 198

CHAPTER 12 독점적 경쟁시장 ········· 201
- 제1절 독점적 경쟁시장의 개념 및 특징 ········· 201
- 제2절 독점적 경쟁시장의 단기균형 ········· 202
- 제3절 독점적 경쟁시장의 장기균형 ········· 203
- 제4절 독점적 경쟁시장에 대한 평가 ········· 204

CHAPTER 13 과점시장 ········· 205
- 제1절 과점시장의 개념 및 특징 ········· 205
- 제2절 과점이론 ········· 206

CHAPTER 14 게임이론 ········· 208
- 제1절 게임이론의 개요 ········· 208
- 제2절 게임의 균형 ········· 209
- 제3절 게임이론의 응용 ········· 211

■ 요약정리 / 215

차례

PART 06 생산요소시장이론

CHAPTER 15 생산요소시장이론 ································ 218
 제1절 생산요소시장이론의 개요 ························ 218
 제2절 노동시장의 행동원리 ······························· 219

 ■ 요약정리 / 228

PART 07 거시경제학

CHAPTER 16 거시경제학의 기초 ································ 230
 제1절 거시경제학의 양대 조류 ························· 230

CHAPTER 17 국민소득 ·· 232
 제1절 국내총생산 ·· 232
 제2절 저축과 투자 ·· 237
 제3절 고전학파의 대부자금시장 ······················· 238

CHAPTER 18 케인즈의 국민소득결정이론 ·················· 240
 제1절 케인즈의 국민소득결정이론 ··················· 240
 제2절 케인즈의 승수이론 ································· 244

CHAPTER 19 총수요-총공급이론 ······························ 248
 제1절 총수요곡선 ·· 248
 제2절 총공급곡선 ·· 249
 제3절 재정정책과 금융정책 ······························ 251

CHAPTER 20 환율이론 ·· 258
 제1절 환율이론 ·· 258

 ■ 요약정리 / 261

황정빈 길라잡이 재정학 미시경제학

PART

01
경제학의 기초

01 경제학의 개요 및 방법론

CHAPTER 01 경제학의 개요 및 방법론

제1절 희소성의 법칙과 선택의 문제

1 희소성의 법칙

(1) 희소성의 법칙

① 희소성의 법칙(law of scarcity)이란 인간의 욕망은 무한한 데 비해 이를 충족시켜 줄 수 있는 경제적 자원이 상대적으로 부족한 현상을 말한다.
   - ✚ 자원의 희소성이란 절대적인 자원의 양이 부족한 것을 의미하는 것이 아니라, 사람들이 원하는 양에 비해 자원이 상대적으로 부족한 상태를 의미한다.

② 무한한 욕구에 비해 경제적 자원은 그 양이 한정되어 있으므로 제한된 자원을 효율적으로 사용하는 최선의 방법을 선택해야 할 필요성이 발생한다.

③ 여기서 말하는 경제적 자원이란 생산물을 생산하기 위해 생산 과정에 투입되는 생산요소(factors of production)로서 노동과 같은 인적자원(human resources)과 공장, 기계설비(자본재) 등의 물적자원(physical resources), 토지, 지하자원 등의 자연자원(natural resources)으로 구분된다.
   - ✚ 인적자원을 노동으로, 물적자원을 자본으로, 자연자원을 토지로 대표시키면 생산요소는 크게 노동, 자본, 토지의 세 가지로 구분할 수 있다.

(2) 재화와 서비스 … 경제행위의 대상

① 경제적 자원이 희소하므로 이를 사용하여 생산되는 생산물(산출물)인 재화와 서비스도 희소할 수밖에 없다.

② 재화(goods)란 사람들이 사용 혹은 소비함으로써 만족을 얻을 수 있는 것으로, 희소성 여부에 따라 자유재(free goods)와 경제재(economic goods)로 나뉘고, 경제재는 용도에 따라 소비재(consumer goods)와 자본재(capital goods)로 구분된다.
   - → 자유재는 공기, 햇빛, 물과 같이 대가 없이도 얻을 수 있는 재화이고, 경제재는 희소성이 있어서 대가를 지불해야만 얻을 수 있는 재화이다.
   - → 소비재는 인간의 욕구를 충족시키기 위해 일상생활에서 직접 사용되는 재화이고, 자본재는 다른 재화나 서비스의 생산에 사용되는 재화이다.
   - ✚ 자유재는 희소성의 법칙이 성립하지 않으므로 경제학의 분석대상에서 제외된다.
   - ✚ 동일한 재화라 하더라도 그 용도에 따라 소비재(예 개인용 자동차)가 될 수도 있고, 자본재(예 업무용 자동차)가 될 수도 있다.

③ 서비스(용역, service)란 교사의 수업, 의사의 진료와 같이 사람들이 만족을 얻을 수 있는 유용한 행위를 말한다.

☑ 자유재인 재화라 하더라도 시대와 환경이 변하면 경제재로 바뀔 수 있다. 예컨대, 깨끗한 공기와 물을 얻기 위해 공기청정기나 생수를 사야 하는 현재의 상황에서 공기와 물은 점차 경제재로 바뀌고 있다.

2 경제문제

① 경제적 자원이 희소하므로 모든 사회는 다음의 세 가지 경제문제에 직면하게 되는데, 이를 '경제의 3대 문제'라고 한다(P. A. Samuelson).

> - 어떤 재화를 얼마나 생산할 것인가? (생산물의 종류와 수량)
>   : 제한된 자원으로 어떤 재화를 얼마나 생산할 것인지 결정해야 한다. 이러한 의사결정의 기준이 되는 것이 기회비용이다.
> - 어떻게 생산할 것인가? (생산방법)
>   : 재화의 종류와 수량이 결정되면 어떤 방법으로 그 재화를 생산할 것인지 결정해야 한다. 이는 곧 희소한 생산요소들을 각 재화 생산에 어떻게 투입해야 가장 효율적인지를 결정하는 것이다.
> - 누구를 위해 생산할 것인가? (소득분배)
>   : 생산된 재화를 사회 구성원에게 분배하는 메커니즘에 대한 결정이 이루어져야 하며, 설정된 메커니즘에 의한 재화의 분배는 공평해야 한다.

✚ 재화의 분배는 공평한 것이 바람직하나, 어떤 분배방법이 공평한지에 대해서는 견해가 엇갈린다.

② 경제문제의 근본적인 발생원인은 자원의 희소성이다.
③ 일부 경제학자들은 전통적인 경제의 3대 문제에 '언제 생산할 것인가?'의 동태적인 자원배분 문제를 포함시켜 경제의 4대 문제라고도 한다.
④ 위의 경제문제를 해결하는 방법은 경제체제에 따라 다르다.
⑤ 자본주의 경제체제하에서는 자원배분이 시장기구(market mechanism)에 의해 이루어지므로 기본적인 경제문제가 시장의 '가격기구'를 통해 해결되는 것으로 보고 논의를 전개한다.

☑ **경제의 3대 문제**
- 생산물의 종류와 수량
- 생산방법
- 소득분배

> **참고 ▶ 희소성의 법칙과 경제문제**

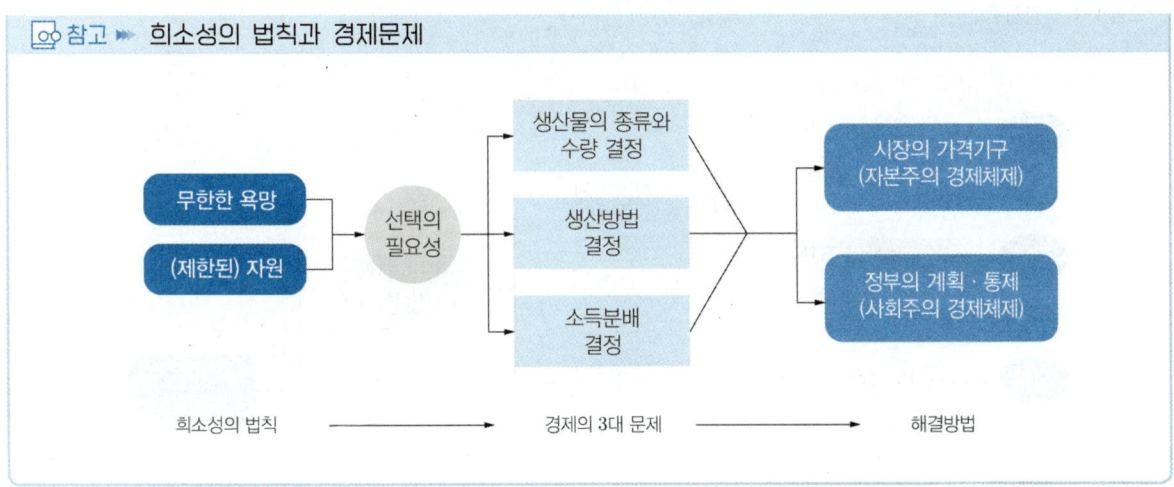

3 경제주체와 경제순환

> 경제주체는 가계, 기업, 정부, 외국으로 구성되고, 이 중 가계, 기업, 정부를 3대 경제주체라고 한다.

(1) 경제주체

1) 가계
   ① 생산물시장에서 재화와 서비스를 소비하고, 생산요소시장에서 생산요소를 공급한다.
   ② 가계(소비자)는 효용극대화를 추구한다.

2) 기업
   ① 생산물시장에서 재화와 서비스를 생산하고, 생산요소시장에서 생산요소를 수요한다.
   ② 기업(생산자)은 이윤극대화를 추구한다.

3) 정부
   ① 가계와 기업으로 구성된 민간경제에 시장실패가 발생하면 시장에 개입하여 이를 조정한다.
   ② 정부는 사회후생극대화를 추구한다.

4) 외국
   ① 다른 나라의 가계·기업·정부를 합한 경제단위로 국제무역의 대상이 되는 경제주체이다.
   ② 국제수지는 균형이 바람직하다.

그림 1-1 경제주체

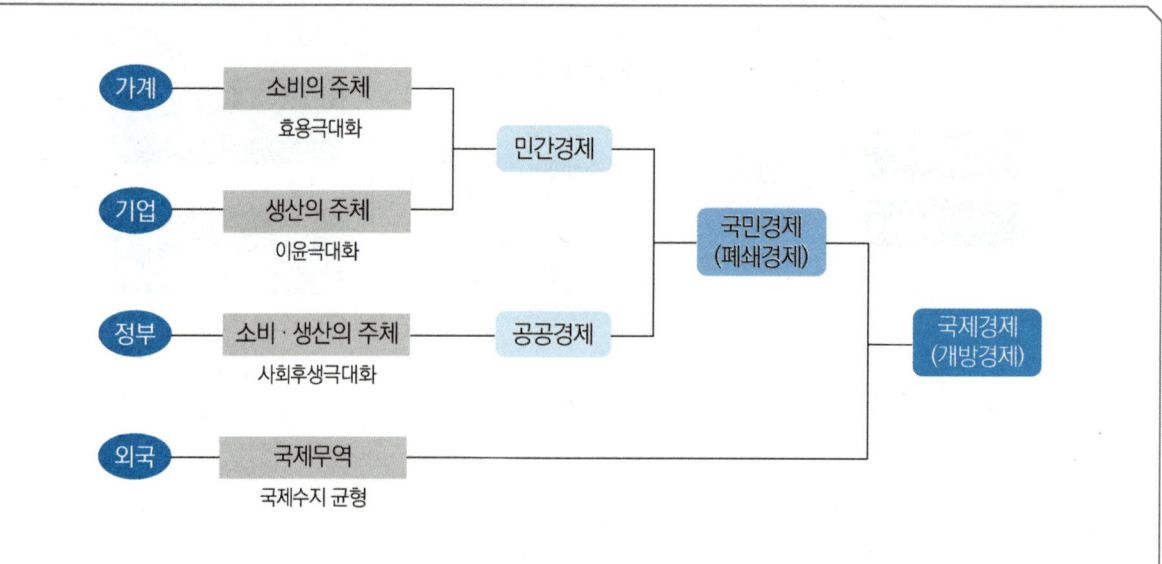

(2) 경제순환

① 가계와 기업만으로 구성된 민간경제에서의 경제순환 과정을 간단히 정리하면 아래 그림과 같다.
② 가계는 생산요소시장에서 노동, 자본 등의 생산요소를 공급하고 그 대가로 얻은 소득을 지출하여 생산물시장에서 재화와 서비스를 구입한다.
③ 기업은 생산물시장에서 재화와 서비스를 판매하고 얻은 수입으로 생산요소시장에서 생산요소를 수요하고 그 대가를 지불한다.
④ 생산물시장에서 수요와 공급에 의해 각 재화의 가격이 결정되면 기업은 어떤 재화를 생산할지 결정하고, 그에 따라 생산요소에 대한 수요가 결정된다.
⑤ 이 과정에서 생산요소의 가격이 결정되고, 희소한 경제적 자원이 어떤 재화 생산에 투입될지가 결정된다.

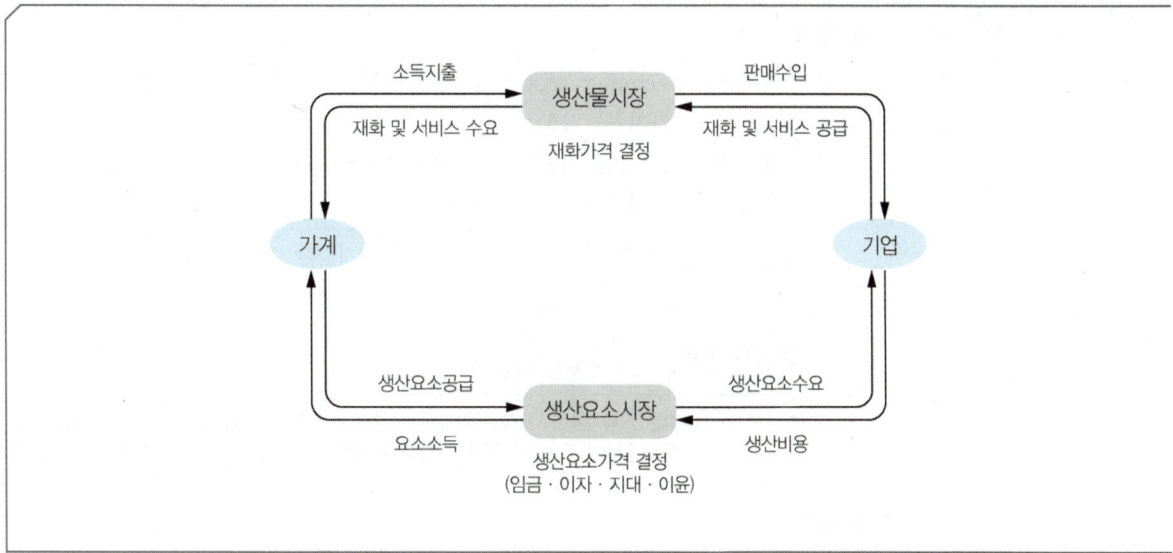

경제순환모형 그림 1-2

4 경제학의 정의

① 경제학(economics)이란 인간의 물질적 욕구를 충족시키기 위해 희소한 자원을 어떻게 활용할 것인지를 연구하는 학문으로서 선택의 문제를 다루는 학문이다.
② 경제학은 사회과학의 한 분야이며, 사회전체의 관점에서 경제문제를 어떻게 해결해야 할 것인지가 경제학자들의 주요 관심사이다.
③ 전통적으로 재화와 서비스의 생산, 교환, 분배, 소비 등과 관련된 선택의 문제가 경제학의 주요 연구대상이었으나, 최근 들어서는 범죄, 출산, 예술, 스포츠 등의 분야로까지 연구범위가 확대되고 있다.

제2절 합리적 선택과 기회비용

1 합리적 선택

① 합리적 선택(rational choice)이란 경제적 효율성이 달성될 수 있도록 선택하는 것을 말한다.
② 여기서 말하는 경제적 효율성이란 최대효과의 원칙 혹은 최소비용의 원칙이 달성됨을 의미한다.
→ 최대효과의 원칙 : 주어진 자원으로 최대의 효과를 얻고자 하는 것
→ 최소비용의 원칙 : 일정한 효과를 최소의 비용으로 얻고자 하는 것

2 기회비용과 매몰비용

기회비용
실제로 지출하지 않았다 하더라도 비용의 성격을 띠면 모두 포함시키는 포괄적 비용의 개념

(1) 기회비용

1) 개념

① 기회비용(opportunity cost)이란 어떤 대안을 선택함으로써 포기해야 하는 다른 대안들의 가치 중 가장 큰 것을 말한다.
② 경제학에서 사용하는 비용은 전부 기회비용의 개념이며, 기회비용에는 명시적 비용과 암묵적 비용이 모두 포함된다.

명시적 비용	어떤 대안을 선택할 때 실제로 지출한 비용으로 회계적 비용이라고도 한다.
암묵적 비용	그 대안을 선택하지 않고 다른 대안을 선택하였다면 얻을 수 있었던 것의 가치를 말한다.

➕ 대학 진학에 따른 기회비용은 대학에 진학할 때 실제로 지출되는 등록금, 책값과 같은 명시적 비용(회계적 비용)뿐만 아니라 대학에 진학하지 않고 직장을 다녔다면 얻을 수 있었던 소득, 즉 암묵적 비용(묵시적 비용)까지 포함한다.

2) 특징

① 합리적 선택을 위해서는 항상 기회비용의 관점에서 의사결정을 내려야 한다.
➕ 야구나 축구 유망주들이 대학 진학을 포기하고 프로구단에 입단하는 것은 일반 학생들에 비해 대학 진학에 따른 기회비용이 매우 크기 때문이다.
② 기회비용이 주어진 경우에는 기회비용만 고려하면 되지만, 기회비용 외에 선택에 따른 편익이 주어진 경우에는 편익에서 비용(기회비용)을 차감한 순편익이 가장 큰 대안을 선택해야 한다.

$$순편익 = 편익 - 비용$$

③ 기회비용은 주관적 개념이므로 두 사람이 동일한 선택을 하더라도 기회비용은 서로 다른 것이 일반적이다. 또한, 동일한 사람이 동일한 선택을 하더라도 상황에 따라 기회비용의 크기는 다를 수 있다.

④ 기회비용은 대부분 화폐액으로 측정될 수 있지만, 심리적인 부분은 화폐액으로 측정이 불가능한 경우도 있다.

(2) 매몰비용

1) 개념

① 매몰비용(sunk cost)이란 일단 지출한 뒤에는 다시 회수가 불가능한 비용을 말한다.
② 예컨대, 광고비나 연구개발비 등과 같이 일단 지출하고 나면 회수가 불가능한 비용이 매몰비용이다.

> **✓ 매몰비용**
> 일단 지출한 뒤에는 어떤 선택을 하더라도 다시 회수가 불가능한 비용

2) 특징

① 매몰비용은 회수가 불가능한 비용이므로 기회비용이 0이다.
② 합리적 선택을 위해서는 의사결정 시에 매몰비용은 고려하지 않아야 한다.
   ✚ 어떤 회사가 5억원의 수입 증가를 예상하고 신제품을 개발하는 데 지금까지 3억원을 지출하였으나, 신제품 개발을 완료하기 위해서는 추가로 4억원이 더 소요될 것으로 판단된다. 이 경우, 기존에 지출한 개발비용 3억원은 매몰비용이므로 의사결정 시에 고려해서는 안 되며, 손실을 보더라도 4억원을 더 지출하여 신제품 개발을 지속하는 것이 바람직하다.

 다음 중 기회비용(opportunity cost)에 대한 예로서 옳지 않은 것은?
① 서류를 보관하였다면 내지 않을 수 있었는데 서류를 보관하지 않아서 지불하게 된 세금
② 아이스크림과 커피 중에서 하나를 골라야 하는 상황에서 고민 끝에 커피를 선택한 경우에 포기한 아이스크림
③ 자신 소유의 건물에서 레스토랑 사업을 하지 않았더라면 받을 수 있었던 건물 임대료 수입
④ 사업을 하기 위해 포기한 직장에서 받을 수 있었던 월급

💡해설

기회비용이란 어떤 대안을 선택함으로써 포기해야 하는 다른 대안들의 가치 중 가장 큰 것을 말한다.
① |×| 서류를 보관하지 않아서 지불하게 된 세금은 업무를 제대로 처리하지 않아 발생한 비용을 의미할 뿐이다. 따라서 기회비용의 예라고 볼 수 없다.
② |○| 커피를 선택하지 않았더라면 아이스크림을 선택할 수 있었다. 따라서 포기한 아이스크림이 커피의 기회비용이 된다.
③ |○| 본인 소유의 건물에서 레스토랑 사업을 하지 않았더라면 건물을 임대하여 임대료 수입을 얻을 수 있었다. 따라서 포기한 임대료 수입이 레스토랑 사업의 기회비용이 된다.
④ |○| 사업을 하지 않았더라면 직장에서 월급을 받을 수 있었다. 따라서 포기한 직장에서 받을 수 있었던 월급이 사업의 기회비용이 된다.
따라서 ①번이 옳지 않다.

제3절 생산가능곡선

1 생산가능곡선의 개념 및 형태

(1) 생산가능곡선의 개념 및 형태

① 생산가능곡선(Production Possibility Curve ; PPC)이란 주어진 자원과 기술수준하에서 그 경제가 모든 자원을 효율적으로 사용하여 최대로 생산 가능한 생산물의 조합을 나타내는 곡선을 말한다.
  ✛ 논의를 단순화하기 위해 생산물인 재화는 X재와 Y재만 존재하는 것으로 가정한다.
② 일반적으로 생산가능곡선은 우하향하고 원점에 대하여 오목한 형태이다.

(2) 생산가능곡선의 내부와 외부

① 그림 1-3의 생산가능곡선 내부의 점(B점)은 생산이 비효율적으로 이루어지는 점으로 노동이 완전고용되지 못하여 일부가 실업 상태에 있거나, 자본이 완전가동되지 못하여 일부가 유휴 상태에 있는 점이다.
  → 그러므로 실업, 유휴설비 등이 감소하면 생산점이 생산가능곡선 내부에서 생산가능곡선상으로 이동한다.
② 생산가능곡선 외부의 점(D점)은 현재의 자원과 기술수준으로는 달성이 불가능한 점이다.
  → 그러므로 생산요소 부존량의 증가나 기술진보에 의해 생산가능곡선이 바깥쪽으로 이동하는 경우에만 도달할 수 있다.
③ 생산가능곡선상의 점(A점, C점)은 모두 생산이 효율적으로 이루어지는 점이다.
  ✛ 생산가능곡선에서 효율성(efficiency)이란 자원의 낭비가 없는 상태를 의미한다.

그림 1-3 생산가능곡선

생산가능곡선 내부의 점(B점)은 생산이 비효율적으로 이루어지는 점을, 생산가능곡선 외부의 점(D점)은 현재의 자원과 기술수준으로는 달성이 불가능한 점을 나타낸다. 그리고 생산가능곡선상의 점(A점, C점)은 모두 생산이 효율적으로 이루어지는 점을 나타낸다.

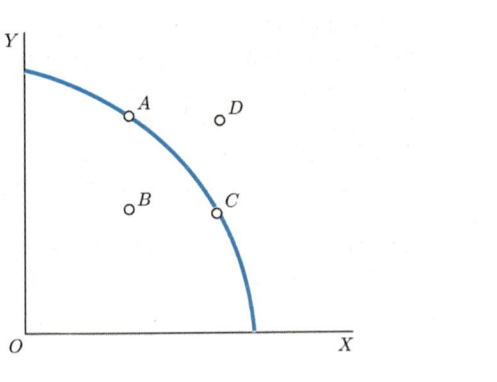

2 생산가능곡선의 특징

(1) 우하향
① 생산가능곡선이 우하향하는 것은 자원의 희소성 때문이다.
  ◆ 즉, 생산가능곡선이 우하향하는 것은 한 경제에 주어진 자원이 한정되어 있기 때문이다.
② 생산가능곡선이 우하향하는 것은 주어진 자원으로 X재 생산량을 증가시키기 위해서는 Y재 생산량을 감소시켜야 함을 의미한다.

(2) 원점에 대하여 오목
① 생산가능곡선이 원점에 대하여 오목한 것은 기회비용이 체증하기 때문이다.
② 생산가능곡선이 원점에 대하여 오목한 것은 X재 생산량이 증가함에 따라 Y재 생산에 적합한 생산요소를 점점 더 X재 생산에 투입하게 되면 포기해야 하는 Y재의 양이 점차 증가함을 의미한다.

3 한계변환율과 기회비용

(1) 한계변환율

① 한계변환율(Marginal Rate of Transformation ; MRT_{XY})이란 X재 1단위를 추가로 생산하기 위해 포기해야 하는 Y재의 양으로 다음과 같이 정의된다.

$$MRT_{XY} = -\frac{\Delta Y}{\Delta X} = \frac{MC_X}{MC_Y}$$

② 한계변환율은 X재 1단위를 추가로 생산하기 위해 포기해야 하는 Y재의 양이므로 Y재의 양으로 표시한 X재 생산의 기회비용이다.
③ 한계변환율은 생산가능곡선의 접선의 기울기(절댓값)로 측정된다.
  ◆ A점과 B점 사이에서 측정된 한계변환율은 두 점을 연결한 직선의 기울기(절댓값)로 측정되는데, 두 점을 근접시키면 결국 한계변환율은 생산가능곡선의 접선의 기울기(절댓값)와 같아진다.

☑ **한계변환율(MRT_{XY})**
= 생산가능곡선의 기울기
= X재 생산의 기회비용

한계변환율 그림 1-4

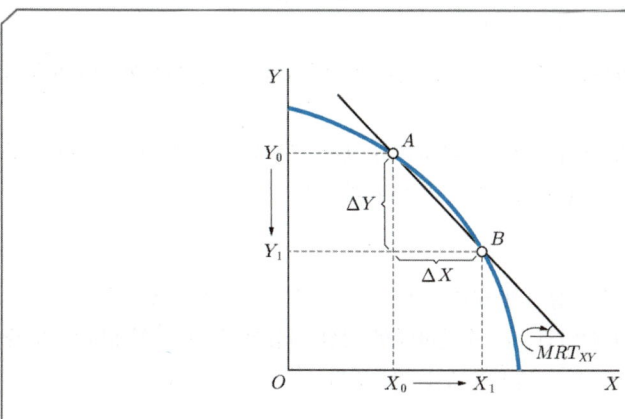

A점에서 B점으로 이동할 때 X재 생산량이 ΔX만큼 증가하고, Y재 생산량이 ΔY만큼 감소한다면 X재 1단위 생산의 기회비용은 $MRT_{XY} = -\frac{\Delta Y}{\Delta X}$이다.

(2) 기회비용체증의 법칙

① 한 재화의 생산량이 증가함에 따라 그 재화 생산의 기회비용이 점점 증가하는 현상을 기회비용체증의 법칙(law of increasing opportunity cost)이라고 한다.

② 그림 1-5의 생산가능곡선에서 $A \to B \to C$점으로 이동할수록 동일한 양의 X재를 생산하기 위해 포기해야 하는 Y재의 수량이 점차 증가한다. 즉, Y재의 양으로 표시한 X재 생산의 기회비용이 점점 증가한다.

- A점 → B점 : X_1X_2의 기회비용 = Y_1Y_2
- B점 → C점 : X_2X_3의 기회비용 = Y_2Y_3

③ X재 생산량이 증가함에 따라 X재 생산의 기회비용이 점점 증가하므로 생산가능곡선이 원점에 대하여 오목하다.

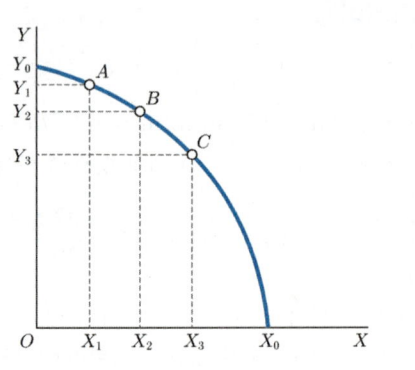

그림 1-5 기회비용체증의 법칙

X재 생산량이 증가함에 따라 동일한 양의 X재를 생산하기 위해 포기해야 하는 Y재의 수량, 즉 Y재의 양으로 표시한 X재 생산의 기회비용이 점점 증가하는데, 이를 기회비용체증의 법칙이라고 한다.

4 생산가능곡선의 이동

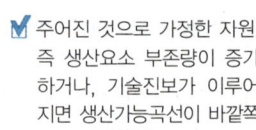

주어진 것으로 가정한 자원, 즉 생산요소 부존량이 증가하거나, 기술진보가 이루어지면 생산가능곡선이 바깥쪽으로 이동한다.

(1) 생산요소 부존량의 증가

1) 노동력의 증가

① 인구 증가, 경제활동참가율 상승, 새로운 인구의 유입 등이 이루어지면 노동력이 증가한다.
② 노동력이 증가하면 주어진 기술수준하에서 생산 가능한 X재와 Y재의 양이 증가하므로 생산가능곡선이 바깥쪽으로 이동한다.

2) 자본량의 증가

① 공장시설의 확충, 생산설비의 구축 등이 이루어지면 자본량이 증가한다.
② 자본량이 증가하면 주어진 기술수준하에서 생산 가능한 X재와 Y재의 양이 증가하므로 생산가능곡선이 바깥쪽으로 이동한다.

3) 천연자원의 발견

① 새로운 천연자원의 발견이 이루어지면 주어진 기술수준하에서 생산 가능한 X재와 Y재의 양이 증가하므로 생산가능곡선이 바깥쪽으로 이동한다.
② 예컨대, 석유, 천연가스 등의 지하자원이 새로이 발견되면 그 경제의 생산가능곡선이 바깥쪽으로 이동하게 된다.

(2) 기술진보

① 생산요소 부존량이 일정하더라도 기술진보가 이루어지면 생산 가능한 X재와 Y재의 양이 증가하므로 생산가능곡선이 바깥쪽으로 이동한다.
② 이러한 기술진보의 요인으로는 생산성의 향상, 교육수준의 향상, 연구개발투자의 증가 등을 들 수 있다.
③ 아래 그림에서 보는 것처럼 기술진보의 유형에 따라 생산가능곡선의 이동 방향은 다르게 나타난다.
   → X재 생산에 대해서만 기술진보가 이루어지면 X재 1단위를 추가로 생산하기 위해 포기해야 하는 Y재의 양이 감소하므로 X재 생산의 기회비용이 감소하게 되어 생산가능곡선이 X축 방향으로 확장 이동한다.
      ✚ X재 생산에 대해 기술진보가 이루어지면 Y재 생산의 기회비용은 증가한다.
   → X재와 Y재 생산 모두에 대해 기술진보가 이루어지면 생산가능곡선이 X축과 Y축 모든 방향으로 확장 이동한다.
   → Y재 생산에 대해서만 기술진보가 이루어지면 Y재 1단위를 추가로 생산하기 위해 포기해야 하는 X재의 양이 감소하므로 Y재 생산의 기회비용이 감소하게 되어 생산가능곡선이 Y축 방향으로 확장 이동한다.
      ✚ Y재 생산에 대해 기술진보가 이루어지면 X재 생산의 기회비용은 증가한다.

기술진보와 생산가능곡선 | 그림 1-6

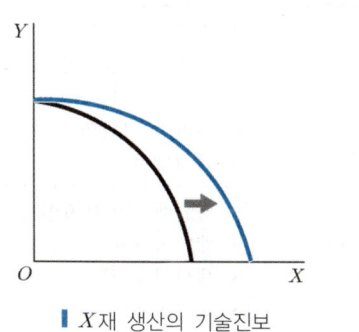
▎X재 생산의 기술진보

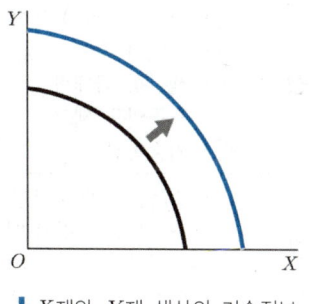
▎X재와 Y재 생산의 기술진보

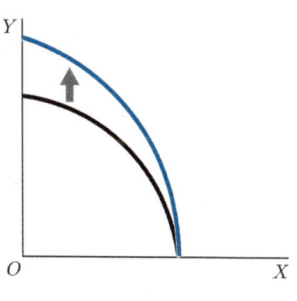
▎Y재 생산의 기술진보

- 기술진보가 이루어지면 생산가능곡선이 바깥쪽으로 이동한다.
- X재 생산에 대해 기술진보가 이루어지면 X재 생산의 기회비용이 감소하므로 생산가능곡선이 X축 방향으로 확장 이동한다.
- X재와 Y재 생산 모두에 대해 기술진보가 이루어지면 생산가능곡선이 X축과 Y축 모든 방향으로 확장 이동한다.
- Y재 생산에 대해 기술진보가 이루어지면 Y재 생산의 기회비용이 감소하므로 생산가능곡선이 Y축 방향으로 확장 이동한다.

제4절 경제체제

1 경제체제의 정의

① 경제체제(economic system)란 경제주체의 활동을 조정하여 경제문제를 해결하는 일련의 제도나 방식을 말한다.
② 경제체제는 국가나 사회가 자원을 소유하는 형태와 자원을 배분하는 방법에 따라 자본주의와 사회주의 혹은 시장경제와 계획경제로 구분된다.
③ 자본주의 경제체제하에서는 시장기구를 통해 자원배분이 이루어지는 반면, 사회주의 경제체제하에서는 중앙정부의 계획에 의해 자원배분이 이루어지는 것이 일반적이다.
④ 통상적으로 시장경제체제는 자본주의 시장경제체제를 의미하고, 계획경제체제는 사회주의 계획경제체제를 의미한다.
⑤ 오늘날의 각 경제체제는 기본적으로 자본주의 경제체제와 사회주의 경제체제의 어느 한 편에 속한다.

2 경제체제의 구분

	자본주의 경제체제	사회주의 경제체제
생산수단	사유	국유(공유)
자원배분	시장의 가격기구	중앙정부의 계획
경제활동의 동기	이윤극대화, 효용극대화	이념, 포상
경제이념	개인주의, 자유주의	평등주의, 공동주의(집산주의)
추구하는 가치	효율성	공평성
의사결정방식	분권화된 의사결정	중앙집권적 의사결정
장 점	• 자원배분의 효율성 • 개인의 자유 보장 • 생산성 극대화 • 노동의욕 제고 • 기술혁신	• 공평한 소득분배 • 경제안정(경기변동 방지) • 전략산업의 육성 • 공익과 사익의 일치 • 환경보전
단 점	• 소득분배의 불균형 • 경제불안정(경기변동) • 공익과 사익의 괴리 • 환경파괴, 인간소외	• 자원배분의 비효율성 • 개인의 자유 제약 • 생산성 저하 • 계획의 비신축성

제5절 경제학의 방법론

1 경제이론

(1) 경제이론의 정의

① 경제이론(economic theory)이란 복잡한 경제현상을 단순화하여 여러 가지 경제변수들 간의 상관관계를 체계화한 것을 말한다.
② 이론화의 작업을 거쳐 경제현상으로부터 본질적인 법칙성을 발견하고, 이를 통해 현실에서 일어나고 있는 경제현상의 원인과 전개 과정, 그리고 결과를 체계적으로 이해할 수 있게 된다.
③ 뿐만 아니라, 해외 경제상황의 변화, 각종 정부정책 등 외부적 요인의 변화가 경제에 어떤 영향을 미칠지에 대한 예측까지 가능하게 해준다.

(2) 경제이론의 정립 과정

① 먼저, 어떤 가정을 설정하여 복잡한 경제현상을 단순화하고, 그 가정을 바탕으로 모형(가설)을 정립한다.
② 정립된 모형이 현실경제와 어느 정도 부합하는지를 검증한다.
③ 검증 결과, 모형이 현실을 잘 설명하는 것으로 판단되면 경제이론으로 받아들여지지만, 그렇지 않으면 그 모형은 폐기되거나 수정해서 동일한 과정을 다시 거쳐야 한다.

경제이론의 정립 과정 　그림 1-7

가설의 설정 → 모형의 정립(가설의 정립) → 모형의 검증(가설의 검증) → 이론정립 / 폐기 → 가설의 수정 → 가설의 설정

2 경제변수의 구분

(1) 내생변수와 외생변수

1) 내생변수
① 내생변수(endogenous variable)란 고려하고 있는 경제모형의 내부에서 그 값이 결정되는 변수를 말한다.
② 내생변수는 사전적으로 주어진 것이 아니라, 외생변수가 주어지면 모형 내부에서 그 값이 결정된다.
③ 쌀시장을 분석한다면 쌀의 가격, 거래량은 내생변수가 된다.

2) 외생변수
① 외생변수(exogenous variable)란 고려하고 있는 경제모형의 외부에서 그 값이 결정되는 변수를 말한다.
② 외생변수는 모형 외부에서 사전적으로 그 값이 주어지며, 분석대상이 되는 변수의 영향을 받지 않는다.
③ 쌀시장을 분석한다면 소비자의 소득, 밀의 가격 등은 외생변수가 된다.

> 정책당국의 정책변수인 통화량, 정부지출 등은 외생변수로만 사용되나, 대부분의 경제변수는 모형에 따라 내생변수로 사용되기도 하고, 외생변수로 사용되기도 한다.

(2) 독립변수와 종속변수

1) 독립변수
독립변수(independent variable)란 영향을 주는 변수로서 원인변수이다. 독립변수를 설명변수라고도 한다.
예) 휴대폰의 가격

2) 종속변수
종속변수(dependent variable)란 영향을 받는 변수로서 결과변수이다. 종속변수를 반응변수라고도 한다.
예) 휴대폰의 수요량

(3) 유량과 저량

① 경제변수는 일정 기간에 걸쳐 측정되는 변수인 유량(flow)과 일정 시점에서 측정되는 변수인 저량(stock)으로 나뉜다.
② 경제학에서 자주 이용되는 변수를 유량과 저량으로 구분하면 다음과 같다.

	유량(flow)	저량(stock)
개 념	일정 기간에 걸쳐 측정되는 변수	일정 시점에서 측정되는 변수
사 례	수요, 공급, 투자, 소비, 생산, 수출, 수입, 국민소득, 국제수지 등 재정학 소득세, 지출세, 법인세 등	통화량, 노동량, 자본량, 국부, 외채, 외환보유고, 물가, 환율 등 재정학 재산세, 양도소득세, 종부세 등

3 경제이론의 구분

(1) 미시경제학과 거시경제학 … 경제를 보는 관점

 1) 미시경제학

① 미시경제학(microeconomics)이란 가계, 기업과 같은 개별경제주체의 의사결정과 그 상호작용을 연구하는 경제이론이다.
② 미시경제학에서는 개별경제주체의 선택 및 개별시장에서의 가격과 거래량 결정 등 가격 중심에 의한 자원배분을 분석한다.
③ 또한, 조세부과와 같은 정부정책이 개별시장의 자원배분에 미치는 영향을 분석한다.

 2) 거시경제학

① 거시경제학(macroeconomics)이란 개별경제주체로 구성된 국민경제 전체의 움직임을 연구하는 경제이론이다.
② 거시경제학에서는 총체적인 거시경제변수인 국민소득(GDP), 고용량, 물가수준, 국제수지 등의 결정원리를 분석하고, 정부의 재정정책과 금융정책 등이 거시경제변수에 미치는 영향을 분석한다.

(2) 실증경제학과 규범경제학 … 가치판단의 개입 여부

 1) 실증경제학

① 실증경제학(positive economics)이란 가치판단의 개입 없이 경제현상을 있는 그대로 객관적으로 분석하고, 경제변수들 간의 인과관계를 밝혀 경제현상의 변화를 예측하는 경제이론이다.
   - 예 통화량이 증가하면 물가가 상승한다.
   - 예 이자율이 하락하면 저축이 감소한다.
② 실증경제학에서는 주관적인 가치판단의 개입을 배제하고, 객관적인 인과관계만을 분석한다.

 2) 규범경제학

① 규범경제학(normative economics)이란 가치판단을 기초로 현재의 경제상태가 어느 정도 바람직한지를 평가하고, 개선방안을 모색하는 경제이론이다.
   - 예 물가를 낮추기 위해 통화량을 감소시켜야 한다.
   - 예 저축을 증가시키기 위해 이자율을 인상해야 한다.
② 규범경제학에서는 어떤 경제상태가 바람직한지의 여부에 관한 주관적인 가치판단을 포함한다.

4 경제학의 분석방법

(1) 정태분석과 동태분석

1) 정태분석
① 정태분석(static analysis)이란 특정 경제현상을 분석하는 것으로서 시간의 변화를 고려하지 않고 단순히 두 균형 상태를 비교·연구하는 분석방법이다.
② 대부분의 경제이론 분석에 사용된다.
③ 정태분석을 비교정학(comparative statics)이라고도 한다.

2) 동태분석
① 동태분석(dynamic analysis)이란 시간의 흐름에 따른 경제변수의 변화를 분석하는 것으로서 시간의 변화를 고려하여 한 균형에서 다른 균형으로 이동하는 과정을 연구하는 분석방법이다.
② 경기변동, 경제성장, 경제발전 등의 분석에 사용된다.
③ 동태분석을 동학(dynamics)이라고도 한다.

(2) 부분균형분석과 일반균형분석

1) 부분균형분석
① 부분균형분석(partial equilibrium analysis)이란 '다른 조건(시장)이 일정하다(Ceteris-Paribus)'라는 가정하에서 경제의 특정 부문만을 따로 떼어내어 분석하는 것을 말한다.
② 부분균형분석에서는 개별시장이나 개별경제주체를 분석대상으로 한다.
③ 부분균형분석만으로도 대부분 올바른 결론을 내릴 수 있기 때문에 주로 부분균형분석이 사용된다.

2) 일반균형분석
① 일반균형분석(general equilibrium analysis)이란 경제의 각 부문을 따로 분석하지 않고 다른 부문과의 상호의존관계를 고려하여 특정 부문을 분석하거나, 모든 부문을 동시에 분석하는 것을 말한다.
② 일반균형분석에서는 모든 개별시장이나 모든 개별경제주체의 상호의존관계를 분석대상으로 한다.
③ 일반균형분석에서는 경제 각 부문의 상호의존관계를 고려하기 때문에 정확한 결론에 도달할 수 있지만 분석이 매우 복잡하다는 단점이 있다.

5 경제이론의 표현방법

(1) 서술적인 방법
① 수식이나 그림을 사용하지 않고 경제이론을 문장으로만 표현하는 방법이다.
② 예컨대, 수요의 법칙을 "다른 모든 조건이 일정할 때 어떤 재화의 가격이 하락하면 그 재화에 대한 수요량이 증가한다"라고 서술하는 것이다.

(2) 수리적인 방법
① 서술적인 방법을 보완하기 위하여 경제이론을 수식으로 표현하는 방법이다.
② 위에서 제시한 수요의 법칙을 수리적으로 표현하면 다음과 같다.

$$Q^D = f(P), \quad \frac{\Delta Q^D}{\Delta P} < 0$$

✚ 수요량(Q^D)은 가격(P)의 감소함수이다.

(3) 기하학적인 방법
① 일반적으로 가격변수(P)를 종축으로, 수량변수(Q)를 횡축으로 하여 경제이론을 그림으로 표현하는 방법이다.
② 수요의 법칙을 그림으로 표현하면 다음과 같다.

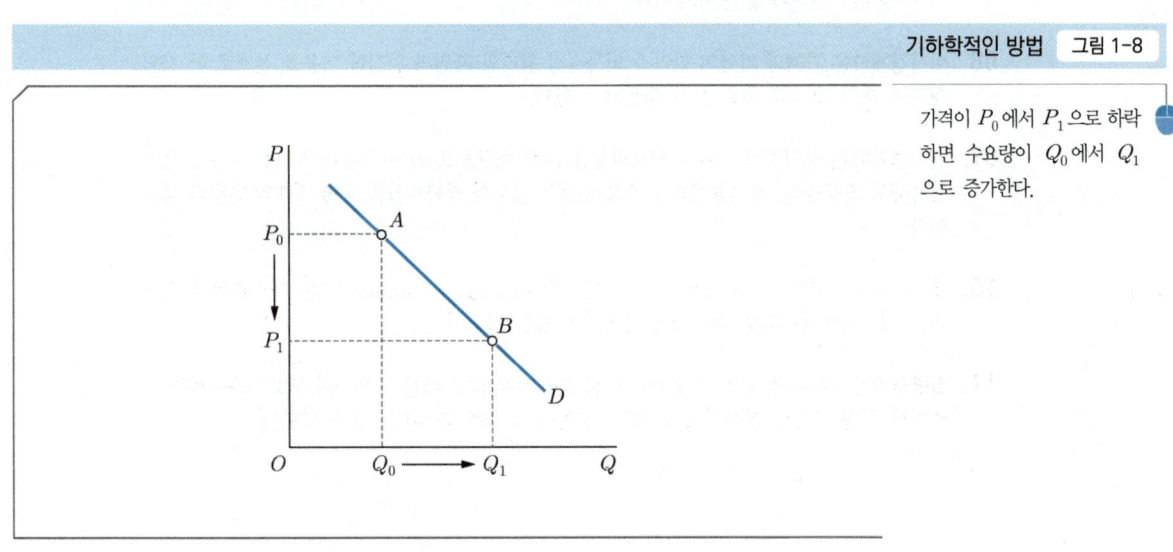

기하학적인 방법 　그림 1-8

가격이 P_0에서 P_1으로 하락하면 수요량이 Q_0에서 Q_1으로 증가한다.

SUMMARY

01. 경제학은 희소성의 법칙(law of scarcity)에서 출발하는 학문으로서 선택의 문제를 다루는 학문이다.

02. 경제주체는 가계, 기업, 정부, 외국으로 구성되고, 이 중 가계, 기업, 정부를 3대 경제주체라고 한다.

03. 기회비용(opportunity cost)이란 어떤 대안을 선택함으로써 포기해야 하는 다른 대안들의 가치 중 가장 큰 것을 말한다.

04. 기회비용은 포기한 것의 가치로 나타낸 선택한 것의 가치로서 합리적 선택을 위해서는 항상 기회비용을 고려해야 한다.

05. 경제학에서 사용하는 비용은 전부 기회비용의 개념이며, 기회비용에는 명시적 비용과 암묵적 비용이 모두 포함된다.

06. 생산가능곡선(PPC)이란 주어진 자원과 기술수준하에서 그 경제가 모든 자원을 효율적으로 사용하여 최대로 생산 가능한 생산물의 조합을 나타내는 곡선을 말한다.

07. 유량(flow)은 일정 기간을 명시해야만 측정이 가능한 변수이고, 저량(stock)은 일정 시점에서 측정해야 의미가 있는 변수이다.

08. 미시경제학은 가계와 기업의 합리적 의사결정 원리와 자원의 완전한 이용을 전제로 한 자원배분에 대한 평가를 주요 분석 대상으로 한다.

09. 거시경제학은 국민경제 전체의 경제현상을 분석 대상으로 하며 자원의 완전한 이용은 불가능하다고 전제한다. 거시경제학의 주요 목적은 정부의 정책개입을 통한 경제의 안정과 성장이다.

10. 부분균형분석이란 '다른 조건(시장)이 일정하다(Ceteris-Paribus)'라는 가정하에서 경제의 특정 부문만을 따로 떼어내어 분석하는 것을 말한다.

11. 일반균형분석이란 경제의 각 부문을 따로 분석하지 않고 다른 부문과의 상호의존관계를 고려하여 특정 부문을 분석하거나, 모든 부문을 동시에 분석하는 것을 말한다.

PART

02
수요·공급이론

02 수요·공급이론
03 수요와 공급의 탄력성
04 소비자잉여와 생산자잉여

CHAPTER 02 수요·공급이론

제1절 시장과 가격

1 시장의 정의와 기능

(1) 시장의 정의

① 일상생활에서 시장(market)이란 남대문시장, 주식시장, 농산물시장 등의 재화를 사고파는 사람들 간의 교환이 이루어지는 구체적인 장소를 말한다.
② 그런데 눈에 보이는 장소가 아니더라도 사려는 사람과 팔려는 사람 사이에 접촉이 이루어질 수 있는 상황이라면, 이를 가리켜 시장이라고 부를 수 있다.
   예 취업시장, 결혼시장 등
③ 그러므로 경제학적 관점에서 시장이란 '어떤 재화를 사고팔기 위해 서로 접촉하는 개인들과 기업들의 모임'으로 정의된다.
④ 시장에 참여하는 구매자(수요자)와 판매자(공급자)들은 각각 자신의 만족이나 이윤을 극대화할 수 있는 방법을 경쟁적으로 모색하면서 소비 및 생산에 관한 의사결정을 한다. 그리고 이러한 시장의 수요와 공급에 의해 결정된 가격(price)은 시장의 기능이 발휘되는 과정에서 매우 중요한 역할을 수행한다.
   ✚ 사려고 하는 힘과 팔려고 하는 힘이 균형을 이루었을 때 형성되는 가격을 균형가격(equilibrium price)이라고 한다. 우리가 일반적으로 부르는 가격은 대부분 균형가격을 의미한다.

(2) 시장의 기능

1) 생산과 소비 및 거래의 효율성 제고
시장은 시장참여자들에게 재화가격, 재화의 과부족 상태와 같은 시장정보를 제공함으로써 재화나 서비스가 가장 효율적으로 생산되고 배분될 수 있도록 해준다.

2) 거래비용의 절감
거래비용에는 거래 상대방을 찾는 것뿐 아니라 가격, 수량, 품질 등 다양한 시장정보를 수집하는 데 드는 탐색비용, 교환조건을 협상하는 데 드는 협상비용이 모두 포함된다. 시장은 이러한 거래비용을 절감시켜 거래가 쉽게 이루어질 수 있도록 해준다.

3) 분업을 통한 특화의 촉진
시장을 통해 잉여생산물을 다른 재화나 서비스로 쉽게 교환할 수 있게 되면 각자가 한 재화나 서비스 생산에 특화(전문화)하는 것이 가능해진다. 분업과 특화가 이루어지면 생산성이 향상되고, 사회전체의 생산량이 증가한다.

2 가격의 기능과 종류

(1) 가격의 기능

1) 정보전달의 기능
① 가격은 생산활동과 소비활동의 지표로서 시장상황을 각 경제주체에게 알려주는 역할을 수행한다.
② 가격은 소비자가 그 재화에 대해 얼마의 가치를 부여하는지, 혹은 생산자가 그 재화를 생산하는 데 얼마나 많은 비용이 드는지에 관한 정보를 제공한다.
③ 이와 같은 정보는 소비자와 생산자의 합리적인 경제활동의 기초가 된다.

2) 자원배분의 기능
① 초과수요로 어떤 재화의 가격이 상승하면 그 재화의 생산이 증가한다. 이는 해당 재화의 생산에 더 많은 자원이 투입되는 결과로 나타난다.
② 반면, 초과공급으로 가격이 하락한 재화는 생산이 감소함에 따라 점점 더 적은 자원이 투입된다.
③ 이처럼 사회전체의 희소한 자원이 각 재화 생산에 얼마만큼 배분될지가 가격에 의해 결정된다.

3) 소득분배의 기능
① 생산요소시장에서 결정되는 노동, 자본과 같은 생산요소의 가격은 그 생산요소의 공급자가 얼마나 많은 소득을 얻게 될 것인지를 결정한다.
② 이처럼 생산요소의 가격이 한 사회의 소득분배를 결정하는 1차적인 요인이 된다.

> 재화의 가격은 소비자의 실질소득을 변화시켜 간접적으로 소득분배에 영향을 미친다.

(2) 가격의 종류

1) 절대가격
① 절대가격(absolute price)이란 재화 1단위와 교환되는 화폐액을 말한다.
② 일반적으로 가격은 절대가격으로 표시된다.
> 예) 수박(X재) 1단위의 가격 : $P_X = 10,000$(원)
> 참외(Y재) 1단위의 가격 : $P_Y = 2,000$(원)

2) 상대가격
① 상대가격(relative price)이란 두 재화의 교환비율 혹은 두 재화의 가격비율을 말한다.
② 상대가격은 재화의 단위로 표시된다.
> 예) 수박(X재) 1단위의 가격이 $P_X = 10,000$(원)이고, 참외(Y재) 1단위의 가격이 $P_Y = 2,000$(원)이면 참외(Y재)의 양으로 표시한 수박(X재)의 상대가격은 $\frac{P_X}{P_Y} = \frac{10,000}{2,000} = 5$가 된다.

③ $\frac{P_X}{P_Y} = 5$라는 것은 수박(X재) 1단위와 참외(Y재) 5단위가 교환된다는 의미이다.

➕ 상대가격은 시장에서 평가된 두 재화의 객관적 교환비율이다.

> **잠재가격**
> - 어떤 재화의 기회비용을 올바르게 반영한 가격
> - 완전경쟁시장에서는 시장가격과 잠재가격이 일치함

제2절 수요

1 수요의 개념

① 수요(demand)란 일정 기간 동안 주어진 가격으로 소비자가 재화나 서비스를 구매하고자 하는 욕구를 말한다.
② 수요량(quantity demanded)이란 특정한 가격수준에서 소비자가 구매하고자 하는 재화나 서비스의 수량을 말한다.
③ 수요량은 일정 기간에 걸쳐 측정되는 유량(flow) 개념이다.
④ 수요량은 실제로 구입한 양이 아니라 구입하고자 의도된(혹은 계획된) 양으로서 사전적(ex ante) 개념이다.
   ➕ 수요량은 막연한 욕구에서 비롯된 것이 아니라, 실제로 구입할 의사와 실제로 살 수 있는 구매력이 뒷받침된 상황에서 의도된 양을 의미한다.
   ➕ 케인즈(J. M. Keynes)는 구매력이 뒷받침된 수요를 유효수요(effective demand)라고 하였다.

2 수요함수

① 수요함수(demand function)란 어떤 재화의 수요와 그 재화의 수요에 영향을 미치는 요인 간의 관계를 함수 형태로 나타낸 것을 말한다.
② 어떤 재화의 수요에 영향을 미치는 요인은 매우 다양하다. X재의 수요량을 Q_X^D라 하면 X재의 수요함수는 다음과 같이 나타낼 수 있다.

$$Q_X^D = f(P_X,\ M,\ P_Y,\ 소비자의\ 기호,\ 소비자의\ 예상,\ 소비자\ 수,\ 광고,\ \cdots)$$

   ➕ P_X는 X재의 가격, M은 소비자의 소득수준, P_Y는 관련재의 가격을 의미한다.
③ 위의 수요함수에서 X재의 수요량에 영향을 주는 X재의 가격을 제외한 다른 요인들을 일정하다고 가정하면 X재의 수요함수는 다음과 같이 나타낼 수 있다.

$$Q_X^D = f(P_X)$$

   ➕ P_X는 X재에 대한 수요량의 변화요인이고, P_X를 제외한 나머지 요인들은 X재에 대한 수요의 변화요인이다.

3 수요의 법칙

> **수요의 법칙**
> 가격과 수요량 사이의 역(−)의 관계

① 수요의 법칙(law of demand)이란 다른 조건이 일정할 때 어떤 재화의 가격이 상승하면 수요량이 감소하고, 가격이 하락하면 수요량이 증가하는 관계를 말한다.
② 즉, 가격(P_X)과 수요량(Q_X^D) 사이의 역(−)의 관계를 수요의 법칙이라고 한다.

4 수요곡선

① 수요의 법칙으로부터 다음과 같은 우하향의 수요곡선(demand curve)이 도출된다. 이는 가격이 하락할수록 수요량이 증가한다는 것을 의미한다.
② 아래 그림에서 수요곡선의 높이는 소비자가 재화를 구입하기 위해 지불할 용의가 있는 최대가격인 수요가격(demand price)으로, 그 재화의 소비에서 나오는 한계편익(marginal benefit)을 의미한다.
  ✚ 한계편익이란 어떤 재화를 1단위 추가로 소비할 때의 총편익의 증가분으로서 한계효용을 화폐액으로 나타낸 것이다. 한계효용에 대해서는 한계효용이론에서 자세히 논의된다.
③ 예컨대, 재화의 가격이 1,000원일 때 수요량이 2단위라는 것은 소비자가 2번째 단위의 재화에 대해 최대한 지불할 용의가 있는 금액이 1,000원이라는 말이고, 동시에 소비자가 2번째 단위의 재화를 소비함으로써 얻는 만족감, 즉 한계편익이 1,000원어치에 해당한다는 뜻이다.

☑ 수요곡선은 어떤 재화의 가격과 수요량의 관계를 보여주며, 일반적으로 우하향의 형태이다.

수요곡선 그림 2-1

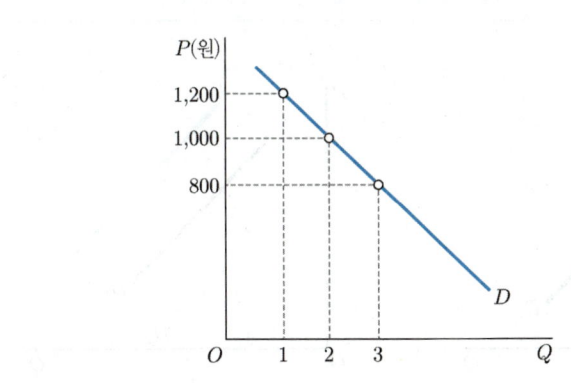

5 수요량의 변화와 수요의 변화

(1) 수요량과 수요

① 수요량은 특정한 가격수준에서 구입하고자 의도된 양이므로 수요곡선상의 한 점을 의미한다.
② 수요는 가격과 수요량 사이에 존재하는 일련의 대응관계를 지칭하므로 수요곡선 전체를 의미한다.

☑ 수요 vs 수요량
  수 요 : 수요곡선 전체
  수요량 : 수요곡선상의 한 점

(2) 수요량의 변화와 수요의 변화

1) 수요량의 변화 … 수요곡선상의 이동

> 해당 재화의 가격변화로 인한 수요량의 변화는 수요곡선상의 이동으로 나타나고, 가격 이외의 요인(외생변수)의 변화로 인한 수요의 변화는 수요곡선 자체의 이동으로 나타난다.

① 수요량의 변화란 해당 재화의 가격이 변화하여 수요량이 변화하는 것을 말한다.
② 수요량의 변화는 수요곡선상의 이동으로 표시된다.
③ 수요곡선상에서 우하방으로 이동(A점 → B점)하는 것은 가격하락에 따른 수요량의 증가를 의미하고, 좌상방으로 이동(B점 → A점)하는 것은 가격상승에 따른 수요량의 감소를 의미한다.

2) 수요의 변화 … 수요곡선 자체의 이동

① 수요의 변화란 가격 이외의 요인이 변화하여 수요가 변화하는 것을 말한다.
② 수요의 변화는 수요곡선 자체의 이동으로 표시된다.
③ 수요곡선이 우측(상방)으로 이동하는 것은 수요의 증가를 의미하고, 좌측(하방)으로 이동하는 것은 수요의 감소를 의미한다.

그림 2-2 수요량의 변화와 수요의 변화

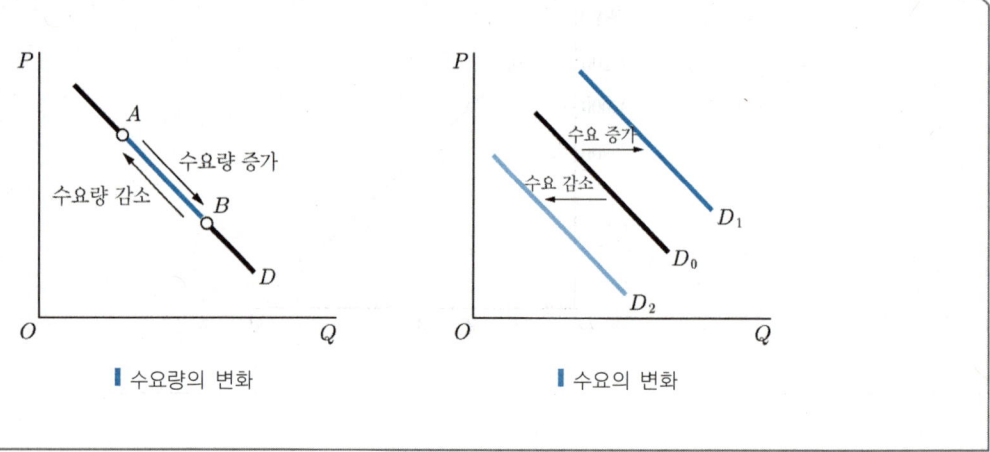

수요량의 변화 | 수요의 변화

(3) 수요의 변화요인

1) 소비자의 소득수준(M)

> **정상재**
> 소득이 증가(감소)하면 수요가 증가(감소)하는 재화

> **열등재**
> 소득이 증가(감소)하면 수요가 감소(증가)하는 재화

① 정상재(normal goods)란 소득이 증가(감소)하면 수요가 증가(감소)하는 재화를 말한다. 소득이 증가하면 지출할 수 있는 돈이 많아지므로 대부분 재화의 구입량을 늘린다.
② 열등재(inferior goods)란 소득이 증가(감소)하면 수요가 감소(증가)하는 재화를 말한다. 소득이 증가하면 자가용을 사서 타거나 택시를 타고, 버스를 덜 이용할 때 버스는 열등재가 된다.
③ 중립재(neutral goods)란 소득이 변화하더라도 수요가 변화하지 않는 재화를 말한다.

2) 관련재의 가격(P_Y)

① 대체재의 가격
- → 대체재(substitute goods)란 용도가 비슷하여 그 재화 대신 다른 재화를 소비해도 얻는 만족에 별 차이가 없는 재화를 말한다.
  - 예 콜라와 사이다, 핫도그와 햄버거, 사과와 배 등
- → 대체재의 가격이 상승(하락)하면 대체재 관계에 있는 다른 재화의 수요가 증가(감소)한다.
  - ✚ 대체재의 가격과 대체재 관계에 있는 다른 재화의 수요는 같은 방향(+)으로 움직인다.

☑ **대체재(Y재)의 가격상승**
→ Y재의 수요량 감소
→ X재의 수요 증가

② 보완재의 가격
- → 보완재(complementary goods)란 재화를 따로따로 소비할 때보다 함께 소비할 때 더 큰 만족을 얻을 수 있는 재화를 말한다.
  - 예 커피와 설탕, 승용차와 휘발유, 테니스 라켓과 테니스 공 등
- → 보완재의 가격이 상승(하락)하면 보완재 관계에 있는 다른 재화의 수요가 감소(증가)한다.
  - ✚ 보완재의 가격과 보완재 관계에 있는 다른 재화의 수요는 반대 방향(−)으로 움직인다.

☑ **보완재(Y재)의 가격상승**
→ Y재의 수요량 감소
→ X재의 수요 감소

③ 독립재의 가격
- → 독립재(independent goods)란 두 재화 사이에 아무런 관련성 없이 독자적으로 소비되는 재화를 말한다.
  - 예 쌀과 시계, 빵과 책, 사과와 테니스 공 등
- → 독립재의 가격이 변화하더라도 독립재 관계에 있는 다른 재화의 수요는 변화하지 않는다.

3) 소비자의 기호 및 선호

① 어떤 재화에 대한 소비자의 기호 및 선호가 증가(감소)하면 수요가 증가(감소)한다.
② 소비자의 기호 및 선호는 여러 요인에 의해 변화한다.

4) 소비자의 예상 ⋯ 미래의 가격변화에 대한 예상

① 미래에 어떤 재화의 가격이 상승(하락)할 것으로 예상되면 수요가 증가(감소)한다.
- ✚ 미래에 어떤 재화의 가격이 상승할 것으로 예상되면 가격상승 이전에 그 재화를 구입하려 할 것이므로 현재의 수요가 증가한다. 반면, 미래에 어떤 재화의 가격이 하락할 것으로 예상되면 그 재화에 대한 소비를 가격하락 이후로 미루려 할 것이므로 현재의 수요가 감소한다.

② 어떤 재화의 가격상승이 예상될 때 그 재화를 미리 대량으로 구입하는 현상을 '가수요'라고 한다. 개인 입장에서 가수요는 합리적인 행위이지만, 경제전체적으로는 가수요가 물가상승을 더욱 부추긴다.

5) 소비자 수(인구)

① 소비자 수가 증가(감소)하면 수요가 증가(감소)한다.
② 소비자 수가 변화하면 개별수요가 아니라 시장수요가 변화한다.

6) 광고

① 어떤 재화에 대한 광고가 증가(감소)하면 수요가 증가(감소)한다.
② 광고가 증가하면 소비자의 기호 및 선호가 증가하므로 수요가 증가하고, 수요의 가격탄력성이 작아진다.
> ✚ 광고의 목적은 수요곡선을 우측으로 이동시키는 동시에 보다 비탄력적으로 만들기 위한 것이다.

6 개별수요곡선과 시장수요곡선

(1) 개별수요와 시장수요

① 앞서 살펴본 그림 2-1의 수요곡선은 각 소비자의 수요인 개별수요를 나타낸다.
② 이제, 시장의 움직임을 분석하기 위해서는 시장전체의 수요인 시장수요를 알아야 한다. 시장수요는 개별수요를 합한 것이다.

(2) 시장수요곡선의 도출

① 시장수요곡선은 각 소비자의 수요곡선인 개별수요곡선의 수평합으로 구해진다.
   cf 공공재의 시장수요곡선은 개별수요곡선의 수직합으로 구해진다.
② 개별수요곡선을 수평으로 합한다는 것은 각각의 가격수준에서 개별소비자들의 수요량을 합하는 것을 의미한다.
③ 일반적으로 시장수요곡선은 개별수요곡선보다 완만한 형태이다.

그림 2-3 개별수요곡선과 시장수요곡선

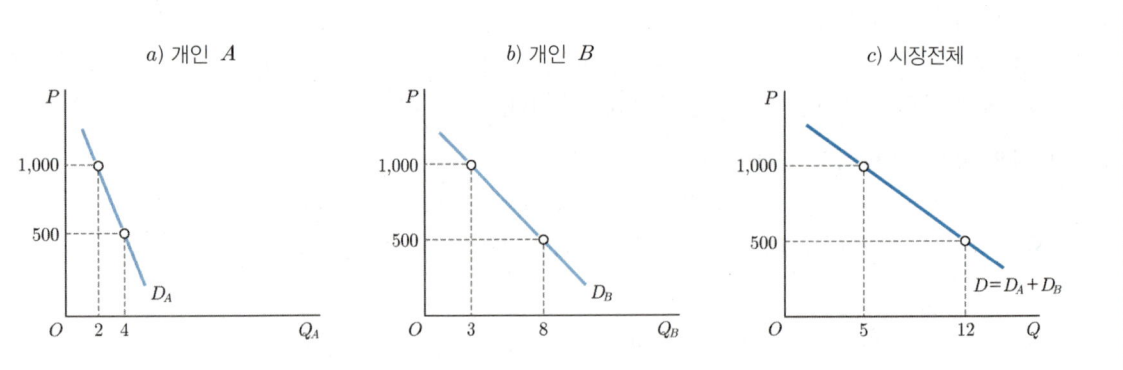

시장수요곡선은 개별수요곡선의 수평합으로 도출되며, 시장수요곡선은 개별수요곡선보다 완만하다.

> **참고 ▶ 시장수요곡선의 수학적 도출**
>
> ① 시장수요곡선은 개별수요곡선의 수평합으로 구해지는데, 개별수요곡선을 수평으로 합한다는 것은 각각의 가격수준에서 개별소비자들의 수요량을 합한다는 의미이다.
> ② 그러므로 개별수요함수를 합하여 시장수요함수를 구할 때는 반드시 개별수요함수를 Q에 대해 정리한 후 합해야 한다.
> ③ 예컨대, 개인 A의 수요함수가 $P = 100 - \frac{1}{2}Q_A$, 개인 B의 수요함수가 $P = 100 - \frac{1}{3}Q_B$로 주어질 경우 시장수요함수는 다음과 같이 각 개인의 수요함수를 Q에 대해 정리한 후 합하여 도출할 수 있다.
>
> A의 수요함수 : $Q_A = 200 - 2P$
> $+)\ B$의 수요함수 : $Q_B = 300 - 3P$
> 시장수요함수 : $Q = 500 - 5P \rightarrow P = 100 - \frac{1}{5}Q$

 전력 과소비의 원인 중 하나로 낮은 전기료가 지적되고 있다. 다음 중 전력에 대한 수요곡선을 이동(shift)시키는 요인이 아닌 것은?

① 소득의 변화 ② 전기료의 변화
③ 도시가스의 가격 변화 ④ 전기 기기에 대한 수요 변화

🔦 해설

①|○|, ②|×| 전력이 정상재일 때 소득이 증가하면 전력에 대한 수요가 증가하여 전력 수요곡선이 우측으로 이동한다. 그러나 전력이라는 재화의 가격에 해당하는 전기료가 상승하면 전력에 대한 수요량이 감소하여 전력 수요곡선상에서 좌상방으로 이동한다.

③, ④ |○| 전력과 대체재 관계에 있는 도시가스의 가격이 상승하면 전력에 대한 수요가 증가하여 전력 수요곡선이 우측으로 이동한다. 반면, 전력과 보완재 관계에 있는 전기 기기의 수요가 증가하여 전기 기기의 가격이 상승하면 전력에 대한 수요가 감소하여 전력 수요곡선이 좌측으로 이동한다.

따라서 ②번이 답이 된다.

 어떤 재화에 대한 시장수요함수를 추정해 본 결과 $P = 140 - 8Q$(P는 가격, Q는 수량)로 나타났다. 만약 이 경제의 소비자와 똑같은 수요함수를 가진 새로운 소비자가 복제되어 소비자 수가 2배로 증가하였다면, 시장수요곡선은 어떻게 나타나는가?

🔦 해설

풀이 1)
시장수요곡선은 개별수요곡선의 수평합이므로 먼저, 최초의 시장수요함수 $P = 140 - 8Q$를 Q에 대해 정리하면 $Q = 17.5 - \frac{1}{8}P$이다. 이제, 소비자 수가 2배로 증가하면 시장수요함수는 $Q = 35 - \frac{1}{4}P$이므로, 이를 다시 P에 대해 정리하면 시장수요함수는 $P = 140 - 4Q$가 된다.

풀이 2)
동일한 수요함수를 가진 소비자가 n명 존재할 때의 시장수요함수는 개별수요함수와 가격(P)축 절편은 동일하고 기울기만 $\frac{1}{n}$배가 된다. 따라서 이 경우 새로운 시장수요함수는 최초의 시장수요함수 $P = 140 - 8Q$와 가격(P)축 절편은 동일하고 기울기만 $\frac{1}{2}$배인 $P = 140 - 4Q$가 된다.

제3절 공급

1 공급의 개념

① 공급(supply)이란 일정 기간 동안 주어진 가격으로 생산자가 재화나 서비스를 판매하고자 하는 욕구를 말한다.
② 공급량(quantity supplied)이란 특정한 가격수준에서 생산자가 판매하고자 하는 재화나 서비스의 수량을 말한다.
③ 공급량은 일정 기간에 걸쳐 측정되는 유량(flow) 개념이다.
④ 공급량은 실제로 판매한 양이 아니라 판매하고자 의도된(혹은 계획된) 양으로서 사전적(ex ante) 개념이다.
➕ 공급량은 막연한 욕구에서 비롯된 것이 아니라, 실제로 판매할 의사와 실제로 팔 수 있는 판매력이 뒷받침된 상황에서 의도된 양을 의미한다.

2 공급함수

① 공급함수(supply function)란 어떤 재화의 공급과 그 재화의 공급에 영향을 미치는 요인 간의 관계를 함수 형태로 나타낸 것을 말한다.
② 어떤 재화의 공급에 영향을 미치는 요인은 매우 다양하다. X재의 공급량을 Q_X^S라 하면 X재의 공급함수는 다음과 같이 나타낼 수 있다.

$$Q_X^S = f(P_X,\ P_Y,\ 기술수준,\ 생산요소가격,\ 조세와\ 보조금,\ 생산자의\ 예상,\ \cdots)$$

➕ P_X는 X재의 가격, P_Y는 관련재의 가격을 의미한다.

③ 위의 공급함수에서 X재의 공급량에 영향을 주는 X재의 가격을 제외한 다른 요인들을 일정하다고 가정하면 X재의 공급함수는 다음과 같이 나타낼 수 있다.

$$Q_X^S = f(P_X)$$

➕ P_X는 X재에 대한 공급량의 변화요인이고, P_X를 제외한 나머지 요인들은 X재에 대한 공급의 변화요인이다.

3 공급의 법칙

✅ **공급의 법칙**
가격과 공급량 사이의 정(+)의 관계

① 공급의 법칙(law of supply)이란 다른 조건이 일정할 때 어떤 재화의 가격이 상승하면 공급량이 증가하고, 가격이 하락하면 공급량이 감소하는 관계를 말한다.
② 즉, 가격(P_X)과 공급량(Q_X^S) 사이의 정(+)의 관계를 공급의 법칙이라고 한다.

4 공급곡선

① 공급의 법칙으로부터 다음과 같은 우상향의 공급곡선(supply curve)이 도출된다. 이는 가격이 상승할수록 공급량이 증가한다는 것을 의미한다.

② 아래 그림에서 공급곡선의 높이는 생산자가 재화를 판매하기 위해 받아야겠다고 생각하는 최소가격인 공급가격(supply price)으로, 그 재화의 생산에 드는 한계비용(marginal cost)을 의미한다.

> ✚ 한계비용이란 어떤 재화를 1단위 추가로 생산할 때의 총비용의 증가분을 말한다. 한계비용에 대해서는 비용이론에서 자세히 논의된다.

③ 예컨대, 재화의 가격이 600원일 때 공급량이 2단위라는 것은 생산자가 2번째 단위의 재화에 대해 최소한 받아야겠다고 생각하는 금액이 600원이라는 말이고, 동시에 생산자가 2번째 단위의 재화를 추가로 생산할 때 드는 비용, 즉 한계비용이 600원이라는 뜻이다.

☑ 공급곡선은 어떤 재화의 가격과 공급량의 관계를 보여주며, 일반적으로 우상향의 형태이다.

공급곡선 　그림 2-4

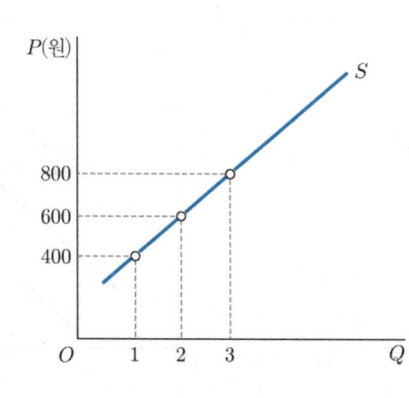

5 공급량의 변화와 공급의 변화

(1) 공급량과 공급

① 공급량은 특정한 가격수준에서 판매하고자 의도된 양이므로 공급곡선상의 한 점을 의미한다.

② 공급은 가격과 공급량 사이에 존재하는 일련의 대응관계를 지칭하므로 공급곡선 전체를 의미한다.

☑ 공급 vs 공급량
　공　급 : 공급곡선 전체
　공급량 : 공급곡선상의 한 점

☑ 해당 재화의 가격변화로 인한 공급량의 변화는 공급곡선상의 이동으로 나타나고, 가격 이외의 요인(외생변수)의 변화로 인한 공급의 변화는 공급곡선 자체의 이동으로 나타난다.

(2) 공급량의 변화와 공급의 변화

1) 공급량의 변화 … 공급곡선상의 이동

① 공급량의 변화란 해당 재화의 가격이 변화하여 공급량이 변화하는 것을 말한다.
② 공급량의 변화는 공급곡선상의 이동으로 표시된다.
③ 공급곡선상에서 우상방으로 이동(A점 → B점)하는 것은 가격상승에 따른 공급량의 증가를 의미하고, 좌하방으로 이동(B점 → A점)하는 것은 가격하락에 따른 공급량의 감소를 의미한다.

2) 공급의 변화 … 공급곡선 자체의 이동

① 공급의 변화란 가격 이외의 요인이 변화하여 공급이 변화하는 것을 말한다.
② 공급의 변화는 공급곡선 자체의 이동으로 표시된다.
③ 공급곡선이 우측(하방)으로 이동하는 것은 공급의 증가를 의미하고, 좌측(상방)으로 이동하는 것은 공급의 감소를 의미한다.

> 그림 2-5 공급량의 변화와 공급의 변화

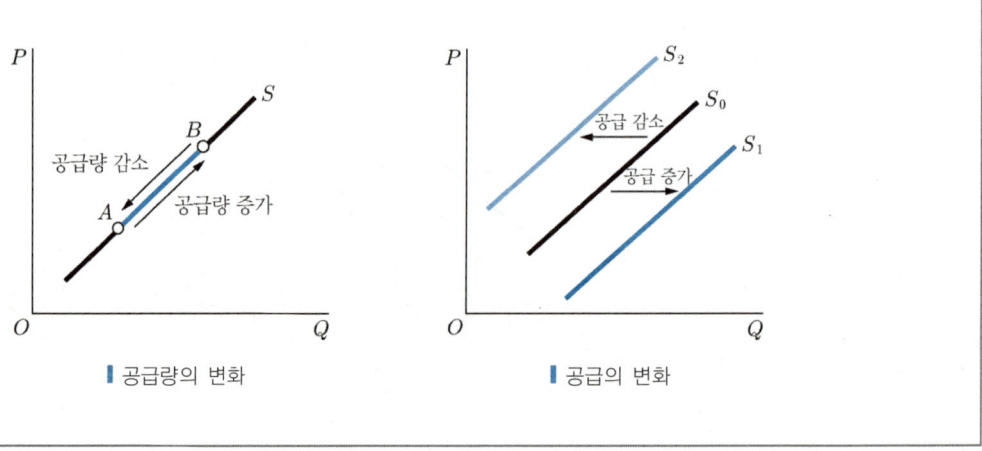

| 공급량의 변화 | 공급의 변화 |

(3) 공급의 변화요인

1) 관련재의 가격(P_Y)

① 생산 측면에서 대체재의 가격
→ 생산 측면에서 대체재의 가격이 상승(하락)하면 대체재 관계에 있는 다른 재화의 공급이 감소(증가)한다.
🔵 예 콩과 옥수수 등
➕ 생산 측면에서 대체재의 가격과 대체재 관계에 있는 다른 재화의 공급은 반대 방향(−)으로 움직인다.

☑ 대체재(Y재)의 가격상승
→ Y재의 공급량 증가
→ X재의 공급 감소

② 생산 측면에서 보완재의 가격
→ 생산 측면에서 보완재의 가격이 상승(하락)하면 보완재 관계에 있는 다른 재화의 공급이 증가(감소)한다.
  - 예 양고기와 양털 등
  - ✚ 생산 측면에서 보완재의 가격과 보완재 관계에 있는 다른 재화의 공급은 같은 방향(+)으로 움직인다.

③ 생산 측면에서 독립재의 가격
→ 생산 측면에서 독립재의 가격이 변화하더라도 독립재 관계에 있는 다른 재화의 공급은 변화하지 않는다.
  - 예 콩과 양털 등

☑ 보완재(Y재)의 가격상승
→ Y재의 공급량 증가
→ X재의 공급 증가

2) 기술수준
① 생산기술의 향상, 즉 기술진보가 이루어지면 생산비가 하락하므로 공급이 증가한다.
② 노동생산성의 향상은 기술진보와 동일한 의미를 갖는다.

3) 생산요소가격
① 재화 생산에 필요한 생산요소의 가격(임금, 이자, 임대료 등)이 상승하면 생산비가 상승하므로 공급이 감소한다.
② 재화 생산에 필요한 생산요소의 가격(임금, 이자, 임대료 등)이 하락하면 생산비가 하락하므로 공급이 증가한다.
  - ✚ 어떤 재화의 공급은 그 재화 생산에 투입되는 생산요소의 가격과 반대 방향(−)으로 움직인다.

4) 조세(T)와 보조금(S)
① 정부가 기업에게 조세를 부과하면 생산비가 상승하므로 공급이 감소한다.
② 정부가 기업에게 보조금을 지급하면 생산비가 하락하므로 공급이 증가한다.

5) 생산자의 예상
① 미래에 어떤 재화의 가격이 상승(하락)할 것으로 예상되면 공급이 감소(증가)한다.
  - ✚ 미래에 어떤 재화의 가격이 상승할 것으로 예상되면 그 재화에 대한 판매를 가격상승 이후로 미루려 할 것이므로 현재의 공급이 감소한다. 반면, 미래에 어떤 재화의 가격이 하락할 것으로 예상되면 가격하락 이전에 그 재화를 판매하려 할 것이므로 현재의 공급이 증가한다.
② 미래에 경기가 호전(악화)될 것으로 예상되면 공급이 증가(감소)한다.

6) 생산자 수
① 생산자 수가 증가(감소)하면 공급이 증가(감소)한다.
② 생산자 수가 변화하면 개별공급이 아니라 시장공급이 변화한다.

7) 기타
① 기후 여건이 악화되거나, 자연재해가 발생하면 농산물의 공급이 감소한다.
② 기업의 목표가 이윤극대화에서 매출액극대화(판매수입극대화)로 변화하면 공급이 증가한다.

6 개별공급곡선과 시장공급곡선

(1) 개별공급과 시장공급
① 앞서 살펴본 그림 2-4의 공급곡선은 각 생산자의 공급인 개별공급을 나타낸다.
② 이제, 시장의 움직임을 분석하기 위해서는 시장전체의 공급인 시장공급을 알아야 한다. 시장수요의 경우와 마찬가지로, 시장공급도 개별공급을 합한 것이다.

(2) 시장공급곡선의 도출
① 시장공급곡선은 각 생산자의 공급곡선인 개별공급곡선의 수평합으로 구해진다.
② 개별공급곡선을 수평으로 합한다는 것은 각각의 가격수준에서 개별생산자들의 공급량을 합하는 것을 의미한다.
③ 일반적으로 시장공급곡선은 개별공급곡선보다 완만한 형태이다.

그림 2-6 개별공급곡선과 시장공급곡선

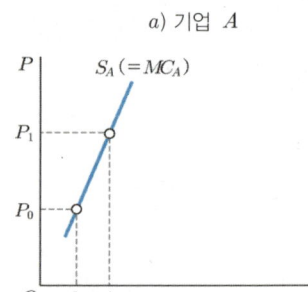 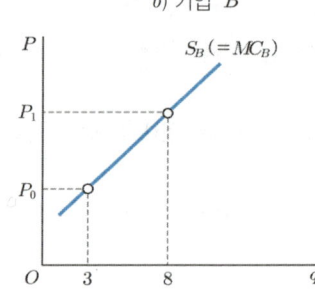 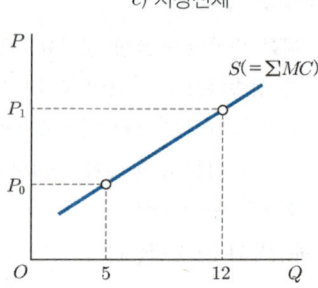

a) 기업 A b) 기업 B c) 시장전체

시장공급곡선은 개별공급곡선의 수평합으로 도출되며, 시장공급곡선은 개별공급곡선보다 완만하다.

참고 ▶ 시장공급곡선의 수학적 도출

① 시장공급곡선은 개별공급곡선의 수평합으로 구해지는데, 개별공급곡선을 수평으로 합한다는 것은 각각의 가격수준에서 개별생산자들의 공급량을 합한다는 의미이다.
② 그러므로 개별공급함수를 합하여 시장공급함수를 구할 때는 반드시 개별공급함수를 Q에 대해 정리한 후 합해야 한다.
③ 예컨대, 기업 A의 공급함수가 $P = 100 + \frac{1}{3}Q_A$, 기업 B의 공급함수가 $P = 100 + \frac{1}{4}Q_B$로 주어질 경우 시장공급함수는 다음과 같이 각 기업의 공급함수를 Q에 대해 정리한 후 합하여 도출할 수 있다.

$$A\text{의 공급함수}: Q_A = -300 + 3P$$
$$+)\ B\text{의 공급함수}: Q_B = -400 + 4P$$
$$\text{시장공급함수}: Q = -700 + 7P \rightarrow P = 100 + \frac{1}{7}Q$$

제4절 시장의 균형

1 시장의 균형

① 균형(equilibrium)이란 일단 어떤 상태에 도달하면 외부적인 요인이 없는 한 그대로 유지되려고 하는 상태를 말한다. 즉, 그 자체로는 다른 상태로 변화할 유인이 없는 상태를 말한다.
   ✚ 직관적으로, 상반된 힘이 맞아떨어진 상태를 균형이라고 한다. 예컨대, 줄다리기를 할 때 양쪽으로 끄는 힘이 맞아떨어지면 균형이 이루어지고, 줄 한가운데 매어 놓은 리본이 같은 자리에 계속 머물러 있게 된다.
② 시장의 균형이란 시장에서 한 재화의 가격이 주어졌을 때 시장수요량과 시장공급량이 일치하는 상태이다.
③ 일반적으로 시장수요곡선(D)과 시장공급곡선(S)이 교차하는 한 점(E점)에서 시장의 균형이 달성된다.
④ 시장의 균형을 가져다준다는 의미에서 이때의 가격(P_0)을 균형가격이라고 하고, 이 가격에 거래되는 거래량(Q_0)을 균형거래량이라고 한다.
   ✚ 모든 경제분석은 수요와 공급이 균형을 이루는 수준에서 재화의 가격이 결정된다는 인식에 그 기초를 두고 있다. 따라서 특별한 언급이 없는 한 시장가격과 균형가격은 동일한 의미를 갖는다.

시장의 균형   그림 2-7

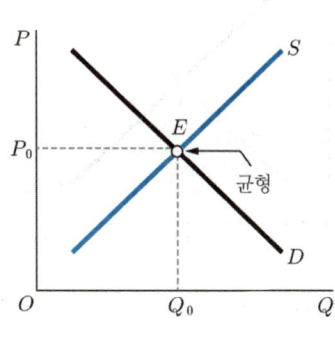

시장수요곡선(D)과 시장공급곡선(S)이 교차하는 E점에서 시장의 균형이 달성된다. 그러므로 균형가격은 P_0, 균형거래량은 Q_0에서 결정된다.

2 시장의 불균형

(1) 시장의 불균형

① 시장의 불균형이란 시장에서 한 재화의 가격이 주어졌을 때 시장수요량과 시장공급량이 일치하지 않는 상태이다.
② 시장의 불균형은 초과수요와 초과공급의 상태로 나뉜다.

(2) 초과수요와 초과공급

1) 초과수요
   ① 초과수요(excess demand)란 어떤 가격수준에서 소비자들의 수요량이 생산자들의 공급량보다 많아서 발생하는 재화의 부족분을 말한다.
   ② 초과수요가 존재하면 가격이 상승한다.

2) 초과공급
   ① 초과공급(excess supply)이란 어떤 가격수준에서 생산자들의 공급량이 소비자들의 수요량보다 많아서 발생하는 재화의 잉여분을 말한다.
   ② 초과공급이 존재하면 가격이 하락한다.

(3) 불균형의 조정

┌ 초과수요(시장가격이 P_2일 때) : 시장가격 상승 → 균형 도달
└ 초과공급(시장가격이 P_1일 때) : 시장가격 하락 → 균형 도달

✦ 두 경우 모두 가격조정을 통해 시장수요량과 시장공급량이 일치하는 균형에 도달한다.

그림 2-8　불균형의 조정

- 시장가격이 P_2로 초과수요가 존재하면 시장가격이 상승하여 균형에 도달한다.
- 시장가격이 P_1으로 초과공급이 존재하면 시장가격이 하락하여 균형에 도달한다.

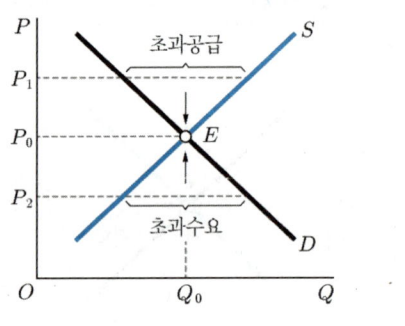

3 균형의 변화

(1) 개요
① 시장에서 일단 균형이 이루어지면 다른 외부적인 요인이 없는 한 그 가격과 거래량이 그대로 유지된다.
② 그러나 어떤 요인에 의해 수요나 공급이 변화하면 새로운 균형으로 이동하는 과정에서 가격과 거래량이 변화하게 된다.
③ 이제, 균형의 변화를 시장수요 혹은 시장공급만 변화하는 경우, 시장수요와 시장공급이 동시에 변화하는 경우로 나누어 살펴보도록 하자.

(2) 시장수요의 변화

① 그림 2-9 a)에서 보는 것처럼 수요가 증가하면 수요곡선이 우측으로 이동한다 ($D_0 \rightarrow D_1$). 그에 따라 균형가격이 상승하고 균형거래량도 증가한다.

② 그림 2-9 b)에서 보는 것처럼 수요가 감소하면 수요곡선이 좌측으로 이동한다 ($D_0 \rightarrow D_1$). 그에 따라 균형가격이 하락하고 균형거래량도 감소한다.

	여건의 변화	균형가격	균형거래량
공급 일정	a) 수요 증가	상 승	증 가
	b) 수요 감소	하 락	감 소

> **소비자주권**
> 소비자주권(consumer sovereignty)이란 어떤 재화에 대한 소비자의 선호가 증가하면 그 재화의 수요가 증가하고, 그에 따라 생산자의 공급량도 증가하는 현상을 말한다. 이와 같이 소비자의 선호에 의해 희소한 자원이 배분되는 것을 소비자주권이라고 한다.

시장수요의 변화 그림 2-9

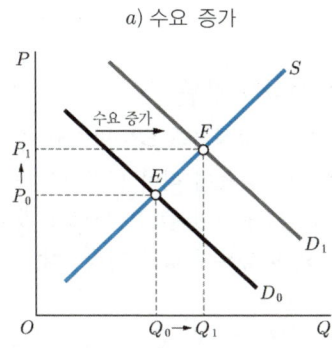
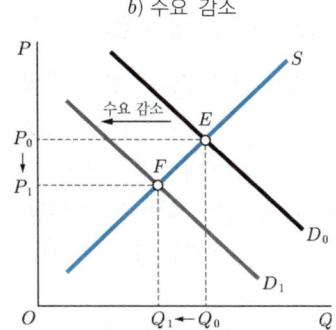

- 그림 a) … 시장수요가 증가하면 균형가격이 상승하고 균형거래량도 증가한다.
- 그림 b) … 시장수요가 감소하면 균형가격이 하락하고 균형거래량도 감소한다.

(3) 시장공급의 변화

① 그림 2-10 a)에서 보는 것처럼 공급이 증가하면 공급곡선이 우측으로 이동한다 ($S_0 \rightarrow S_1$). 그에 따라 균형가격이 하락하고 균형거래량은 증가한다.

② 그림 2-10 b)에서 보는 것처럼 공급이 감소하면 공급곡선이 좌측으로 이동한다 ($S_0 \rightarrow S_1$). 그에 따라 균형가격이 상승하고 균형거래량은 감소한다.

	여건의 변화	균형가격	균형거래량
수요 일정	a) 공급 증가	하 락	증 가
	b) 공급 감소	상 승	감 소

그림 2-10 시장공급의 변화

- 그림 a) ··· 시장공급이 증가하면 균형가격이 하락하고 균형거래량은 증가한다.
- 그림 b) ··· 시장공급이 감소하면 균형가격이 상승하고 균형거래량은 감소한다.

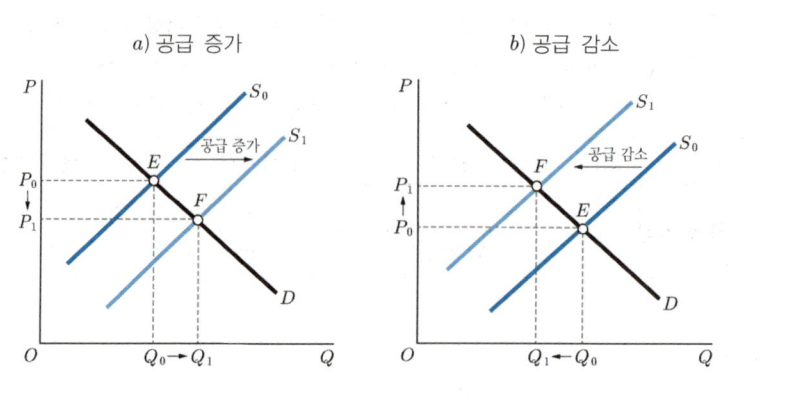

(4) 시장수요와 시장공급의 동시 변화

1) 시장수요와 시장공급이 같은 방향으로 변화하는 경우
   ① 수요와 공급이 모두 증가하면(E점 → F점) 균형거래량은 반드시 증가하지만 균형가격의 변화는 수요곡선과 공급곡선의 이동폭에 따라 달라진다.
   ② 수요와 공급이 모두 감소하면(F점 → E점) 균형거래량은 반드시 감소하지만 균형가격의 변화는 수요곡선과 공급곡선의 이동폭에 따라 달라진다.

그림 2-11 시장수요와 시장공급의 동시 변화 ··· 같은 방향으로 변화하는 경우

- 시장수요와 시장공급이 모두 증가하면 균형거래량은 증가하지만 균형가격의 변화는 불분명하다.
- 시장수요와 시장공급이 모두 감소하면 균형거래량은 감소하지만 균형가격의 변화는 불분명하다.

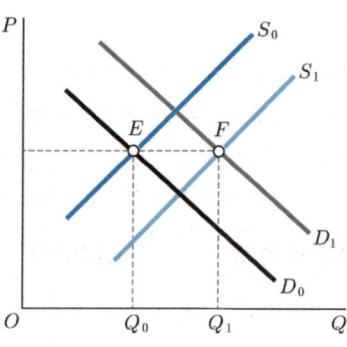

2) 시장수요와 시장공급이 다른 방향으로 변화하는 경우

① 수요가 증가하고 공급이 감소하면(E점 → F점) 균형가격은 반드시 상승하지만 균형거래량의 변화는 수요곡선과 공급곡선의 이동폭에 따라 달라진다.

② 수요가 감소하고 공급이 증가하면(F점 → E점) 균형가격은 반드시 하락하지만 균형거래량의 변화는 수요곡선과 공급곡선의 이동폭에 따라 달라진다.

시장수요와 시장공급의 동시 변화 ··· 다른 방향으로 변화하는 경우   그림 2-12

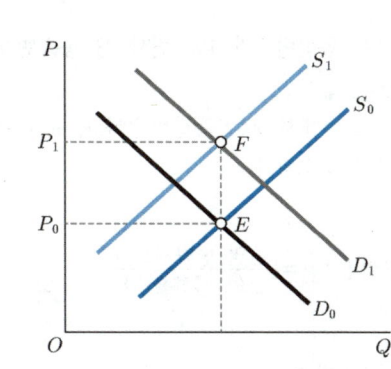

- 시장수요가 증가하고 시장공급이 감소하면 균형가격은 상승하지만 균형거래량의 변화는 불분명하다.
- 시장수요가 감소하고 시장공급이 증가하면 균형가격은 하락하지만 균형거래량의 변화는 불분명하다.

	균형가격	균형거래량
수요 증가 & 공급 증가	불분명	증가
수요 감소 & 공급 감소	불분명	감소
수요 증가 & 공급 감소	상승	불분명
수요 감소 & 공급 증가	하락	불분명

CHAPTER 03 수요와 공급의 탄력성

제1절 탄력성

1 탄력성의 개념

① 탄력성(elasticity)이란 독립변수가 1% 변할 때 종속변수가 몇 % 변하는지를 나타내는 지표이다.

② 예컨대, $y=f(x)$의 함수에서 x는 독립변수이고, y는 종속변수이므로 'y의 x 탄력성'은 다음과 같이 정의된다.

$$y의\ x탄력성 : \varepsilon = \frac{y의\ 변화율(\%)}{x의\ 변화율(\%)} = \frac{\frac{\Delta y}{y}}{\frac{\Delta x}{x}} = \frac{\Delta y}{\Delta x} \cdot \frac{x}{y}$$

◆ ε는 입실론(epsilon)이라고 읽는다.

③ 탄력성은 각 변수의 변화율을 쓰기 때문에 측정 단위에 관계없이 독립변수(x)의 변화에 대해 종속변수(y)가 얼마나 민감하게 반응하는지를 나타낸다.

☑ 각 변수의 변화율은 측정 단위에 관계없이 동일하므로 탄력성은 민감도를 측정하는 데 유용하게 사용된다.

2 탄력성의 크기

① 탄력성의 크기를 논의할 때 기준이 되는 크기는 1이다.
② 탄력성이 1보다 크면 탄력적(elastic), 1보다 작으면 비탄력적(inelastic)이라고 하고, 1이 되는 경우에는 단위탄력적(unitary elastic)이라고 한다.

참고 ▶ 변화율의 계산

① x값이 100에서 125로 증가하면 x값의 변화분이 $\Delta x = 25$이므로 x값의 변화율은 0.25가 된다.

$$x값의\ 변화율 = \frac{\Delta x}{x} = \frac{25}{100} = 0.25$$

② 이를 백분율(%)로 나타내면 25%가 된다.

$$x값의\ 변화율(\%) = \frac{\Delta x}{x} \times 100(\%) = \frac{25}{100} \times 100\% = 25\%$$

제2절 수요의 탄력성

1 수요의 가격탄력성

(1) 수요의 가격탄력성의 개념

① 수요의 가격탄력성(price elasticity of demand)이란 한 재화의 가격이 1% 변할 때 그 재화의 수요량이 몇 % 변하는지를 나타내는 척도이다.

$$\varepsilon = -\frac{수요량의\ 변화율(\%)}{가격의\ 변화율(\%)} = -\frac{\frac{\Delta Q}{Q}}{\frac{\Delta P}{P}} = -\frac{\Delta Q}{\Delta P} \cdot \frac{P}{Q}$$

② 한 재화의 가격과 수요량은 수요의 법칙에 의해 반대 방향으로 변화하기 때문에 수요의 가격탄력성은 원래 음(−)의 값을 갖는다. 그러나 관례에 따라 음(−)의 부호를 붙임으로써 가격탄력성의 값을 절대치로 표시한다.

③ 이러한 관행하에서 수요의 가격탄력성이 크다는 것은 수요량이 가격변화에 더 민감하게 반응한다는 뜻이 된다.

④ $\frac{\Delta Q}{\Delta P}$는 수요곡선의 기울기의 역수이다. 그러므로 다른 조건이 일정할 때 수요곡선이 완만할수록 수요의 가격탄력성이 커진다.

☑ 수요곡선의 기울기와 수요의 가격탄력성은 반비례한다.

⑤ $\frac{P}{Q}$는 원점에서 수요곡선상의 한 점을 이은 직선의 기울기로 측정된다. 다른 조건이 일정할 때 가격이 높고 수요량이 적을수록 수요의 가격탄력성이 커지고, 가격이 낮고 수요량이 많을수록 수요의 가격탄력성이 작아진다.

☑ 수요의 가격탄력성은 가격(P)의 증가함수이고, 수량(Q)의 감소함수이다.

수요의 가격탄력성과 수요곡선의 기울기 그림 3-1

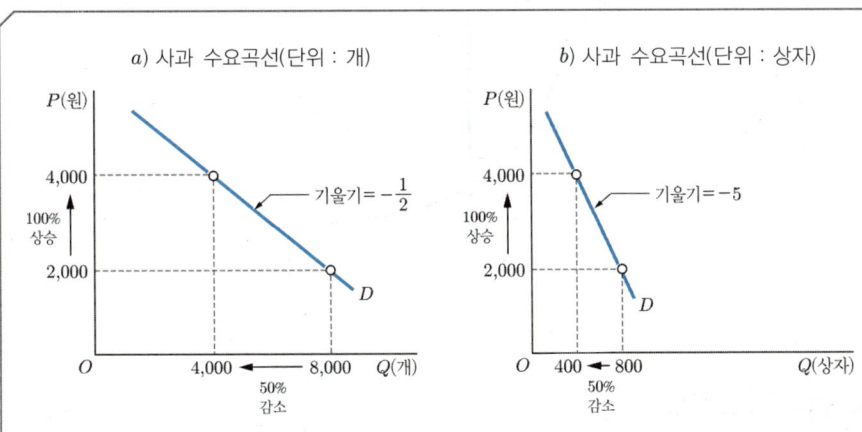

위 그림에서 가격의 변화율은 모두 100%이고, 수요량의 변화율은 모두 −50%이므로 그림의 형태에 관계없이 수요의 가격탄력성은 0.5가 된다.

- 다른 조건이 일정할 때 수요곡선이 완만할수록 가격 변화에 따른 수요량의 변화가 크므로 수요곡선의 기울기로 수요의 민감도를 판단할 수도 있지만, 가격과 수요량의 단위에 따라 수요곡선의 기울기가 달라지는 문제가 생긴다.
- 반면, 가격과 수요량의 변화율은 측정 단위에 관계없이 동일하기 때문에 수요의 가격탄력성은 수요의 민감도를 측정하는 데 매우 유용하다.

(2) 수요의 가격탄력성과 수요곡선의 형태

① 수요의 가격탄력성은 0과 무한대(∞) 사이의 값을 가지며, 1을 기준으로 1보다 크면 탄력적, 1보다 작으면 비탄력적이라고 하고, 1이 되는 경우에는 단위탄력적이라고 한다.

> ☑ 사치재, 필수재를 구분하는 기준은 수요의 가격탄력성(ε)이 아니라 수요의 소득탄력성(ε_M)임에 주의하자.

가격탄력성의 크기	의 미	수요곡선의 형태	예
$\varepsilon=0$	완전비탄력적	수직선	마약
$0<\varepsilon<1$	비탄력적	가파른 우하향	대부분의 필수재
$\varepsilon=1$	단위탄력적	직각쌍곡선	지출액이 일정
$1<\varepsilon<\infty$	탄력적	완만한 우하향	대부분의 사치재
$\varepsilon=\infty$	완전탄력적	수평선	완전경쟁의 수요곡선

② 수요곡선이 수직선이면 수요의 가격탄력성이 0이고, 수요곡선이 수평선이면 수요의 가격탄력성이 무한대(∞)이다. 그리고 수요곡선이 직각쌍곡선이면 수요곡선상의 모든 점에서 수요의 가격탄력성이 1이다.

→ 수요의 가격탄력성이 $\varepsilon=0$으로 완전비탄력적이면 가격에 관계없이 수요량이 일정하다.

→ 수요의 가격탄력성이 $\varepsilon=\infty$로 완전탄력적이면 가격이 약간만 변화해도 수요량이 매우 큰 폭(무한대)으로 변화한다.

→ 수요의 가격탄력성이 $\varepsilon=1$로 단위탄력적이면 가격과 수요량의 곱, 즉 지출액이 일정하다.

그림 3-2 수요의 가격탄력성과 수요곡선의 형태

> ● 일반적으로 수요곡선상의 어떤 점에서 측정하느냐에 따라 수요의 가격탄력성이 달라진다. 그러나 수요곡선이 i) 수직선, ii) 수평선, 그리고 iii) 직각쌍곡선일 때는 수요곡선상의 모든 점에서 수요의 가격탄력성이 일정한 값을 갖는다.

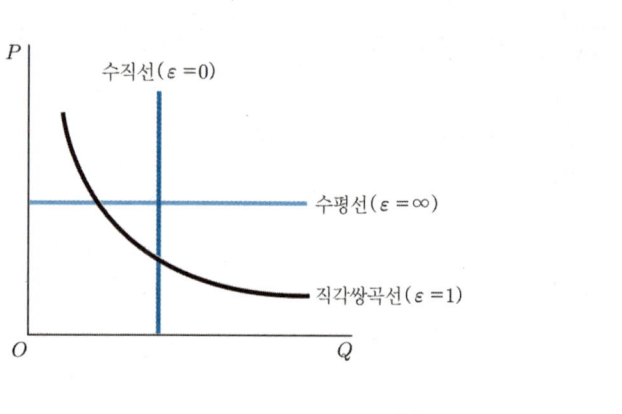

(3) 수요의 호탄력성

1) 개념

> ☑ 수요의 호탄력성은 수요의 구간탄력성이라고도 한다.

① 수요의 호탄력성(arc elasticity)이란 수요곡선상의 두 점 사이에서 측정한 탄력성을 말한다.

② 수요의 호탄력성을 구할 때 기준이 되는 가격과 수요량을 어디로 삼느냐에 따라 호탄력성의 값이 달라지는 문제가 발생한다.

③ 이와 같이, 호탄력성은 기준점에 따라 그 값이 달라지므로 기준가격과 기준수요량 대신 평균가격과 평균수요량의 개념을 사용하여 계산한다(수정공식).

$$\varepsilon = -\frac{\frac{\Delta Q}{(Q_1+Q_2)/2}}{\frac{\Delta P}{(P_1+P_2)/2}} = -\frac{\frac{\Delta Q}{Q_1+Q_2}}{\frac{\Delta P}{P_1+P_2}} = -\frac{\Delta Q}{\Delta P} \cdot \frac{P_1+P_2}{Q_1+Q_2}$$

2) 설명

① 수요곡선이 아래 그림과 같이 주어져 있다면 A점에서 B점으로 이동할 때의 탄력성과 B점에서 A점으로 이동할 때의 탄력성은 각각 다음과 같이 계산된다.

- A점 → B점 : $\varepsilon = -\dfrac{\frac{\Delta Q}{Q}}{\frac{\Delta P}{P}} = -\dfrac{\frac{10}{20}}{\frac{-200}{600}} = \dfrac{3}{2}$

- B점 → A점 : $\varepsilon = -\dfrac{\frac{\Delta Q}{Q}}{\frac{\Delta P}{P}} = -\dfrac{\frac{-10}{30}}{\frac{200}{400}} = \dfrac{2}{3}$

② 이와 같이, 어떤 구간의 호탄력성은 기준점에 따라 그 값이 달라진다. 이때 수정공식을 이용하면 이동 방향에 관계없이 탄력성의 값이 동일하게 계산된다.

$$\varepsilon = -\frac{\frac{\Delta Q}{Q_1+Q_2}}{\frac{\Delta P}{P_1+P_2}} = -\frac{\frac{10}{20+30}}{\frac{-200}{600+400}} = 1$$

✔ 수정공식을 이용하여 탄력성을 계산하면 A점에서 B점으로 이동할 때의 탄력성과 B점에서 A점으로 이동할 때의 탄력성의 중간 정도의 값이 나온다.

③ 그러나 가격과 수요량의 변화폭이 매우 작다면 굳이 수정공식을 이용하지 않아도 무방하다.

수요의 호탄력성 　그림 3-3

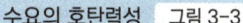

수요곡선상의 두 점 사이의 탄력성은 수정공식(중간점공식)을 이용하여 구할 수 있다.

- $\varepsilon = -\dfrac{\Delta Q}{\Delta P} \cdot \dfrac{P_1+P_2}{Q_1+Q_2}$

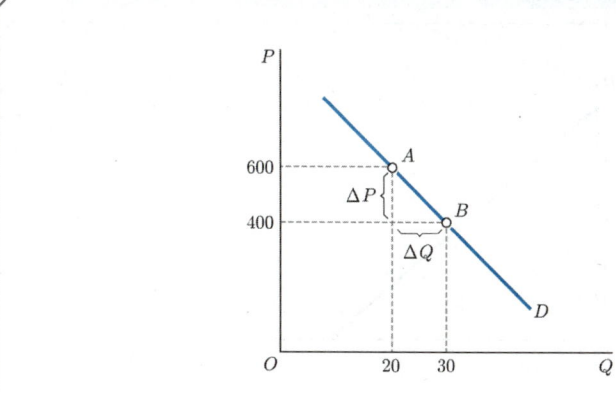

(4) 수요의 점탄력성

1) 개념

① 수요의 점탄력성(point elasticity)이란 수요곡선상의 한 점에서 측정한 탄력성을 말한다.

② 수요의 점탄력성은 가격의 변화분이 아주 작을 때($\Delta P \to 0$)의 수요의 가격탄력성을 측정한 것이다.

③ 가격의 변화폭이 아주 작으면 $\frac{\Delta Q}{\Delta P}$ 대신 미분 개념인 $\frac{dQ}{dP}$ 를 이용하여 수요의 가격탄력성 식은 다음과 같이 고쳐 쓸 수 있다.

$$\varepsilon = -\frac{dQ}{dP} \cdot \frac{P}{Q}$$

> ✓ 수요곡선상의 두 점을 무한히 가깝게 하여 측정한 호탄력성이 점탄력성이다.

2) 수요곡선이 우하향의 직선일 때 … 점탄력성의 측정

① 수요의 가격탄력성은 $\left(\text{수요곡선의 기울기(절댓값)의 역수} \times \frac{P}{Q}\right)$ 이므로, 이를 이용하여 수요곡선상의 한 점(E점)에서의 수요의 가격탄력성을 구해보자.

　◆ 수요의 가격탄력성 식 $\varepsilon = -\frac{dQ}{dP} \cdot \frac{P}{Q}$ 에서 $-\frac{dQ}{dP}$ 가 수요곡선의 기울기(절댓값)의 역수에 해당한다. 참고로, $\frac{P}{Q}$ 는 원점에서 수요곡선상의 한 점을 이은 직선의 기울기이다.

② E점에서 수요곡선의 기울기(절댓값)가 $\frac{EC}{CD}$ 이므로 수요곡선의 기울기(절댓값)의 역수는 $\frac{CD}{EC}$ 이고, E점에서의 가격이 $OB=EC$, 수요량이 OC 이므로 $\frac{P}{Q}=\frac{EC}{OC}$ 이다. 따라서 수요의 가격탄력성은 $\frac{CD}{OC}$ 가 된다.

$$\varepsilon = -\frac{dQ}{dP} \cdot \frac{P}{Q} = \frac{CD}{EC} \cdot \frac{EC}{OC} = \frac{CD}{OC} = \frac{BO}{AB} = \frac{ED}{AE}$$

그림 3-4 수요곡선이 우하향의 직선일 때 … 점탄력성의 측정

수요곡선이 우하향의 직선일 때 수요곡선상의 한 점(E점)에서의 가격탄력성은 가격축(혹은 수량축)을 이용하여 구할 수 있다.
- $\varepsilon = \frac{CD}{OC} = \frac{BO}{AB} = \frac{ED}{AE}$

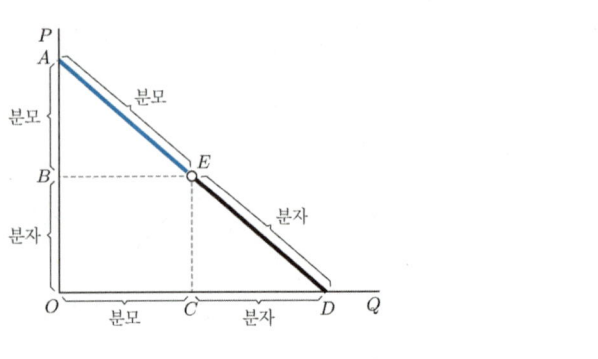

3) 수요곡선이 우하향의 직선일 때 … 각 점에서의 점탄력성

① 수요곡선이 우하향의 직선일 때 수요곡선상의 각 점에서 수요곡선의 기울기는 일정하지만 수요의 가격탄력성은 일정하지 않다.

② 수요곡선의 중점(E점)에서는 수요의 가격탄력성이 1이다. 중점보다 상방에 위치하면 수요의 가격탄력성이 1보다 크고, 중점보다 하방에 위치하면 수요의 가격탄력성이 1보다 작다.
  → 수요곡선상에서 우하방으로 이동할수록 수요의 가격탄력성이 점점 작아진다.

③ 가격축 절편(A점)에서는 $\frac{P}{Q}$의 값이 무한대(∞)이므로 수요의 가격탄력성도 무한대(∞)이고, 수량축 절편(B점)에서는 $\frac{P}{Q}$의 값이 0이므로 수요의 가격탄력성도 0이다.

☑ $\varepsilon = -\frac{dQ}{dP} \cdot \frac{P}{Q}$에서 수요곡선의 기울기(절댓값)의 역수인 $-\frac{dQ}{dP}$가 일정하므로 수요곡선상의 각 점에서의 수요의 가격탄력성은 $\frac{P}{Q}$의 값에 따라 달라진다.

수요곡선이 우하향의 직선일 때 … 각 점에서의 점탄력성   그림 3-5

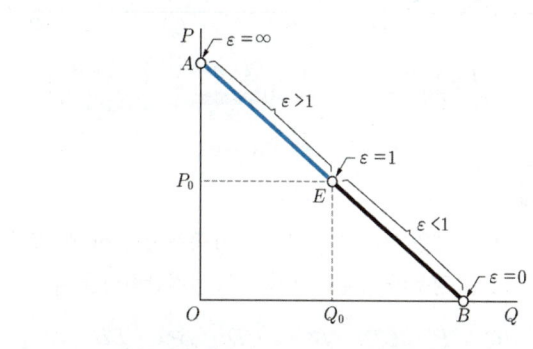

- 수요곡선의 중점(E점)에서는 '분모=분자'이므로 $\varepsilon = 1$이다. 중점보다 상방에 위치하면 '분모<분자'이므로 $\varepsilon > 1$이고, 중점보다 하방에 위치하면 '분모>분자'이므로 $0 < \varepsilon < 1$이다.
- 가격축 절편(A점)에서는 분모가 0이므로 $\varepsilon = \infty$이고, 수량축 절편(B점)에서는 분자가 0이므로 $\varepsilon = 0$이다.

예제

볼펜의 가격은 200원에서 100원으로 하락하였는데 소비량은 3개에서 6개로 증가하였다고 하자. 한편, 휘발유는 리터당 가격이 1,500원에서 1,400원으로 하락하였는데 소비량이 30리터에서 34리터로 증가하였다고 하자. 두 재화의 수요의 가격탄력성으로 옳은 것은? (단, 탄력성 계산 시 단순한 변화율 개념을 사용함)

① 볼펜 : 1.0, 휘발유 : 1.0   ② 볼펜 : 1.0, 휘발유 : 2.0
③ 볼펜 : 2.0, 휘발유 : 1.0   ④ 볼펜 : 2.0, 휘발유 : 2.0

💡 **해설**

i) 볼펜 수요의 가격탄력성
- $\varepsilon_{볼펜} = -\frac{\Delta Q}{\Delta P} \cdot \frac{P}{Q} = -\left(\frac{3}{-100}\right) \times \frac{200}{3} = 2$

ii) 휘발유 수요의 가격탄력성
- $\varepsilon_{휘발유} = -\frac{\Delta Q}{\Delta P} \cdot \frac{P}{Q} = -\left(\frac{4}{-100}\right) \times \frac{1,500}{30} = 2$

따라서 ④번이 답이 된다.

참고 ▶ 서로 다른 수요곡선상의 한 점에서의 점탄력성

① 그림 a) … 가격축을 기준으로 할 때 D_1상의 A점과 D_2상의 B점에서 분모와 분자가 모두 동일하다. 그러므로 A점에서의 탄력성과 B점에서의 탄력성이 같다.
② 그림 b) … 가격축을 기준으로 할 때 D_1상의 A점과 D_2상의 B점에서 분자는 동일하나, 분모는 B점이 더 크다. 그러므로 A점에서의 탄력성이 B점에서의 탄력성보다 크다.
③ 그림 c) … 다른 조건이 일정할 때 수요곡선이 완만할수록 탄력성이 커진다. 그러므로 A점에서 D_2의 탄력성이 D_1의 탄력성보다 크다.

a) 절편이 동일할 때

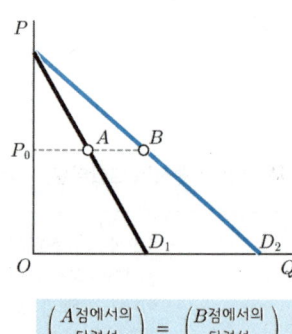

b) 두 수요곡선이 평행할 때

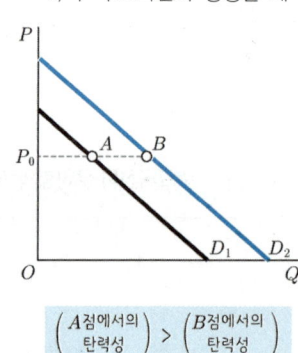

c) 두 수요곡선이 교차할 때

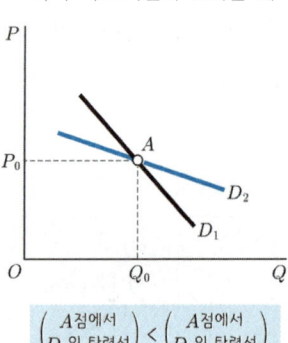

4) 수요곡선이 곡선일 때

수요곡선이 곡선일 때는 탄력성을 구하고자 하는 수요곡선상의 한 점(E점)에서 접선을 그어 수요곡선이 직선일 경우와 동일하게 수요의 가격탄력성을 계산하면 된다.

$$\varepsilon = -\frac{dQ}{dP} \cdot \frac{P}{Q} = \frac{CD}{EC} \cdot \frac{EC}{OC} = \frac{CD}{OC} = \frac{BO}{AB} = \frac{ED}{AE}$$

그림 3-6 수요곡선이 곡선일 때의 점탄력성

수요곡선이 곡선일 때 수요곡선상의 한 점(E점)에서의 가격탄력성은 그 점에서 접선을 그어 수요곡선이 직선일 경우와 동일한 방법으로 구할 수 있다.

- $\varepsilon = \dfrac{CD}{OC} = \dfrac{BO}{AB} = \dfrac{ED}{AE}$

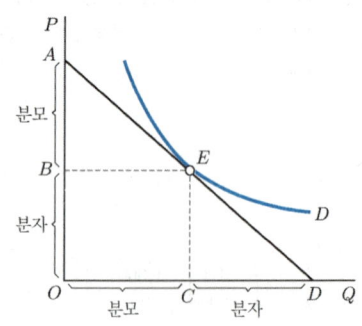

5) 수요곡선이 직각쌍곡선일 때

① 수요곡선이 직각쌍곡선이면 수요함수는 다음과 같은 형태가 된다.

$$Q = \frac{A}{P} \quad (\text{단, } A\text{는 상수})$$

② 수요함수 $Q = \frac{A}{P} = AP^{-1}$을 P에 대해 미분하면 $\frac{dQ}{dP} = -AP^{-2} = -\frac{A}{P^2}$이고, $\frac{P}{Q} = \frac{P}{A/P} = \frac{P^2}{A}$이다. 이를 수요의 가격탄력성 식 $\varepsilon = -\frac{dQ}{dP} \cdot \frac{P}{Q}$에 대입하면 수요의 가격탄력성은 1로 계산된다.

$$\varepsilon = -\frac{dQ}{dP} \cdot \frac{P}{Q} = -\left(-\frac{A}{P^2}\right) \times \frac{P^2}{A} = 1$$

③ 아래 그림에서 A점과 B점 사이의 호탄력성을 수정공식을 이용하여 계산하면 수요곡선이 직각쌍곡선일 경우 수요의 가격탄력성이 1이 됨을 확인할 수 있다.

$$\varepsilon = -\frac{\frac{\Delta Q}{Q_1 + Q_2}}{\frac{\Delta P}{P_1 + P_2}} = -\frac{\frac{5}{5+10}}{\frac{-100}{200+100}} = 1$$

✚ 가격과 수요량의 변화폭이 클 때는 수정공식을 이용해야 한다.

④ 어떤 재화의 수요곡선이 직각쌍곡선이면 $Q = \frac{A}{P} \rightarrow P \times Q = A(A\text{는 상수})$에 의해 지출액($P \times Q$)이 상수($A$)로 일정하다. 따라서 수요곡선상의 각 점이 만들어내는 하방의 면적이 동일하다.

✚ 수요곡선이 직각쌍곡선이면 소비자의 총지출(=기업의 총수입)이 일정하다.

⑤ 수요곡선이 직각쌍곡선이면 수요의 가격탄력성이 1이므로 가격이 1% 상승(하락)할 때 수요량이 1% 감소(증가)한다. 그에 따라 지출액이 항상 일정하게 유지되는 것이다.

수요곡선이 직각쌍곡선일 때의 탄력성 그림 3-7

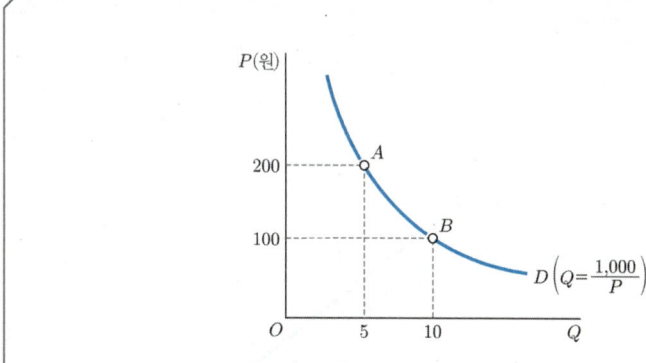

수요함수가 $Q = \frac{1,000}{P}$일 경우 $P \times Q = 1,000$이므로 소비자의 지출액이 항상 1,000원으로 일정하고, 수요의 가격탄력성은 항상 1이 된다.

심화 ▶ 수요함수가 지수함수 형태로 주어질 때

$$Q = AP^{-\alpha} \quad (단, A는 상수)$$

① 수요함수 $Q = AP^{-\alpha}$을 P에 대해 미분하면 $\dfrac{dQ}{dP} = -\alpha AP^{-\alpha-1} = -\dfrac{\alpha A}{P^{\alpha+1}}$이고, $\dfrac{P}{Q} = \dfrac{P}{A/P^{\alpha}} = \dfrac{P^{\alpha+1}}{A}$이다.

이를 수요의 가격탄력성 식 $\varepsilon = -\dfrac{dQ}{dP} \cdot \dfrac{P}{Q}$에 대입하면 수요의 가격탄력성은 α로 계산된다.

$$\varepsilon = -\dfrac{dQ}{dP} \cdot \dfrac{P}{Q} = -\left(-\dfrac{\alpha A}{P^{\alpha+1}}\right) \times \dfrac{P^{\alpha+1}}{A} = \alpha$$

② 수요함수가 $Q = AP^{-\alpha}$(A는 상수)의 형태로 주어지면 수요의 가격탄력성이 지수값(α)으로 항상 일정하다.

③ 수요곡선이 직각쌍곡선일 때의 수요함수 $Q = \dfrac{A}{P} = AP^{-1}$은 $\alpha = 1$이므로 수요의 가격탄력성이 1로 일정한 특수한 경우에 해당한다.

예제

커피에 대한 수요함수가 $Q^d = 2{,}400 - 2P$일 때, 가격 P^*에서 커피 수요에 대한 가격탄력성의 절댓값은 이다. 이때 가격 P^*는? (단, Q^d는 수요량, P는 가격이다.)

해설

풀이 1)

수요함수 $Q = 2{,}400 - 2P$를 P에 대해 미분하면 $\dfrac{dQ}{dP} = -2$이므로 수요의 가격탄력성이 $\dfrac{1}{2}$이 되는 가격은 $P = 400$으로 계산된다.

- $\varepsilon = -\dfrac{dQ}{dP} \cdot \dfrac{P}{Q} = -(-2) \times \dfrac{P}{2{,}400 - 2P} = \dfrac{1}{2} \rightarrow 4P = 2{,}400 - 2P \therefore P = 400$

풀이 2)

수요곡선이 우하향의 직선일 때 수요곡선상의 한 점에서의 가격탄력성은 가격축을 이용해 구할 수 있다. 수요함수가 $Q = 2{,}400 - 2P \rightarrow P = 1{,}200 - \dfrac{1}{2}Q$이므로 가격축 절편이 1,200이다. 따라서 수요의 가격탄력성이 $\dfrac{1}{2}$이 되는 가격은 $P^* = 400$으로 계산된다.

- $P^* = 1{,}200 \times \dfrac{1}{3} = 400$

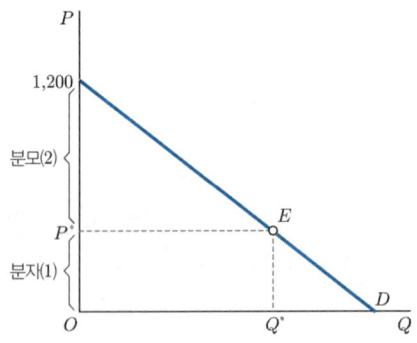

(5) 수요의 가격탄력성 결정요인

1) 대체재의 수

① 고려 대상이 되는 재화를 대체할 수 있는 대체재가 많이 존재하면 수요의 가격탄력성이 크다.
② 예를 들어, 홍차의 가격이 상승하는 경우 녹차나 커피로 충분히 대체가 가능하기 때문에 홍차의 수요량이 대폭 감소한다. 이는 홍차에 대한 수요의 가격탄력성이 크다는 것을 의미한다.
③ 반면, 마땅한 대체재가 없는 재화의 경우에는 가격이 상승하더라도 수요량의 감소폭이 크지 않을 것이기 때문에 상대적으로 수요의 가격탄력성이 작다.

2) 소비지출에서 차지하는 비중

① 자동차나 TV처럼 어떤 재화에 대한 지출이 소비자의 전체지출에서 차지하는 비중이 큰 경우에는 수요량이 그 재화의 가격변화에 민감하게 반응할 것이므로 수요의 가격탄력성이 크다.
② 반면, 비누나 볼펜처럼 어떤 재화에 대한 지출이 소비자의 전체지출에서 아주 작은 비중만을 차지하는 경우에는 수요량이 그 재화의 가격변화에 별 반응을 보이지 않을 것이므로 수요의 가격탄력성이 작다.

3) 재화의 성격

① 식료품, 수도, 전기와 같은 생활필수품은 가격이 상승하더라도 거의 일정한 양을 소비하므로 가격변화에 따른 수요량의 변화가 작게 나타난다. 따라서 수요의 가격탄력성이 작다.
② 고급차, 귀금속, 해외여행과 같은 사치품은 가격이 상승하면 소비가 현저히 감소하므로 가격변화에 따른 수요량의 변화가 크게 나타난다. 따라서 수요의 가격탄력성이 크다.

4) 재화의 분류범위

① 재화의 분류범위가 좁을수록 대체재를 찾기가 쉽기 때문에 수요의 가격탄력성이 크다.
② 예를 들어, 사과는 가격이 상승하면 다른 과일로 대체가 가능하지만 과일이라는 포괄적인 재화는 가격이 상승하더라도 대체재를 찾기가 어렵기 때문에 사과에 대한 수요의 가격탄력성이 과일에 대한 수요의 가격탄력성보다 크다.

5) 기간의 장단

① 동일한 재화라 하더라도 고려되는 기간이 길어질수록 수요의 가격탄력성이 크다.
② 예를 들어, 휘발유 가격이 인상되면 단기에는 수요량의 감소폭이 크지 않지만 장기에는 연비가 높은 자동차를 사거나, 대중교통수단을 이용하는 등의 소비행태의 변화가 발생하여 수요량이 대폭 감소하게 된다.
③ 그러므로 단기보다 장기에 수요의 가격탄력성이 크다.

✔ 수요의 가격탄력성이 큰 경우
- 대체재의 수가 많을수록
- 소비지출에서 차지하는 비중이 클수록
- 사치재의 경우
- 재화 분류범위가 좁을수록
- 측정기간이 길어질수록

(6) 수요의 가격탄력성과 기업의 총수입

1) **기업의 총수입**
    ① 가격과 수요량을 곱한 값인 소비자의 총지출(Total Expenditure ; TE)은 기업의 입장에서는 총수입이 된다.
    ② 기업의 총수입(Total Revenue ; TR)이란 가격과 판매량을 곱한 값으로 정의된다.

    $$TR = P \times Q$$

    ③ 총수입의 변화율 $\left(\frac{\Delta TR}{TR}\right)$ 은 가격의 변화율 $\left(\frac{\Delta P}{P}\right)$ 과 판매량의 변화율 $\left(\frac{\Delta Q}{Q}\right)$ 의 합으로 측정된다.

    $$\left(\frac{\Delta TR}{TR}\right) = \left(\frac{\Delta P}{P}\right) + \left(\frac{\Delta Q}{Q}\right)$$

    $$\binom{총수입}{변화율} = \binom{가격}{변화율} + \binom{판매량}{변화율}$$

☑ 기업의 총수입은 공급의 가격탄력성과 무관하고, 수요의 가격탄력성에 따라 달라진다.

2) **수요의 가격탄력성과 기업의 총수입(소비자의 총지출)**
    ① 가격변화가 기업의 총수입에 미치는 영향은 수요의 가격탄력성에 따라 달라진다.
    ② 가격이 하락하는 경우 수요의 가격탄력성이 1보다 크면 가격이 하락하는 것보다 판매량이 더 큰 폭으로 증가하므로 총수입은 증가하나, 수요의 가격탄력성이 1보다 작으면 가격이 하락하는 것보다 판매량이 더 적은 폭으로 증가하므로 총수입은 감소한다. 그리고 수요의 가격탄력성이 1이면 가격이 하락하는 것만큼 판매량이 증가하므로 총수입은 변하지 않는다.
    ③ 한편, 가격이 상승하는 경우 수요의 가격탄력성이 1보다 크면 가격이 상승하는 것보다 판매량이 더 큰 폭으로 감소하므로 총수입은 감소하나, 수요의 가격탄력성이 1보다 작으면 가격이 상승하는 것보다 판매량이 더 적은 폭으로 감소하므로 총수입은 증가한다. 그리고 수요의 가격탄력성이 1이면 가격이 상승하는 것만큼 판매량이 감소하므로 총수입은 변하지 않는다.
    ④ 수요의 가격탄력성과 기업의 총수입과의 관계를 표로 나타내면 다음과 같다.

가격탄력성의 크기	변화율	기업의 총수입($TR = P \times Q$)	
		가격하락 시	가격상승 시
$\varepsilon > 1$	$\left\|\frac{\Delta P}{P}\right\| < \left\|\frac{\Delta Q}{Q}\right\|$	증가	감소
$\varepsilon = 1$	$\left\|\frac{\Delta P}{P}\right\| = \left\|\frac{\Delta Q}{Q}\right\|$	불변	불변
$0 < \varepsilon < 1$	$\left\|\frac{\Delta P}{P}\right\| > \left\|\frac{\Delta Q}{Q}\right\|$	감소	증가

✚ 수요의 가격탄력성이 1보다 크면 가격과 총수입은 반대 방향으로 변한다.
✚ 수요의 가격탄력성이 1보다 작으면 가격과 총수입은 같은 방향으로 변한다.
✚ 수요의 가격탄력성이 1이면 가격이 변해도 총수입은 변하지 않는다.

⑤ 수요의 가격탄력성과 기업의 총수입과의 관계를 그림으로 나타내면 다음과 같다. 가격이 하락할 때 수요곡선상의 탄력적인 구간(판매량이 $0 \sim Q_0$인 구간)에서는 총수입이 증가하고, 수요의 가격탄력성이 1인 점(판매량이 Q_0인 점)에서 총수입이 극대가 되며, 그 이후의 비탄력적인 구간(판매량이 Q_0보다 큰 구간)에서는 총수입이 감소한다.

✚ 판매량이 Q_0이고 수요의 가격탄력성이 1인 점(E점)은 수요곡선의 중점이다.

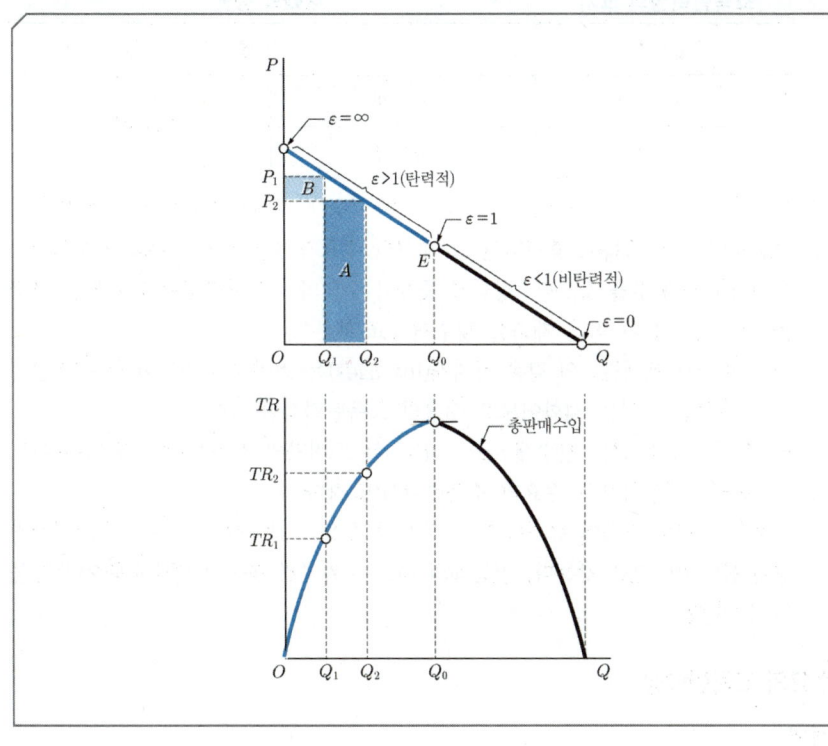

그림 3-8 수요의 가격탄력성과 기업의 총수입

$\varepsilon > 1$인 구간에서는 가격이 하락할 때 총수입(TR)이 증가하고, $\varepsilon < 1$인 구간에서는 가격이 하락할 때 총수입(TR)이 감소한다. 그리고 $\varepsilon = 1$인 점(E점)에서 총수입(TR)이 극대가 된다.

2 수요의 소득탄력성과 교차탄력성

(1) 수요의 소득탄력성

1) 개념

① 수요의 소득탄력성(income elasticity of demand)이란 소비자의 소득이 1% 변할 때 수요(량)이 몇 % 변하는지를 나타내는 척도이다.

$$\varepsilon_M = \frac{\text{수요(량)의 변화율(\%)}}{\text{소득의 변화율(\%)}} = \frac{\frac{\Delta Q}{Q}}{\frac{\Delta M}{M}} = \frac{\Delta Q}{\Delta M} \cdot \frac{M}{Q}$$

앞서 설명한 것처럼 소득의 변화는 수요량이 아닌 수요의 변화를 가져온다. 그러나 소득탄력성을 구할 때는 수요의 양을 측정해 그 변화율을 계산할 수밖에 없으므로 '수요(량)'이라는 표현을 쓴다.

② 수요의 소득탄력성의 경우에는 그 값이 양(+)인지, 아니면 음(-)인지가 중요한 의미를 갖기 때문에 원래 계산된 소득탄력성의 값을 그대로 유지한다.

③ 소득의 변화폭이 아주 작으면 $\frac{\Delta Q}{\Delta M}$ 대신 미분 개념인 $\frac{dQ}{dM}$ 를 이용하여 수요의 소득탄력성 식은 다음과 같이 고쳐 쓸 수 있다.

$$\varepsilon_M = \frac{dQ}{dM} \cdot \frac{M}{Q}$$

2) 재화의 종류

① 수요의 소득탄력성의 크기에 따라 재화를 다음과 같이 분류할 수 있다.

소득탄력성의 크기	재화의 종류	
$\varepsilon_M < 0$	열등재	
$0 < \varepsilon_M < 1$	필수재	정상재
$\varepsilon_M > 1$	사치재	

✚ 사치재와 필수재를 구분하는 기준은 수요의 가격탄력성(ε)이 아니라 수요의 소득탄력성(ε_M)이다.

② 정상재의 경우 소득이 증가하면 그 재화의 수요가 증가하므로 수요의 소득탄력성이 양(+)의 값을 갖는다. 정상재 중에서 수요의 소득탄력성이 1보다 큰 재화를 사치재, 1보다 작은 재화를 필수재라고 부른다.
  → 캐비아나 에메랄드와 같은 사치재(luxuries)는 소비자의 소득이 낮으면 없이도 지낼 수 있는 재화이므로 수요의 소득탄력성이 크다.
  → 쌀이나 옷과 같은 필수재(necessities)는 소비자의 소득이 얼마가 되든 어느 정도는 구입하므로 수요의 소득탄력성이 작다.
③ 열등재의 경우 소득이 증가하면 그 재화의 수요가 감소하므로 수요의 소득탄력성이 음(−)의 값을 갖는다. 열등재의 예로는 싸구려 옷이나 대중교통수단 등을 들 수 있다.

(2) 수요의 교차탄력성

1) 개념

① 수요의 교차탄력성(cross elasticity of demand)이란 한 재화(Y재)의 가격이 1% 변할 때 다른 재화(X재)의 수요(량)이 몇 % 변하는지를 나타내는 척도이다.

$$\varepsilon_{XY} = \frac{X재\ 수요(량)의\ 변화율(\%)}{Y재\ 가격의\ 변화율(\%)} = \frac{\frac{\Delta Q_X}{Q_X}}{\frac{\Delta P_Y}{P_Y}} = \frac{\Delta Q_X}{\Delta P_Y} \cdot \frac{P_Y}{Q_X}$$

② 수요의 교차탄력성의 경우에도 그 값이 양(+)인지, 아니면 음(−)인지가 중요한 의미를 갖기 때문에 원래 계산된 교차탄력성의 값을 그대로 유지한다.

③ Y재 가격의 변화폭이 아주 작으면 $\frac{\Delta Q_X}{\Delta P_Y}$ 대신 미분 개념인 $\frac{dQ_X}{dP_Y}$를 이용하여 수요의 교차탄력성 식은 다음과 같이 고쳐 쓸 수 있다.

$$\varepsilon_{XY} = \frac{dQ_X}{dP_Y} \cdot \frac{P_Y}{Q_X}$$

2) 재화의 관계

① 수요의 교차탄력성의 크기에 따라 두 재화의 관계를 다음과 같이 분류할 수 있다.

교차탄력성의 크기	재화의 관계	예
$\varepsilon_{XY} > 0$	대체재 관계	사과와 배
$\varepsilon_{XY} < 0$	보완재 관계	테니스 라켓과 테니스 공
$\varepsilon_{XY} = 0$	독립재 관계	사과와 테니스 공

> 교차탄력성의 절댓값이 크면 클수록 두 재화의 대체 혹은 보완의 정도가 더 커진다.

② X재(사과)와 Y재(배)가 대체재 관계에 있을 경우 Y재의 가격이 상승하면 X재의 수요가 증가하므로 수요의 교차탄력성이 양(+)의 값을 갖는다.

③ X재(테니스 라켓)와 Y재(테니스 공)가 보완재 관계에 있을 경우 Y재의 가격이 상승하면 X재의 수요가 감소하므로 수요의 교차탄력성이 음(-)의 값을 갖는다.

④ X재(사과)와 Y재(테니스 공)이 독립재 관계에 있을 경우 Y재의 가격이 상승하더라도 X재의 수요가 변하지 않으므로 수요의 교차탄력성이 0이다.

예제

X재의 수요함수가 $Q_X = 200 - 0.5P_X + 0.4P_Y + 0.3M$이다. P_X는 100, P_Y는 50, M은 100일 때, X재 수요의 가격탄력성(ε), 소득탄력성(ε_M) 및 교차탄력성(ε_{XY})은 각각 얼마인가? (단, Q_X는 X재 수요량, P_X는 X재 가격, P_Y는 Y재 가격, M은 소득이다.)

해설

i) 수요함수 $Q_X = 200 - 0.5P_X + 0.4P_Y + 0.3M$에 $P_X = 100$, $P_Y = 50$, $M = 100$을 대입하면 $Q_X = 200$이다.
  - $Q_X = 200 - (0.5 \times 100) + (0.4 \times 50) + (0.3 \times 100) = 200$

ii) 따라서 X재 수요의 가격탄력성(ε), 소득탄력성(ε_M) 및 교차탄력성(ε_{XY})은 각각 다음과 같이 계산된다.
  - $\varepsilon = -\frac{dQ_X}{dP_X} \cdot \frac{P_X}{Q_X} = -(-0.5) \times \frac{100}{200} = 0.25$
  - $\varepsilon_M = \frac{dQ_X}{dM} \cdot \frac{M}{Q_X} = 0.3 \times \frac{100}{200} = 0.15$
  - $\varepsilon_{XY} = \frac{dQ_X}{dP_Y} \cdot \frac{P_Y}{Q_X} = 0.4 \times \frac{50}{200} = 0.1$

> 📖 참고 ▶ 수요함수와 수요의 탄력성

$$Q_X^D = f(\underset{\ominus}{P_X},\ \underset{\underset{\text{정상재}}{\oplus}\ \underset{\text{열등재}}{\ominus}}{M},\ \underset{\underset{\text{대체재}}{\oplus}\ \underset{\text{보완재}}{\ominus}}{P_Y},\ 인구,\ \cdots)$$

- P_X: 수요량의 변화요인(수요의 법칙)
- $M, P_Y, 인구$: 수요의 변화요인

3 공급의 가격탄력성

(1) 공급의 가격탄력성의 개념

① 공급의 가격탄력성(price elasticity of supply)이란 한 재화의 가격이 1% 변할 때 그 재화의 공급량이 몇 % 변하는지를 나타내는 척도이다.

$$\eta = \frac{\text{공급량의 변화율(\%)}}{\text{가격의 변화율(\%)}} = \frac{\frac{\Delta Q}{Q}}{\frac{\Delta P}{P}} = \frac{\Delta Q}{\Delta P} \cdot \frac{P}{Q}$$

✚ η는 에타(eta)라고 읽는다.

② 한 재화의 가격과 공급량은 공급의 법칙에 의해 같은 방향으로 변화하기 때문에 공급의 가격탄력성은 항상 양(+)의 값을 갖는다. 따라서 앞에 음(−)의 부호를 붙일 필요가 없다.
③ 공급의 가격탄력성이 크다는 것은 공급량이 가격변화에 더 민감하게 반응한다는 뜻이다.

(2) 공급의 가격탄력성과 공급곡선의 형태

① 공급의 가격탄력성은 0과 무한대(∞) 사이의 값을 가지며, 1을 기준으로 1보다 크면 탄력적, 1보다 작으면 비탄력적이라고 하고, 1이 되는 경우에는 단위탄력적이라고 한다.

가격탄력성의 크기	의 미	공급곡선의 형태	예
$\eta = 0$	완전비탄력적	수직선	토지
$0 < \eta < 1$	비탄력적	수량축을 지나면서 우상향	농산물
$\eta = 1$	단위탄력적	원점을 지나면서 우상향	−
$1 < \eta < \infty$	탄력적	가격축을 지나면서 우상향	공산품
$\eta = \infty$	완전탄력적	수평선	배급품

② 공급곡선이 수직선이면 공급의 가격탄력성이 0이고, 공급곡선이 수평선이면 공급의 가격탄력성이 무한대(∞)이다. 그리고 공급곡선이 원점을 지나는 직선이면 공급곡선의 기울기에 관계없이 공급곡선상의 모든 점에서 공급의 가격탄력성이 1이다.
　→ 공급의 가격탄력성이 $\eta=0$으로 완전비탄력적이면 가격에 관계없이 공급량이 일정하다.
　→ 공급의 가격탄력성이 $\eta=\infty$로 완전탄력적이면 가격이 약간만 변화해도 공급량이 매우 큰 폭(무한대)으로 변화한다.
　→ 공급의 가격탄력성이 $\eta=1$로 단위탄력적이면 가격과 공급량이 정비례한다.

공급의 가격탄력성과 공급곡선의 형태　　그림 3-9

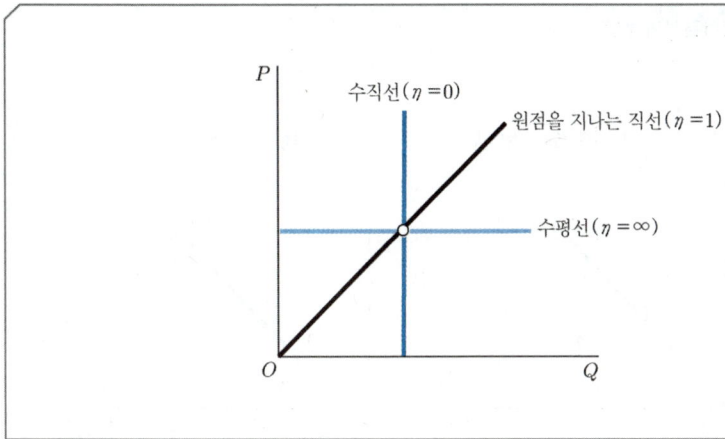

일반적으로 공급곡선상의 어떤 점에서 측정하느냐에 따라 공급의 가격탄력성이 달라진다. 그러나 공급곡선이 ⅰ) 수직선, ⅱ) 수평선 그리고 ⅲ) 원점을 지나는 직선일 때는 공급곡선상의 모든 점에서 공급의 가격탄력성이 일정한 값을 갖는다.

(3) 공급의 점탄력성

1) 개념

① 공급의 점탄력성(point elasticity)이란 공급곡선상의 한 점에서 측정한 탄력성을 말한다.
② 공급의 점탄력성은 가격의 변화분이 아주 작을 때($\Delta P \to 0$)의 공급의 가격탄력성을 측정한 것이다.
③ 가격의 변화폭이 아주 작으면 $\frac{\Delta Q}{\Delta P}$ 대신 미분 개념인 $\frac{dQ}{dP}$를 이용하여 공급의 가격탄력성 식은 다음과 같이 고쳐 쓸 수 있다.

$$\eta = \frac{dQ}{dP} \cdot \frac{P}{Q}$$

✔ 공급곡선상의 두 점을 무한히 가깝게 하여 측정한 호탄력성이 점탄력성이다.

2) 공급곡선이 우상향의 직선일 때 … 점탄력성의 측정

① 공급곡선이 우상향의 직선일 때 공급곡선상의 한 점(E점)에서의 공급의 가격탄력성은 다음과 같이 구해진다.

$$\eta = \frac{dQ}{dP} \cdot \frac{P}{Q} = \frac{CB}{EB} \cdot \frac{EB}{OB} = \frac{CB}{OB}$$

② 그러므로 공급곡선이 우상향의 직선일 때 공급의 가격탄력성은 공급곡선의 절편에 따라 달라진다.
- 공급곡선이 가격축을 지날 때 : 분모 < 분자 … $\eta > 1$
- 공급곡선이 원점을 지날 때   : 분모 = 분자 … $\eta = 1$
- 공급곡선이 수량축을 지날 때 : 분모 > 분자 … $\eta < 1$

그림 3-10 공급곡선이 우상향의 직선일 때 … 점탄력성의 측정

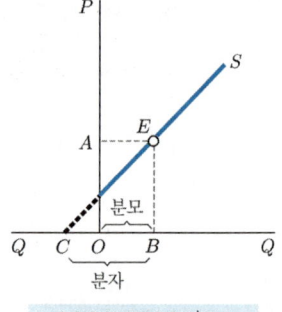

a) 공급곡선이 가격축을 지날 때

공급곡선상의 모든 점에서 $\eta > 1$

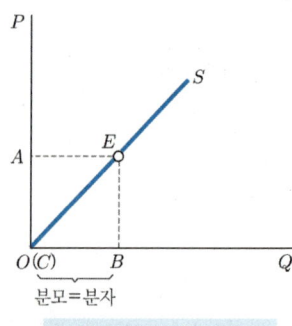

b) 공급곡선이 원점을 지날 때

공급곡선상의 모든 점에서 $\eta = 1$

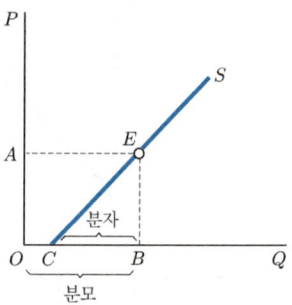

c) 공급곡선이 수량축을 지날 때

공급곡선상의 모든 점에서 $\eta < 1$

예제 X재의 공급함수가 $Q = P - 6$일 때, 공급의 가격탄력성은? (단, Q는 공급량, P는 가격이다.)

① $(P-6)/P$ ② $(P+6)/P$
③ $P/(P+6)$ ④ $P/(P-6)$

해설
공급함수가 $Q = P - 6$이므로 공급의 가격탄력성은 다음과 같이 계산된다.
- $\eta = \frac{dQ}{dP} \cdot \frac{P}{Q} = 1 \times \frac{P}{P-6} = \frac{P}{P-6}$

따라서 ④번이 답이 된다.

3) 공급곡선이 우상향의 직선일 때 … 각 점에서의 점탄력성

① 공급곡선이 가격축을 지나는 직선일 경우 공급곡선상의 모든 점에서 공급의 가격탄력성이 1보다 크고, 원점에서 멀어질수록 공급의 가격탄력성이 작아진다.
② 공급곡선이 수량축을 지나는 직선일 경우 공급곡선상의 모든 점에서 공급의 가격탄력성이 1보다 작고, 원점에서 멀어질수록 공급의 가격탄력성이 커진다.
③ 공급곡선이 원점을 지나는 직선일 경우 공급곡선의 기울기에 관계없이 공급곡선상의 모든 점에서 공급의 가격탄력성이 1이다.

✥ 공급곡선이 원점을 지나는 직선이면 $CB = OB$이므로 $\eta = \dfrac{CB}{OB} = \dfrac{OB}{OB} = 1$이 된다.

공급곡선이 우상향의 직선일 때 … 각 점에서의 점탄력성 　그림 3-11

a) 공급곡선이 가격축을 지날 때
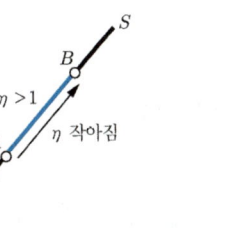

b) 공급곡선이 수량축을 지날 때
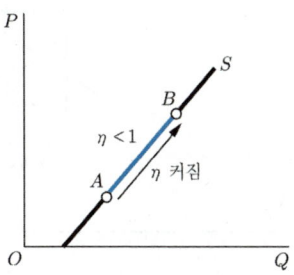

c) 공급곡선이 원점을 지날 때
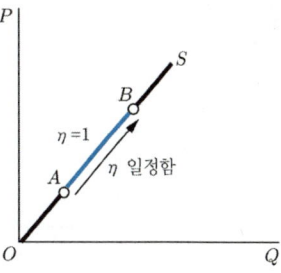

참고 ▶ 공급곡선이 원점을 지날 때

① 공급함수가 $Q = 2P$ (혹은 $P = \dfrac{1}{2}Q$)로 주어질 경우 가격이 100원일 때는 공급량이 200단위이지만, 가격이 50% 상승하여 150원이 되면 공급량도 300단위로 50% 증가한다.
② 이와 같이, 공급곡선이 원점을 지나는 직선이면 가격과 공급량이 정비례하기 때문에 공급곡선의 기울기에 관계없이 공급의 가격탄력성은 항상 1이 된다.

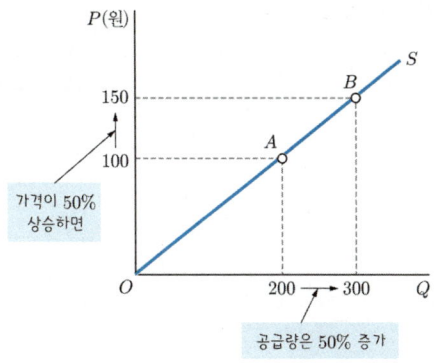

4) 공급곡선이 곡선일 때

공급곡선이 곡선일 때는 탄력성을 구하고자 하는 공급곡선상의 한 점(E점)에서 접선을 그어 공급곡선이 직선일 경우와 동일하게 공급의 가격탄력성을 계산하면 된다.

$$\eta = \frac{dQ}{dP} \cdot \frac{P}{Q} = \frac{CB}{EB} \cdot \frac{EB}{OB} = \frac{CB}{OB}$$

> **그림 3-12** 공급곡선이 곡선일 때의 점탄력성

공급곡선이 곡선일 때 공급곡선상의 한 점(E점)에서의 가격탄력성은 그 점에서 접선을 그어 공급곡선이 직선일 경우와 동일한 방법으로 구할 수 있다.

- $\eta = \dfrac{CB}{OB}$

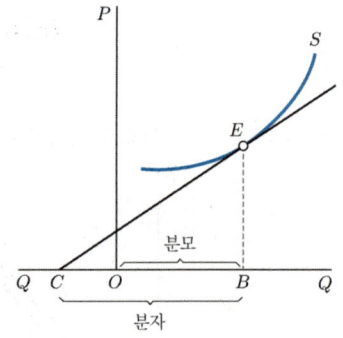

甲기업의 공급함수는 $Q = 100 + 2P$이다. $P > 0$일 때 甲의 공급에 대한 가격탄력성 e는? (단, P는 가격, Q는 수량이다.)

① $e = 0$ ② $0 < e < 1$
③ $e = 1$ ④ $1 < e < 2$

해설

i) 공급함수를 P에 대해 정리하면 $P = -50 + \dfrac{1}{2}Q$가 되므로, 공급곡선이 수량축을 지나는 우상향의 직선임을 알 수 있다.

ii) 공급곡선이 수량축을 지나는 우상향의 직선이면 공급곡선상의 모든 점에서 공급의 가격탄력성(e)은 $0 < e < 1$이다.

따라서 ②번이 답이 된다.

(4) 공급의 가격탄력성 결정요인

1) 생산비의 증가

① 생산량이 증가할 때 생산비용이 급격히 상승하면 공급의 가격탄력성이 작고, 생산비용이 완만하게 상승하면 공급의 가격탄력성이 크다.

② 생산량이 증가할 때 생산비용이 급격히 상승하면 재화의 가격상승에도 불구하고 공급량은 별로 증가하지 못할 것이기 때문에 공급의 가격탄력성이 작다. 반면, 생산비용이 완만하게 상승하면 공급량은 크게 증가할 것이기 때문에 공급의 가격탄력성이 크다.

2) 진입과 퇴거의 자유

① 진입과 퇴거가 자유로울수록 공급의 가격탄력성이 크다.

② 신규기업이 쉽게 시장에 진입할 수 있다면 재화의 가격이 상승할 때 공급량은 크게 증가할 것이다. 또한, 기존기업이 쉽게 시장에서 퇴거할 수 있다면 재화의 가격이 하락할 때 공급량은 크게 감소할 것이다. 즉, 진입과 퇴거가 자유로울수록 공급의 가격탄력성은 커진다.

3) 재화의 저장가능성과 저장비용

① 저장이 쉽거나 저장에 비용이 적게 드는 재화는 공급의 가격탄력성이 크다. 반면, 저장이 힘들거나 저장에 비용이 많이 드는 재화는 공급의 가격탄력성이 작다.

② 공산품은 농산물에 비해 저장이 용이하고 저장비용도 적게 들기 때문에 상대적으로 공급의 가격탄력성이 크다.

　◆ 공산품은 재화의 가격이 상승할 때 저장된 재화를 이용하여 빠르게 공급량을 늘리는 것이 가능하다.

4) 유휴시설의 존재 여부

① 유휴생산시설이 많을수록 공급의 가격탄력성이 크다.

② 유휴생산시설이 많으면 재화의 가격이 상승할 때 공급량은 크게 증가할 것이기 때문에 공급의 가격탄력성이 크다.

5) 기술수준

① 기술수준의 향상이 빠를수록 공급량이 가격변화에 신축적으로 대응할 수 있으므로 공급의 가격탄력성이 크다.

② 기술수준의 향상이 빠르면 생산비용이 완만하게 상승한다. 생산비용이 완만하게 상승하면 재화의 가격이 상승할 때 공급량은 크게 증가할 것이기 때문에 공급의 가격탄력성이 크다.

6) 기간의 장단

① 고려되는 기간이 길어질수록 생산 과정에서의 적응능력이 높아져 가격변화에 대응하기가 용이해지므로 공급의 가격탄력성이 크다.

② 측정기간이 길면 신규기업의 진입과 기존기업의 퇴거가 보다 용이해지므로 공급의 가격탄력성이 크다.

③ 그러므로 단기보다 장기에 공급의 가격탄력성이 크다.

✅ 공급의 가격탄력성이 큰 경우
- 생산량 증가 시 생산비용이 완만하게 상승할수록
- 진입·퇴거가 자유로울수록
- 저장이 용이하거나 저장비용이 적게 들수록
- 유휴생산시설이 많을수록
- 기술수준 향상이 빠를수록
- 측정기간이 길어질수록

CHAPTER 04 소비자잉여와 생산자잉여

제1절 소비자잉여와 생산자잉여

1 개요

① 시장에 참여하는 소비자와 생산자는 재화나 서비스의 교환을 통해 이득을 얻게 된다.
② 즉, 재화나 서비스를 구입하는 소비자에게도 이득이 생길 뿐 아니라, 이를 판매하는 생산자에게도 이득이 생기는 것이다.
③ 시장의 거래에서 소비자가 얻는 이득을 소비자잉여라고 하고, 생산자가 얻는 이득을 생산자잉여라고 한다.

2 소비자잉여

> **소비자 유보가격**
> 소비자 유보가격(reservation price)이란 소비자가 어떤 재화를 구입할 때 최대한 지불할 용의가 있는 금액(수요가격)으로, 수요곡선의 높이를 의미한다.

① 소비자잉여(Consumer Surplus ; CS)란 소비자가 어떤 재화를 구입할 때 최대한 지불할 용의가 있는 금액과 실제로 지불한 금액과의 차이를 말한다.
② 다시 말해, 소비자가 최대한 지불할 용의가 있는 금액인 수요가격(수요곡선의 높이)과 실제로 지불한 금액인 시장가격과의 차이가 소비자잉여가 된다.
③ 그림 4-1에서 소비자가 Q_0만큼의 재화를 구입할 때 최대한 지불할 용의가 있는 금액은 수요곡선 하방에 만들어진 $(A+B)$의 면적이 된다.
④ 그런데 Q_0만큼의 재화를 구입하기 위해 소비자가 실제로 지불한 금액은 B의 면적($P_0 \times Q_0$)이므로 $(A+B)$의 면적에서 B의 면적을 차감한 A의 면적이 바로 소비자잉여가 된다.
⑤ 예컨대, $(A+B)$의 면적이 10,000원이고, B의 면적이 6,000원이라면 소비자는 교환을 통해 4,000원의 이득을 얻게 된다.
⑥ 이처럼, 수요곡선 하방이면서 가격수준 상방의 면적이 소비자가 교환을 통해 얻는 이득인 소비자잉여를 나타낸다.
⑦ 수요곡선이 완만하여 수요가 탄력적일수록 소비자잉여가 감소한다. 수요곡선이 수평선(완전탄력적)이면 소비자잉여가 0이 된다.

소비자잉여　그림 4-1

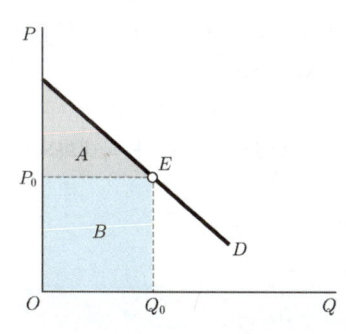

- 소비자가 최대한 지불할 용의가 있는 금액 : $A+B$
- 소비자가 실제로 지불한 금액 : B
- 소비자잉여 : A

3 생산자잉여

① 생산자잉여(Producer Surplus ; PS)란 생산자가 어떤 재화를 판매할 때 최소한 받아야겠다고 생각하는 금액과 실제로 받은 금액과의 차이를 말한다.
② 다시 말해, 생산자가 최소한 받아야겠다고 생각하는 금액인 공급가격(공급곡선의 높이)과 실제로 받은 금액인 시장가격과의 차이가 생산자잉여가 된다.
③ 그림 4-2에서 생산자가 Q_0만큼의 재화를 판매할 때 최소한 받아야겠다고 생각하는 금액은 공급곡선 하방에 만들어진 B의 면적이 된다.
④ 그런데 Q_0만큼의 재화를 판매할 때 생산자가 실제로 받은 금액은 $(A+B)$의 면적$(P_0 \times Q_0)$이므로 $(A+B)$의 면적에서 B의 면적을 차감한 A의 면적이 바로 생산자잉여가 된다.
⑤ 이처럼, 공급곡선 상방이면서 가격수준 하방의 면적이 생산자가 교환을 통해 얻는 이득인 생산자잉여를 나타낸다.
⑥ 공급곡선이 완만하여 공급이 탄력적일수록 생산자잉여가 감소한다. 공급곡선이 수평선(완전탄력적)이면 생산자잉여가 0이 된다.

생산자 유보가격
생산자 유보가격(reservation price)이란 생산자가 어떤 재화를 판매할 때 최소한 받아야겠다고 생각하는 금액(공급가격)으로, 공급곡선의 높이를 의미한다.

생산자잉여　그림 4-2

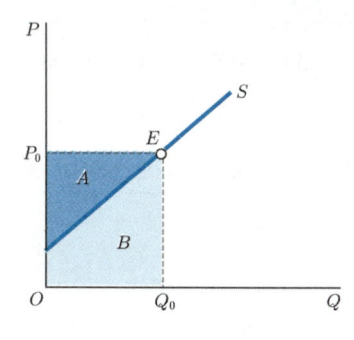

- 생산자가 최소한 받아야겠다고 생각하는 금액 : B
- 생산자가 실제로 받은 금액 : $A+B$
- 생산자잉여 : A

4 총잉여

① 총잉여(Total Surplus ; TS) 혹은 사회적 순편익(net social benefit)이란 소비자잉여와 생산자잉여를 합한 사회전체의 잉여(사회적 잉여)를 말한다.
  ➕ 정부까지 고려할 경우 정부의 조세수입도 총잉여에 포함시켜야 한다.
② 시장구조가 완전경쟁일 때 총잉여(사회적 순편익)가 극대화된다.
  → 수요와 공급이 일치하는 경쟁시장의 균형에서 총잉여가 극대화되므로 자원 배분의 효율성이 달성된다($P=MC$).
  ➕ 시장의 효율성에 대해서는 시장이론에서 자세히 논의된다.

✓ 효율성
사회 구성원들이 얻는 총편익을 극대화하는 자원배분의 속성

그림 4-3 총잉여

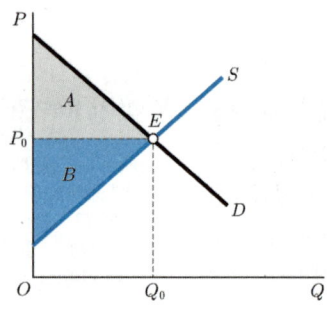

- 소비자잉여 : A
- 생산자잉여 : B
- 총 잉 여 : $A+B$

 X재에 대한 시장수요곡선이 $Q^D=100-P$, 시장공급곡선이 $Q^S=-20+P$일 때 다음 중 옳지 않은 것은? (단, Q^D는 수요량, Q^S는 공급량, P는 가격이다.)
① 균형가격은 60이다. ② 균형거래량은 40이다.
③ 소비자잉여는 800이다. ④ 생산자잉여가 소비자잉여보다 크다.

💡 해설
ⅰ) 시장수요함수 $Q=100-P$와 시장공급함수 $Q=-20+P$를 연립해서 풀면 균형가격과 균형거래량은 각각 $P=60$, $Q=40$으로 계산된다.
  • $100-P=-20+P \to 2P=120$ ∴ $P=60$, $Q=40$
ⅱ) 이를 그림으로 나타내면 다음과 같다. 따라서 ④번이 옳지 않다.

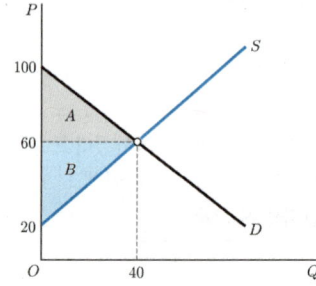

- 소비자잉여 : ΔA의 면적 $=\frac{1}{2}\times 40 \times 40 = 800$
- 생산자잉여 : ΔB의 면적 $=\frac{1}{2}\times 40 \times 40 = 800$
⇒ 소비자잉여와 생산자잉여의 크기는 800으로 동일하다.

SUMMARY

01. 수요곡선은 가격과 수요량 사이의 역(−)의 관계를 보여주며, 일반적으로 우하향한다.

02. 수요량의 변화는 해당 재화의 가격이 변화할 때 나타나는 변화를 의미하며, 수요곡선상의 이동으로 표시된다.

03. 수요의 변화는 가격 이외의 요인이 변화할 때 나타나는 변화를 의미하며, 수요곡선 자체의 이동으로 표시된다.

04. 시장수요곡선은 개별수요곡선의 수평합으로 개별수요곡선보다 완만하다.

05. 시장수요함수는 개별수요함수를 Q에 대해 정리한 후, 이를 모두 더하여 구한다.

06. 정상재는 소득이 증가(감소)하면 수요가 증가(감소)하는 재화이다.

07. 열등재는 소득이 증가(감소)하면 수요가 감소(증가)하는 재화이다.

08. 대체재는 한 재화의 가격이 상승(하락)하면 다른 재화의 수요가 증가(감소)하는 재화이다.

09. 보완재는 한 재화의 가격이 상승(하락)하면 다른 재화의 수요가 감소(증가)하는 재화이다.

10. 수요의 가격탄력성은 가격이 1% 변할 때 수요량이 몇 % 변하는지를 나타내는 척도이다.

11. 수요의 가격탄력성$(\varepsilon) = -\dfrac{\text{수요량의 변화율(\%)}}{\text{가격의 변화율(\%)}} = -\dfrac{\frac{\Delta Q}{Q}}{\frac{\Delta P}{P}} = -\dfrac{\Delta Q}{\Delta P} \cdot \dfrac{P}{Q}$

12. 수요의 가격탄력성이 영(0)일 경우 수요곡선은 수직선의 형태이고, 완전비탄력적이라 한다.

13. 수요의 가격탄력성이 무한대(∞)일 경우 수요곡선은 수평선의 형태이고, 완전탄력적이라 한다.

14. 수요의 가격탄력성이 1일 경우 수요곡선은 직각쌍곡선의 형태이고, 단위탄력적이라 한다.

15. 수요곡선이 우하향의 직선일 경우 수요곡선상에서 우하방으로 이동할수록 수요의 가격탄력성이 점점 작아진다.

16. 수요함수가 $Q = AP^{-\alpha}$(A는 상수)일 경우 수요의 가격탄력성이 α로 항상 일정하다.

17. 기업의 총수입은 $TR = P \times Q$이다.

18. 탄력적인 구간에서는 가격하락 시에 총수입이 증가하고, 비탄력적인 구간에서는 가격상승 시에 총수입이 증가한다.

19. 수요의 가격탄력성은 대체재의 수가 많을수록, 사치재의 경우, 측정기간이 길어질수록 커진다.

SUMMARY

20. 수요의 소득탄력성은 소득이 1% 변할 때 수요(량)이 몇 % 변하는지를 나타내는 척도이다.

21. 수요의 소득탄력성$(\varepsilon_M) = \dfrac{\text{수요(량)의 변화율(\%)}}{\text{소득의 변화율(\%)}} = \dfrac{\frac{\Delta Q}{Q}}{\frac{\Delta M}{M}} = \dfrac{\Delta Q}{\Delta M} \cdot \dfrac{M}{Q}$

22. 수요의 소득탄력성은 정상재는 양(+), 열등재는 음(-)의 값을 갖는다.

23. 수요의 교차탄력성은 한 재화(Y재)의 가격이 1% 변할 때 다른 재화(X재)의 수요(량)이 몇 % 변하는지를 나타내는 척도이다.

24. 수요의 교차탄력성$(\varepsilon_{XY}) = \dfrac{X \text{재 수요(량)의 변화율(\%)}}{Y \text{재 가격의 변화율(\%)}} = \dfrac{\frac{\Delta Q_X}{Q_X}}{\frac{\Delta P_Y}{P_Y}} = \dfrac{\Delta Q_X}{\Delta P_Y} \cdot \dfrac{P_Y}{Q_X}$

25. 수요의 교차탄력성은 대체재는 양(+), 보완재는 음(-), 독립재는 영(0)의 값을 갖는다.

26. 공급곡선은 가격과 공급량 사이의 정(+)의 관계를 보여주며, 일반적으로 우상향한다.

27. 공급의 가격탄력성은 가격이 1% 변할 때 공급량이 몇 % 변하는지를 나타내는 척도이다.

28. 공급의 가격탄력성$(\eta) = \dfrac{\text{공급량의 변화율(\%)}}{\text{가격의 변화율(\%)}} = \dfrac{\frac{\Delta Q}{Q}}{\frac{\Delta P}{P}} = \dfrac{\Delta Q}{\Delta P} \cdot \dfrac{P}{Q}$

29. 공급곡선이 원점을 지나는 직선일 경우 공급곡선의 기울기에 관계없이 공급곡선상의 모든 점에서 공급의 가격탄력성이 1이다.

30. 공급곡선이 가격축을 지나는 직선일 경우 공급곡선상의 모든 점에서 공급의 가격탄력성이 1보다 크고, 공급곡선이 수량축을 지나는 직선일 경우 공급곡선상의 모든 점에서 공급의 가격탄력성이 1보다 작다.

31. 공급의 가격탄력성은 저장이 용이하거나 저장비용이 적게 들수록, 측정기간이 길어질수록 커진다.

32. 소비자잉여(CS)란 소비자가 최대한 지불할 용의가 있는 금액인 수요가격(수요곡선의 높이)과 실제로 지불한 금액인 시장가격과의 차이를 말한다.

33. 생산자잉여(PS)란 생산자가 최소한 받아야겠다고 생각하는 금액인 공급가격(공급곡선의 높이)과 실제로 받은 금액인 시장가격과의 차이를 말한다.

34. 총잉여(TS)란 소비자잉여와 생산자잉여를 합한 사회전체의 잉여(사회적 잉여)를 말하며, 시장구조가 완전경쟁일 때 극대화된다.

PART

03
소비자이론

05 한계효용이론
06 무차별곡선이론
07 소비자이론의 응용

CHAPTER 05 한계효용이론

제1절 소비자이론의 개요

1 소비자이론의 내용

① 각 소비자는 주어진 소득의 범위 내에서 적절한 재화의 조합을 선택해 소비한다. 소비자이론에서는 이와 같은 소비자의 선택행위에 대해 분석한다.
② 소비자의 선택행위를 분석함으로써 수요의 법칙을 규명하고, 수요곡선을 도출하며, 나아가서는 가격이나 소득의 변화가 수요에 어떤 영향을 미치는지를 이해하게 된다.

2 효용

(1) 효용의 개념

① 효용(utility)이란 소비자가 재화나 서비스를 소비함으로써 느끼는 주관적인 만족감을 말한다.
② 효용은 소비자의 선택행위를 분석할 때 사용되는 가장 기본적인 개념으로, 측정방법에 따라 기수적 효용과 서수적 효용으로 구분된다.

(2) 기수적 효용과 서수적 효용

1) 기수적 효용

① 기수적 효용(cardinal utility)이란 효용의 크기를 측정한 절대치가 의미를 갖는 효용이다.
→ 기수적 효용 개념하에서 '사과의 효용이 100이고, 배의 효용이 50이라면 사과의 효용은 배의 효용의 2배이다'라고 해석한다.
② 기수적 효용을 전제로 전개된 이론이 한계효용이론이다.

2) 서수적 효용

① 서수적 효용(ordinal utility)이란 효용의 크기를 측정한 절대치는 의미가 없고, 크기의 순서만이 의미를 갖는 효용이다.
→ 서수적 효용 개념하에서는 효용의 크기를 구체적인 수치로 나타내지 않고 '사과의 효용은 배의 효용보다 크다'라고만 해석한다.
✚ 효용의 절대적 수준이나 효용의 차이가 기수적 효용 개념하에서는 중요한 의미를 갖지만, 서수적 효용 개념하에서는 선호의 순서에만 관심을 갖기 때문에 아무런 의미가 없다.
② 서수적 효용을 전제로 전개된 이론이 무차별곡선이론이다.

3 소비자이론의 전개

(1) 확실성하에서의 소비자이론

1) 한계효용이론(기수적 효용이론)
① 한계효용이론은 효용을 기수적으로 측정할 수 있다는 가정하에서 소비자의 선택행위를 분석하는 이론이다.
② 현대 소비자이론의 출발점이 된 이론이다.
③ 1860년대 멩거(C. Menger), 왈라스(L. Walras), 제본스(W. S. Jevons) 등의 한계효용학파 경제학자들에 의해 발전되었다.

2) 무차별곡선이론(서수적 효용이론)
① 무차별곡선이론은 효용을 서수적으로만 측정할 수 있다는 가정하에서 소비자의 선택행위를 분석하는 이론이다.
② 현대 소비자이론의 중심적인 위치를 차지하고 있는 이론이다.
③ 1920년대 이후 파레토(V. Pareto), 슬러츠키(E. Slutsky), 힉스(J. R. Hicks), 알렌(R. G. D. Allen) 등의 학자들에 의해 발전되었다.

3) 현시선호이론
① 현시선호이론은 효용의 측정이 불가능하다는 가정하에서 시장에서 관찰된 결과만으로 소비자의 선택행위를 분석하는 이론이다.
② 효용 개념을 사용하지 않고 현시된 선호에 관한 정보를 이용하여 이론을 전개한다는 점에서 현시선호이론은 기존의 소비자이론(한계효용이론, 무차별곡선이론)과 구별된다.
③ 1960년대 이후 사무엘슨(P. A. Samuelson), 하우태커(H. S. Houthakker) 등의 학자들에 의해 발전되었다.

(2) 불확실성하에서의 소비자이론 : 기대효용이론
① 기대효용이론은 선택의 결과에 대한 불확실성이 존재할 때 개인들은 기대효용을 기준으로 의사결정을 한다는 가정하에서 소비자의 최적화 행동을 분석하는 이론이다.
② 주로 보험시장이나 도박, 복권 등을 분석하는 데 사용된다.
③ 1940년대 이후 폰 노이만(J. von Neumann), 모르겐스턴(O. Morgenstern) 등의 학자들에 의해 발전되었다.

제2절 한계효용이론

1 한계효용이론의 가정

(1) 기수적 효용

효용은 양적으로 측정할 수 있는 기수적 효용이다.

(2) 한계효용체감의 법칙

재화 소비의 한계효용은 체감한다.

(3) 화폐의 한계효용

화폐의 한계효용은 일정하다.

(4) 소비자의 합리성

소비자는 주어진 가격과 예산제약하에서 효용극대화를 추구한다.

(5) 완전한 정보

소비에 관한 모든 정보는 주어져 있고, 정보를 얻기 위한 비용은 없다.

2 효용함수

① 효용함수(utility function)란 일정 기간 동안의 재화 소비량과 그로부터 얻어지는 총효용과의 관계를 함수 형태로 나타낸 것을 말한다.
② 소비자이론에서는 통상적으로 재화는 2가지(X, Y)만 있는 것으로 가정하고 분석을 진행한다.
③ 두 재화 (X, Y)를 소비하는 소비자의 효용함수는 다음과 같이 나타낼 수 있다.

$$U = U(X,\ Y)$$
(U : 효용, X : X재 소비량, Y : Y재 소비량)

❖ 효용함수는 특정한 재화묶음이 소비자에게 주는 만족감의 정도를 분석 가능한 하나의 실수(real number)로 나타내주는 함수이다. 예컨대, $U = U(X,\ Y)$라는 효용함수에서 실수로 표현된 이 함수의 값은 $(X,\ Y)$라는 재화묶음이 주는 만족감 혹은 효용의 크기를 의미한다.

④ 예를 들어, 효용함수가 $U = X \cdot Y$로 주어져 있다면 X재 4단위와 Y재 5단위를 소비할 때 소비자가 얻는 효용의 크기는 20이 된다.

$$U = X \cdot Y = 4 \times 5 = 20$$

3 총효용과 한계효용

(1) 총효용

① 총효용(Total Utility ; TU)이란 일정 기간 동안 재화를 소비함으로써 얻는 주관적인 만족의 총량을 말한다.
  ✚ 총효용은 단순히 '효용'이라고도 부른다.
② 그림 5-1에서 보는 것처럼, 재화 소비량이 증가하면 총효용이 증가하지만, 재화 소비량이 일정 단위를 넘어서면 총효용이 오히려 감소한다.
  ✚ 이 중 총효용이 체감적으로 증가하는 구간만이 경제학적 의미를 갖는다.
③ 특정 단위의 재화를 소비할 때의 총효용은 그때까지의 한계효용을 모두 합하여 구할 수 있다.
  → 총효용은 한계효용을 적분한 값이다.
  → 한계효용곡선 하방의 면적이 총효용이 된다.

(2) 한계효용

① 한계효용(Marginal Utility ; MU)이란 재화 소비량이 1단위 증가할 때의 총효용의 증가분을 말한다.
② 한계효용은 총효용의 변화분을 소비량의 변화분으로 나눈 값이다. 그러므로 효용함수 $U = U(X, Y)$로부터 각 재화의 한계효용은 다음과 같이 나타낼 수 있다.

$$MU_X = \frac{\Delta U}{\Delta X}, \quad MU_Y = \frac{\Delta U}{\Delta Y}$$

  ✚ 미시경제학에서 '한계'의 개념은 언제나 도함수, 즉 미분(differentiation)을 의미한다.
  ✚ 엄밀히 말하면, 효용함수 $U = U(X, Y)$에는 2개의 변수(X, Y)가 존재하므로 각 재화의 한계효용은 다른 변수는 고정시켜 놓고 특정 변수에 대해 미분하는 편미분(partial differentiation)을 함으로써 구해진다.

$$MU_X = \frac{\partial U}{\partial X}, \quad MU_Y = \frac{\partial U}{\partial Y}$$

③ 한계효용은 총효용을 미분한 값이며, 총효용곡선의 접선의 기울기로 측정된다.

☑ 총효용 $\underset{적분}{\overset{미분}{\rightleftarrows}}$ 한계효용

(3) 한계효용체감의 법칙

① 한계효용체감의 법칙(law of diminishing marginal utility)이란 한 재화의 소비량이 증가함에 따라 그 재화의 한계효용이 감소하는 현상을 말한다.
② 한계효용이 체감한다는 것은 소비량이 증가할 때 총효용이 감소한다는 의미가 아니라 총효용의 증가분이 감소한다는 의미이다.
  → 다시 말해, 한계효용이 체감한다는 것은 소비량이 증가할 때 총효용이 증가하더라도 그 증가분인 한계효용이 점점 작아진다는 뜻이다.
③ 한계효용이론에서는 한계효용체감의 법칙을 일반적인 현상으로 가정한다. 그러나 합리적 소비자를 가정하기 때문에 한계효용이 음(−)의 값을 갖는 구간, 즉 총효용이 감소하는 구간은 논의의 대상에서 제외된다.
  ✚ 앞서 설명한 것처럼 총효용이 체감적으로 증가하는 구간, 즉 한계효용이 체감하는 구간만이 경제학적 의미를 갖기 때문에 한계효용체감의 법칙이라고 한다.

☑ 한계효용체감의 법칙을 '고센(H. H. Gossen)의 제1법칙'이라고도 한다.

(4) 총효용과 한계효용의 관계

① 총효용(TU)과 한계효용(MU) 간에는 다음의 관계가 성립한다.

- 한계효용이 양(+)의 값이면 총효용 증가 : $MU > 0 \leftrightarrow TU$ 증가
- 한계효용이 0이면 총효용 극대 : $MU = 0 \leftrightarrow TU$ 극대
- 한계효용이 음(−)의 값이면 총효용 감소 : $MU < 0 \leftrightarrow TU$ 감소

② 한계효용이 체감할 때 한계효용은 양(+)의 값을 가질 수도 있고, 음(−)의 값을 가질 수도 있으므로 총효용은 증가할 수도 있고, 감소할 수도 있다.

그림 5-1 총효용과 한계효용

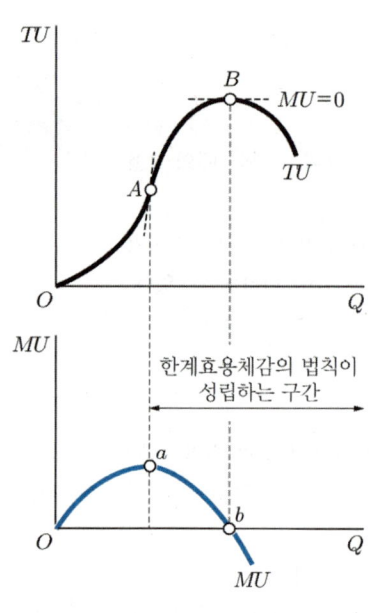

- $MU > 0 \leftrightarrow TU$ 증가
- $MU = 0 \leftrightarrow TU$ 극대
- $MU < 0 \leftrightarrow TU$ 감소

 효용에 관한 설명 중 옳지 않은 것은?

① 한계효용이 0이라는 것은 총효용의 증가분이 0이라는 것이고 이는 총효용이 최대에 이르렀음을 의미한다.
② 음의 한계효용도 존재한다.
③ X재 1원어치에 대한 한계효용이 Y재 1원어치에 대한 한계효용보다 클 때, X재를 더 구매하면 효용이 증가할 것이다.
④ 총효용이 증가했다는 것은 한계효용이 증가했다는 것을 의미한다.

🔑 해설
총효용이 증가하는 구간에서 한계효용은 증가하다가 감소한다. 즉, 한계효용이 감소하더라도 0보다 크기만 하면 총효용은 증가하고, 한계효용이 0일 때 총효용은 극대가 된다. 따라서 ④번이 옳지 않다.

4 소비자균형

(1) 소비자균형의 개념
① 소비자균형(consumer equilibrium)이란 주어진 예산제약하에서 소비자의 효용이 극대화된 상태를 말한다.
② 소비자의 효용이 극대화되려면 예산제약하에서 한계효용균등의 법칙이 성립해야 한다.

(2) 한계효용균등의 법칙
① 한계효용균등의 법칙(law of equimarginal utility)이란 각 재화 1원어치의 한계효용이 균등해지도록 재화를 소비해야 소비자의 총효용이 극대화된다는 것을 말한다.
→ 소비자균형 조건(효용극대화 조건)

☑ 한계효용균등의 법칙을 '고센(H. H. Gossen)의 제2법칙'이라고도 한다.

$$\frac{MU_X}{P_X} = \frac{MU_Y}{P_Y}$$

② 위 식에서 $\frac{MU_X}{P_X}$는 X재 1원어치의 한계효용을 의미한다. 예를 들어, X재의 한계효용이 $MU_X = 500$, X재의 가격이 $P_X = 100$일 때 X재에 100원을 지출하면 효용이 500만큼 증가하므로 X재에 1원을 지출하면 효용이 5만큼 증가한다.

$$\frac{MU_X}{P_X} = \frac{500}{100} = \frac{5}{1} = 5$$

③ 즉, $\frac{MU_X}{P_X}$는 X재에 지출한 돈 1원당 얻을 수 있는 한계효용을 의미한다.
④ 마찬가지로, $\frac{MU_Y}{P_Y}$는 Y재 1원어치의 한계효용을 의미한다.
⑤ 그러므로 한계효용균등의 법칙은 X재 1원어치의 한계효용과 Y재 1원어치의 한계효용이 같아지도록 소비할 때 소비자의 총효용이 극대화된다는 것을 의미한다.

(3) 불균형의 조정
① $\frac{MU_X}{P_X} > \frac{MU_Y}{P_Y}$인 경우를 가정하자.
② 이 경우, X재 1원어치의 한계효용이 Y재 1원어치의 한계효용보다 크기 때문에 Y재에 대한 지출을 줄이고, 이를 X재에 대한 지출에 추가로 사용하면 소비자는 종전보다 더 큰 효용을 얻을 수 있다. 즉, 추가적인 소득 없이 재화 소비량을 조정하는 것만으로 소비자는 효용을 증가시킬 수 있게 된다.
③ 반대로, $\frac{MU_X}{P_X} < \frac{MU_Y}{P_Y}$인 경우에는 Y재 1원어치의 한계효용이 X재 1원어치의 한계효용보다 크기 때문에 X재에 대한 지출을 줄이고, 이를 Y재에 대한 지출에 추가로 사용하면 소비자는 종전보다 더 큰 효용을 얻을 수 있다.

④ 이와 같이, 한계효용균등의 법칙이 성립하지 않을 경우에는 X재와 Y재 소비량을 조정함으로써 추가적인 효용 증대가 가능하다.

⑤ 이러한 조정과정은 $\dfrac{MU_X}{P_X} = \dfrac{MU_Y}{P_Y}$가 성립할 때까지 진행된다.

상 태	불균형의 조정
$\dfrac{MU_X}{P_X} > \dfrac{MU_Y}{P_Y}$	X재 소비 증가, Y재 소비 감소 → 효용 증가
$\dfrac{MU_X}{P_X} = \dfrac{MU_Y}{P_Y}$	소비자의 효용이 극대화된 상태
$\dfrac{MU_X}{P_X} < \dfrac{MU_Y}{P_Y}$	X재 소비 감소, Y재 소비 증가 → 효용 증가

5 수요곡선의 도출

(1) 소비자균형 조건을 이용한 도출

① 최초에 소비자균형 조건 $\dfrac{MU_X}{P_X} = \dfrac{MU_Y}{P_Y}$가 성립하고 있었다고 가정하자.

② 다른 조건이 일정할 때 X재의 가격(P_X)이 하락하면 $\dfrac{MU_X}{P_X} > \dfrac{MU_Y}{P_Y}$가 되어 합리적인 소비자는 X재의 수요량을 증가시킨다.

③ X재의 가격이 하락할 때 X재의 수요량이 증가하므로 수요곡선이 우하향의 형태로 도출된다.

(2) 화폐의 한계효용을 이용한 도출

① 소비자균형에서는 각 재화 1원어치의 한계효용과 화폐의 한계효용(m)이 동일할 것이므로 소비자균형 조건은 다음과 같이 나타낼 수도 있다.

$$\dfrac{MU_X}{P_X} = \dfrac{MU_Y}{P_Y} = m$$

② 그러므로 소비자균형에서는 $\dfrac{MU_X}{P_X} = m$이 성립한다.

③ 한계효용이론에서는 화폐의 한계효용을 일정한 것으로 가정하므로 $\dfrac{MU_X}{P_X} = m$을 X재의 가격(P_X)에 대해 정리하면 다음과 같다.

$$P_X = \dfrac{1}{m} MU_X$$

④ X재의 수요량이 증가하면 X재의 한계효용(MU_X)이 감소하므로 소비자가 X재에 대해 최대한 지불할 용의가 있는 가격이 하락한다.

⑤ X재의 수요량이 증가할 때 소비자가 X재에 대해 최대한 지불할 용의가 있는 가격이 점점 하락하므로 수요곡선이 그림 5-2와 같이 우하향의 형태로 도출된다.
 ✥ 수요곡선이 우하향하는 것은 한계효용체감을 반영한 것이다.

수요곡선의 도출   그림 5-2

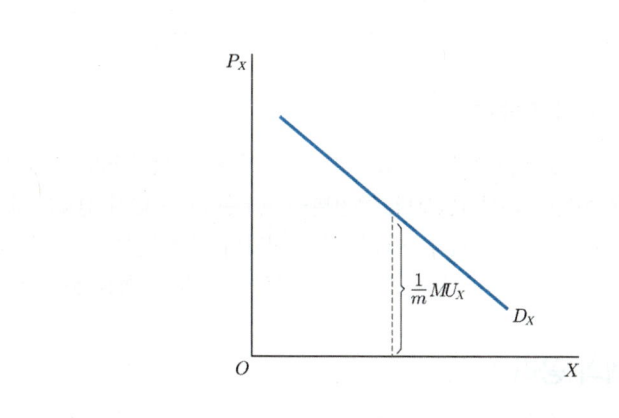

재화 소비량이 증가하면 그 재화의 한계효용이 감소한다. 한계효용이 재화의 가격을 결정하므로 한계효용곡선으로부터 우하향의 수요곡선이 도출된다.

甲은 주어진 돈을 모두 X재와 Y재 소비에 지출하여 효용을 최대화하고 있으며, X재의 가격은 100원이고 Y재의 가격은 50원이다. 이때 X재의 마지막 1단위의 한계효용이 200이라면 Y재의 마지막 1단위의 한계효용은 얼마인가?

🔆 해설

소비자의 효용극대화 조건은 $\frac{MU_X}{P_X} = \frac{MU_Y}{P_Y}$ 이다. 그러므로 $\frac{MU_X}{P_X} = \frac{MU_Y}{P_Y}$ 에 X재 가격 $P_X = 100$, Y재 가격 $P_Y = 50$, X재의 한계효용 $MU_X = 200$을 대입하면 Y재의 한계효용은 $MU_Y = 100$이 된다.

- $\frac{MU_X}{P_X} = \frac{MU_Y}{P_Y} \rightarrow \frac{200}{100} = \frac{MU_Y}{50}$ ∴ $MU_Y = 100$

CHAPTER 06 무차별곡선이론

제1절 개요

1 한계효용이론과 무차별곡선이론

① 한계효용이론에서는 효용을 기수적으로 측정할 수 있다는 비현실적인 가정하에서 소비자의 선택행위를 분석하였으나, 무차별곡선이론에서는 단지 선호의 순서만을 나타내는 서수적 효용 개념을 이용하여 소비자의 선택행위를 분석한다.
② 무차별곡선이론에서는 무차별곡선과 예산선을 이용하여 소비자균형을 분석한다.

2 소비자 선호체계의 공리

① 소비자의 행동을 분석하기 위해 필요한 소비자의 선호체계에 대한 기본가정을 소비자 선호체계의 공리(axiom)라고 한다.
② 소비자 선호체계의 공리가 충족되면 소비자는 각각의 재화묶음에 대한 선호 순서를 일관성 있게 정할 수 있으며, 소비자의 선택행위를 효용함수를 통해 분석하는 것이 가능하다.

> 완비성은 완전성이라고도 한다.

완비성 (completeness)	• 임의의 두 재화묶음 간의 선호 순서를 판단할 수 있어야 한다. • A가 B보다 선호($A > B$)되는지, B가 A보다 선호($B > A$)되는지, 또는 무차별($A \sim B$)한지를 판단할 수 있어야 한다.
이행성 (transitivity)	• 소비자의 선호 순서에 일관성이 있어야 한다. • A가 B보다 선호($A > B$)되고, B가 C보다 선호($B > C$)되면 A가 C보다 선호($A > C$)되어야 한다.
연속성 (continuity)	• 재화묶음에 포함되어 있는 재화의 양이 아주 작은 폭으로 변화할 때 소비자의 선호관계도 급격하게 변화하지 않고 점진적으로 변화해야 한다. • 선호체계의 연속성은 효용함수의 연속성과 밀접히 관련된다.
단조성 (monotonicity)	• 재화 소비량이 증가하면 효용도 지속적으로 증가한다. • "더 많을수록 더 좋다(the more, the better)"
볼록성 (convexity)	소비자는 극단적인 재화묶음보다 여러 재화가 골고루 섞여 있는 재화묶음을 더 선호한다.

✥ A가 B보다 강하게 선호(strictly preferred)되면 $A > B$, 동일하게 선호(indifferent)되면 $A \sim B$라고 나타낸다. 그리고 A가 B보다 약하게 선호(weakly preferred)되면 $A \gtrsim B$라고 나타낸다.
✥ 완비성(완전성), 이행성 및 연속성을 충족하면 소비자의 선호체계는 연속적인 효용함수로 나타낼 수 있다. 이는 무차별곡선에 단절이 없이 연속적인 부분만 존재하므로 미분이 가능하다는 것을 의미한다.

제2절 무차별곡선 : 주관적 조건

1 무차별곡선의 개념

① 무차별곡선(indifference curve)이란 소비자에게 동일한 수준의 효용을 주는 X재와 Y재의 조합점을 연결한 곡선을 말한다.
   ✚ 동일한 효용을 주는 재화의 조합에 대해 소비자는 무차별(indifferent)하다고 말한다.
② 즉, 무차별곡선은 소비자에게 동일한 수준의 효용을 주는 재화묶음 (X, Y)의 집합을 그림으로 나타낸 것이다. 그리고 이러한 무차별곡선들을 모아 놓은 것을 무차별지도(indifference map)라고 부른다.
③ 그림 6-1의 A, B, C, D점은 X재와 Y재의 조합만 다를 뿐 효용이 동일하고, 이 점들을 연결하면 무차별곡선이 도출된다.
④ 일반적인 무차별곡선은 원점에 대해 볼록하면서 우하향하는 형태를 띤다.

무차별곡선   그림 6-1

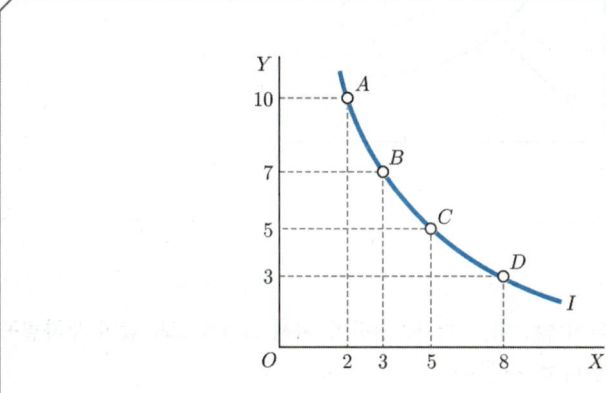

- 무차별곡선은 소비자에게 동일한 효용을 주는 X재와 Y재의 조합점을 연결한 곡선이다.
- A, B, C, D점은 소비자에게 동일한 효용을 준다.

2 무차별곡선의 성질

(1) 우하향한다.

① 한 재화의 소비량이 증가할 때 동일한 효용을 유지하기 위해서는 다른 재화의 소비량이 감소해야 하므로 무차별곡선은 우하향한다.
   ✚ 이는 두 재화가 모두 소비자의 효용을 증가시키는 'goods'라는 의미에서의 '재화'임을 내포하고 있다($MU > 0$).
② 만약 두 재화 중 한 재화가 소비자의 효용을 감소시키는 비재화(bads)라면 무차별곡선은 우상향한다. 무차별곡선이 우상향하면 두 재화의 소비량이 모두 증가함에도 효용이 일정하게 유지되므로 소비자 선호체계의 공리 중 단조성을 위배하게 된다.

(2) 원점에서 멀수록 더욱 높은 효용수준을 나타낸다.

① 무차별곡선이 원점에서 멀수록 두 재화의 소비량이 많아진다. 그러므로 원점에서 멀리 떨어진 무차별곡선이 더욱 높은 효용수준을 나타낸다.
> ✚ 이는 두 재화가 모두 'goods'라는 의미에서의 '재화'임을 내포하고 있다($MU>0$). 만약 두 재화 중 한 재화가 비재화, 혹은 두 재화 모두 비재화라면 효용의 증가 방향은 달라진다.

② 원점에서 멀리 떨어진 무차별곡선이 더욱 높은 효용수준을 나타낸다는 것은 "더 많을수록 더 좋다(the more, the better)"는 단조성의 성질이 무차별곡선에 반영된 것이다.

무차별곡선이 i) 우하향한다, ii) 원점에서 멀수록 더욱 높은 효용수준을 나타낸다는 성질은 단조성과 밀접한 관련이 있다.

그림 6-2 무차별곡선과 효용의 증가 방향

- 무차별곡선이 원점에서 멀수록 두 재화의 소비량이 많아지므로 원점에서 멀리 떨어진 무차별곡선이 더욱 높은 효용수준을 나타낸다.
- 무차별곡선 I_1의 효용수준이 무차별곡선 I_0의 효용수준보다 높다.

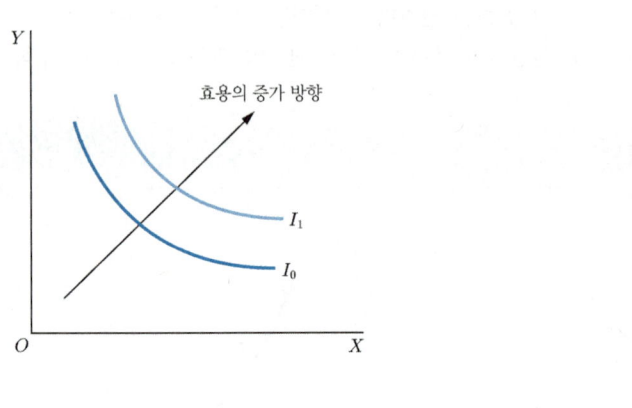

(3) 교차하지 않는다.

① 무차별곡선은 교차하지 않는다. 이를 증명하기 위해 그림 6-3과 같이 무차별곡선 I_0와 I_1이 교차한다고 가정하자.
② A점과 B점은 동일한 무차별곡선상에 있으므로 효용이 동일하다. 그리고 B점과 C점은 동일한 무차별곡선상에 있으므로 효용이 동일하다.
③ 따라서 A점과 C점의 효용도 동일해야 할 것이나, C점은 A점보다 두 재화를 모두 더 소비할 수 있는 점이므로 A점과 C점의 효용수준이 동일하다면 모순이 발생한다. 그러므로 무차별곡선은 교차하지 않는다.
④ 무차별곡선이 교차하면 소비자 선호체계의 공리 중 이행성을 위배하게 된다.
> ✚ 서로 다른 개인의 무차별곡선은 교차할 수 있다.

무차별곡선이 교차하는 경우 | 그림 6-3

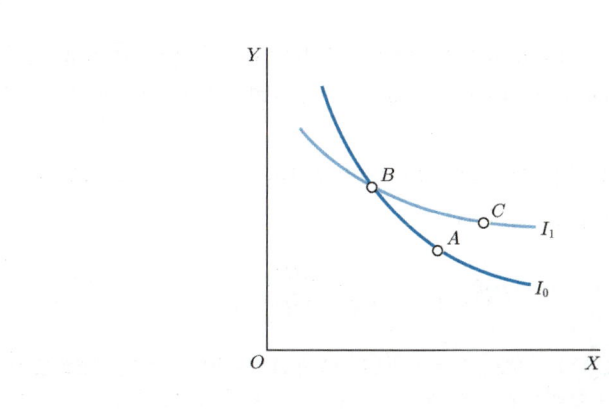

무차별곡선은 교차하지 않는다. 그림과 같이 무차별곡선이 교차한다면 A, B, C점은 모두 소비자에게 동일한 효용을 줄 것이나, C점은 A점보다 효용수준이 더 높다. 즉, 모순이 발생한다.

(4) 원점에 대해 볼록한 형태를 갖는다.

① 무차별곡선의 기울기는 한계대체율(MRS_{XY})을 나타내며, 무차별곡선이 원점에 대해 볼록하다는 것은 한계대체율체감의 법칙이 성립함을 의미한다.
② 무차별곡선이 원점에 대해 볼록하다는 것은 소비자가 X재나 Y재에 편중된 극단적인 재화묶음보다는 X재와 Y재가 골고루 섞여 있는 재화묶음을 더 선호한다는 것(선호의 다양성)을 의미한다.

참고 ▶ 선호체계의 볼록성

① A점의 재화묶음 (2, 8)과 B점의 재화묶음 (8, 2)가 동일한 무차별곡선상에 있다고 가정하자.
② 그런데 A점과 B점의 재화묶음을 평균해 만든 C점의 재화묶음 (5, 5)가 있다면, 볼록성은 소비자가 A점이나 B점보다 X재와 Y재가 골고루 섞여 있는 C점의 재화묶음을 더 선호한다는 것을 뜻한다. 아래 그림에서 C점을 지나는 무차별곡선이 A점이나 B점을 지나는 무차별곡선보다 바깥쪽에 있어 소비자에게 더 큰 효용을 주는 것을 알 수 있다.
    ✧ 사실, C점의 재화묶음 (5, 5)뿐 아니라 A점과 B점을 잇는 선분상의 모든 재화묶음이 A점과 B점의 재화묶음보다 더 선호된다.
③ 그러므로 무차별곡선이 원점에 대해 볼록하다는 것은 소비자 선호체계의 공리 중 볼록성과 관련된다.

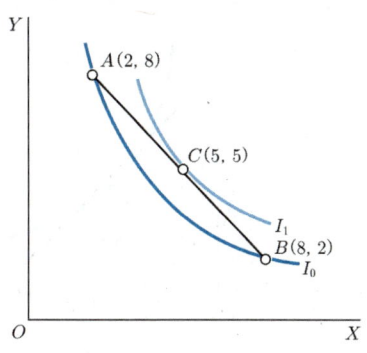

3 한계대체율

(1) 한계대체율의 개념

① 한계대체율(Marginal Rate of Substitution ; MRS_{XY})이란 동일한 효용수준을 유지하면서 X재 1단위를 추가로 소비하기 위해 포기해야 하는 Y재의 수량을 말한다.

② 한계대체율은 X재와 Y재에 대한 소비자의 주관적 교환비율로, 무차별곡선의 접선의 기울기(절댓값)로 측정된다.

☑ **한계대체율(MRS_{XY})**
= 무차별곡선의 기울기
= 소비자의 주관적 교환비율

$$MRS_{XY} = -\frac{\Delta Y}{\Delta X} = \frac{MU_X}{MU_Y}$$

✚ X재 소비를 늘리고, Y재 소비를 줄이는 것이므로 ΔX와 ΔY는 항상 반대되는 부호를 갖는다. 따라서 한계대체율을 정의할 때는 음(-)의 부호를 붙여 한계대체율의 값을 절대치로 표시한다.

✚ 엄밀히 말하면, MRS_{XY}는 Y재로 표시한 X재의 한계대체율이다. X재로 표시한 Y재의 한계대체율은 MRS_{YX} 혹은 $\frac{1}{MRS_{XY}}$이다. 특별한 언급이 없는 한 본서에서 한계대체율은 Y재로 표시한 X재의 한계대체율, 즉 MRS_{XY}를 의미한다.

③ 위 식에서 보듯, 한계대체율은 X재와 Y재의 한계효용 비율로 나타낼 수도 있다.

- 무차별곡선상의 A점에서 B점으로 이동할 때의 효용의 변화
  - X재 소비량이 ΔX만큼 증가 : 효용이 $MU_X \cdot \Delta X$만큼 증가
  - Y재 소비량이 ΔY만큼 감소 : 효용이 $MU_Y \cdot \Delta Y$만큼 감소
- A점과 B점이 동일한 무차별곡선상에 있으므로 X재 소비량 증가에 따른 효용 증가분과 Y재 소비량 감소에 따른 효용 감소분의 합이 0이다.

$$MU_X \cdot \Delta X + MU_Y \cdot \Delta Y = 0$$

$$\rightarrow -\frac{\Delta Y}{\Delta X} = \frac{MU_X}{MU_Y}$$

그림 6-4 한계대체율

한계대체율(MRS_{XY})은 동일한 효용수준을 유지하면서 X재 1단위를 추가로 소비하기 위해 포기해야 하는 Y재의 수량으로, X재와 Y재에 대한 소비자의 주관적 교환비율을 의미한다.

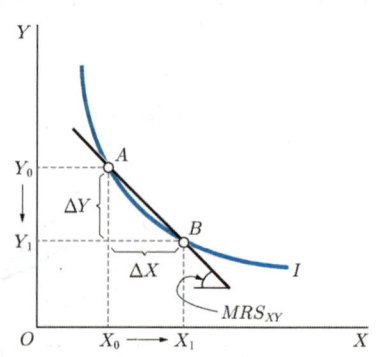

(2) 한계대체율체감의 법칙

① 한계대체율체감의 법칙(law of diminishing MRS_{XY})이란 동일한 효용수준을 유지하면서 Y재를 X재로 대체해 감에 따라 한계대체율이 점점 감소하는 현상을 말한다.

② 즉, 한계대체율체감의 법칙은 X재 소비량이 증가할수록 X재 1단위를 추가로 소비하기 위해 포기할 용의가 있는 Y재의 수량이 점점 감소하는 현상을 말한다.

③ 그림 6-5에서 $A \to B \to C \to D$점으로 이동함에 따라 X재 1단위를 추가로 소비하기 위해 포기할 용의가 있는 Y재의 수량인 한계대체율이 $3 \to 2 \to 1$로 점점 감소하는 것을 알 수 있다.

④ 한계대체율체감의 법칙은 소비자 선호체계의 공리 중 볼록성과 관련된다. 즉, 소비자가 극단적인 재화묶음보다 여러 재화가 골고루 섞여 있는 재화묶음을 더 선호한다는 것을 의미한다.
→ 무차별곡선이 원점에 대해 볼록한 것은 한계대체율이 체감함을 의미한다.

한계대체율체감의 법칙 그림 6-5

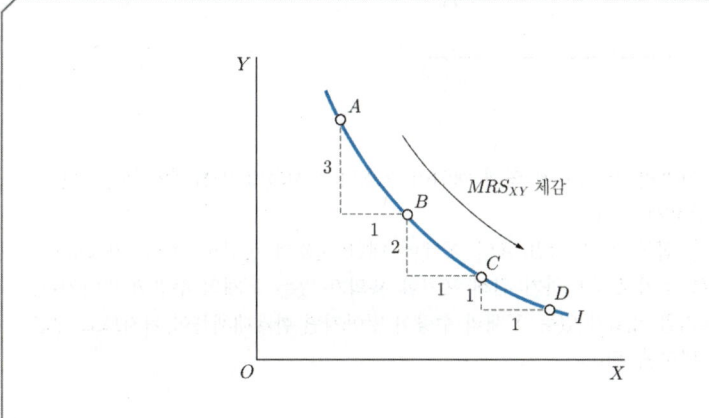

- 한계대체율체감의 법칙이란 동일한 효용수준을 유지하면서 X재 소비량이 증가할수록 한계대체율(MRS_{XY})이 점점 감소하는 현상을 말한다.
- 이는 X재 소비량이 증가하고, Y재 소비량이 감소하는 과정에서 소비자가 귀해진 Y재를 흔해진 X재에 비해 상대적으로 더 높이 평가하게 됨을 의미한다.

진수의 효용함수가 $U = X^2 Y$로 주어져 있을 때 X재 3단위와 Y재 2단위를 소비한다면 진수의 한계대체율은 얼마인가?

🔍 해설

X재의 한계효용이 $MU_X = 2XY$, Y재의 한계효용이 $MU_Y = X^2$이므로 X재 3단위와 Y재 2단위를 소비할 때의 한계대체율은 $\frac{4}{3}$로 계산된다.

- $MRS_{XY} = \dfrac{MU_X}{MU_Y} = \dfrac{2XY}{X^2} = \dfrac{2Y}{X} = \dfrac{4}{3}$

참고 ▶ 선호와 무차별곡선

1. 선호와 무차별곡선
   ① 무차별곡선의 기울기(절댓값)인 한계대체율은 X재 1단위를 추가로 소비하기 위해 포기할 용의가 있는 Y재의 수량이므로 한계대체율이 클수록 상대적으로 X재를 더 선호함을 의미한다.
   ② 개인 A와 B의 무차별곡선이 아래 그림과 같이 주어졌다고 가정하자.
   ③ X재를 ΔX만큼 추가로 소비하기 위해 포기할 용의가 있는 Y재의 수량은 개인 A가 더 많다. 이는 상대적으로 개인 A가 개인 B보다 X재를 더 선호함을 의미한다.
   $$MRS_{XY}^{A} > MRS_{XY}^{B}$$
   ④ 그러므로 무차별곡선이 가파를수록(한계대체율이 클수록) 상대적으로 X재를 더 선호함을 의미한다.

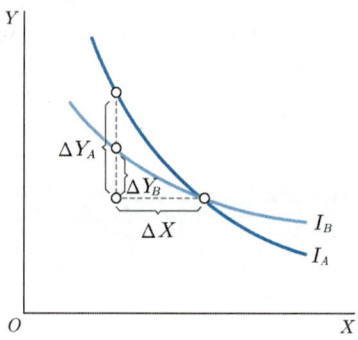

2. 선호변화와 무차별곡선
   ① 나이, 소득, 교육수준 등이 변하거나, 기업의 광고 등에 의해 개인이 선호하는 재화가 바뀔 수 있다. 개인의 선호가 변하면 무차별곡선의 형태도 변하게 된다.
   ② X재를 생산하는 기업이 대대적 광고를 함에 따라 개인 A의 X재에 대한 선호가 증가하였다고 가정하자.
   ③ X재를 더 선호하게 되면 X재 1단위를 추가로 소비하기 위해 포기할 용의가 있는 Y재의 수량이 많아진다.
   ④ X재 1단위를 추가로 소비하기 위해 포기할 용의가 있는 Y재의 수량이 많아지면 한계대체율이 커지므로 개인 A의 무차별곡선은 더 가파른 형태로 변하게 된다.

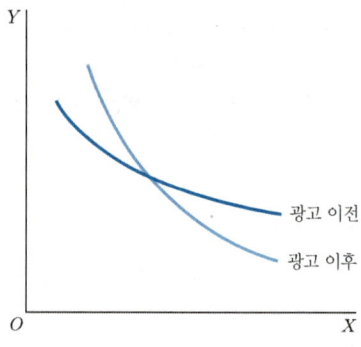

4 예외적인 무차별곡선

(1) 두 재화가 완전대체재 관계일 때

① 5만원권 지폐와 1만원권 지폐처럼 소비자가 두 재화를 일정한 비율로 바꾸어 소비하더라도 동일한 효용을 얻는다면 두 재화는 완전대체재(perfect substitutes) 관계이다.

② 이 경우, 5만원권 지폐(X재) 1장을 1만원권 지폐(Y재) 5장으로 바꾸어도 소비자의 효용에는 변화가 없으므로 한계대체율이 $MRS_{XY}=5$로 일정하다.

③ 두 재화가 완전대체재 관계이면 소비자의 효용은 두 재화의 소비량의 합에 의해 결정되므로 효용함수는 다음과 같은 형태를 띤다.

$$U = aX + bY \quad (단, a > 0, b > 0)$$

④ 이와 같은 효용함수를 선형 효용함수(linear utility function)라고 한다. 한계대체율이 $MRS_{XY}\left(=\dfrac{MU_X}{MU_Y}\right)=\dfrac{a}{b}$로 일정하므로 무차별곡선은 아래 그림에서 보는 것처럼 기울기가 $-\dfrac{a}{b}$인 우하향의 직선 형태로 도출된다.

☑ 두 재화가 완전대체재 관계이면 소비자에게 두 재화의 소비량의 합만 중요할 뿐, 어느 재화를 얼마만큼 소비하는지는 문제가 되지 않는다.

두 재화가 완전대체재 관계일 때 | 그림 6-6

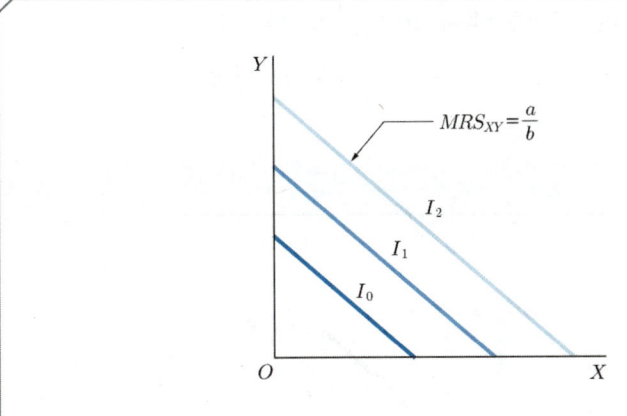

- 효용함수 : $U = aX + bY$
  - 예 5만원권 지폐(X재) 1장 과 1만원권 지폐(Y재) 5장
- 한계대체율(MRS_{XY}) : $\dfrac{a}{b}$로 일정
- 무차별곡선 : 우하향의 직선 형태

(2) 두 재화가 완전보완재 관계일 때

① 왼쪽 신발과 오른쪽 신발처럼 소비자가 두 재화를 항상 일정한 비율로만 소비한다면 두 재화는 완전보완재(perfect complements) 관계이다.

② 왼쪽 신발(X재)이 1짝, 오른쪽 신발(Y재)이 3짝 있을 때 소비자는 왼쪽 신발과 오른쪽 신발을 1:1의 비율로 소비하므로 오른쪽 신발 2짝을 더 갖는 것에는 아무런 의미가 없다.

③ 두 재화가 완전보완재 관계이면 소비자의 효용은 부족한 재화의 양에 의해 결정되므로 효용함수는 다음과 같은 형태를 띤다.

$$U = \min[aX, bY] \quad (단, a > 0, b > 0)$$

④ 이와 같은 효용함수를 레온티에프 효용함수(Leontief utility function)라고 한다. 효용함수가 $U=\min[aX, bY]$이므로 무차별곡선은 아래 그림에서 보는 것처럼 $Y=\frac{a}{b}X$선상에서 꺾어진 L자 형태로 도출된다.

$\begin{bmatrix} aX > bY \cdots X재가 증가해도 효용은 불변이므로 무차별곡선이 수평선 \\ aX < bY \cdots Y재가 증가해도 효용은 불변이므로 무차별곡선이 수직선 \end{bmatrix}$

→ 무차별곡선이 $aX=bY$, 즉 $Y=\frac{a}{b}X$선상에서 꺾어진 L자 형태로 도출

⑤ $Y=\frac{a}{b}X$선 상방의 수직구간에서는 한계대체율이 $MRS_{XY}=\infty$, $Y=\frac{a}{b}X$선 하방의 수평구간에서는 한계대체율이 $MRS_{XY}=0$이다.

➕ $Y=\frac{a}{b}X$선상에서는 무차별곡선이 꺾어지므로 한계대체율이 정의되지 않는다.

☑ 두 재화가 완전보완재 관계이면 소비자가 두 재화를 항상 일정한 비율로 소비하므로 효용은 부족한 재화의 양에 의해 제한된다.

그림 6-7 두 재화가 완전보완재 관계일 때

- 효용함수
  : $U = \min[aX, bY]$
  ⓔ 왼쪽 신발(X재)과 오른쪽 신발(Y재)
- 한계대체율(MRS_{XY})
  $\begin{bmatrix} 수직구간 : \infty \\ 수평구간 : 0 \end{bmatrix}$
- 무차별곡선 : L자 형태

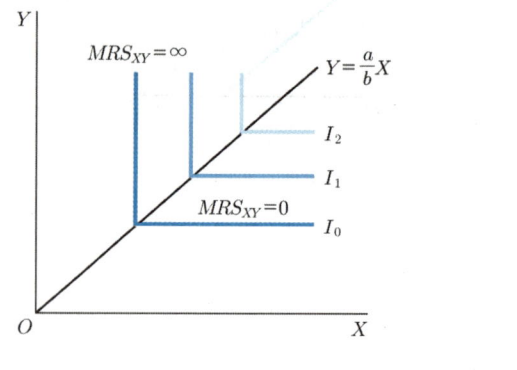

(3) 기타

무차별곡선의 형태		설 명
X재가 비재화일 때		• $MU_X < 0$이므로 X재 소비량이 증가할 때 효용이 동일하게 유지되려면 Y재 소비량이 증가해야 한다. • 무차별곡선 : X축에 대해 볼록하면서 우상향하는 곡선 • 효용함수 : $U = Y - X^2$ ⑩ 쓰레기(X재), 빵(Y재)
Y재가 비재화일 때		• $MU_Y < 0$이므로 Y재 소비량이 증가할 때 효용이 동일하게 유지되려면 X재 소비량이 증가해야 한다. • 무차별곡선 : Y축에 대해 볼록하면서 우상향하는 곡선 • 효용함수 : $U = X - Y^2$ ⑩ 빵(X재), 쓰레기(Y재)
두 재화 모두 비재화일 때		• 두 재화가 모두 비재화이면 원점에 가까울수록 효용이 증가한다. • 무차별곡선 : 원점에 대해 오목하면서 우하향하는 곡선 • 효용함수 : $U = \dfrac{1}{X^2 + Y^2}$ ⑩ 쓰레기(X재), 공해(Y재)
X재가 중립재일 때		• $MU_X = 0$이므로 X재 소비량이 증가하더라도 효용은 불변이다. • 효용은 Y재 소비량에 의해서만 결정된다. • 무차별곡선 : 수평선 • 효용함수 : $U = Y$ ⑩ 헌옷(X재), 빵(Y재)
Y재가 중립재일 때		• $MU_Y = 0$이므로 Y재 소비량이 증가하더라도 효용은 불변이다. • 효용은 X재 소비량에 의해서만 결정된다. • 무차별곡선 : 수직선 • 효용함수 : $U = X$ ⑩ 빵(X재), 헌옷(Y재)

제3절 예산선 : 객관적 조건

1 예산선의 개념

① 예산선(budget line)이란 주어진 소득으로 구입 가능한 X재와 Y재의 조합점을 연결한 선을 말한다.

> ✚ 인간의 욕망은 무한한 데 비해 경제적 자원에는 한계가 있는 것처럼 소비자가 재화를 구입하는 데 쓸 수 있는 소득도 일정한 크기로 주어져 있다는 것인데, 이를 예산제약(budget constraint)이라고 한다.

② 소득을 M, X재의 가격을 P_X, Y재의 가격을 P_Y라고 할 때 소비자가 주어진 소득을 전부 X재와 Y재 구입에 사용한다면 소비자의 예산제약식은 다음과 같이 나타낼 수 있다.

$$P_X X + P_Y Y = M$$

> ✚ $P_X X$는 X재에 대한 지출액, $P_Y Y$는 Y재에 대한 지출액을 의미한다.

③ 예산제약식을 Y에 대해 정리하면 예산선식이 도출된다.

$$Y = -\frac{P_X}{P_Y}X + \frac{M}{P_Y}$$

④ 예산선식을 그림으로 옮기면 Y축 절편이 $\frac{M}{P_Y}$이고, 기울기가 $-\frac{P_X}{P_Y}$인 우하향의 직선이 도출되는데, 이를 예산선 혹은 가격선이라고 한다. 예산선상의 모든 점에서는 소비자의 지출액이 동일하다.

  → 예산선을 포함한 예산선 내부의 색칠된 면적은 예산집합(budget set)으로서 소비자가 주어진 소득으로 구입 가능한 소비영역을 의미한다.

  → 예산선상의 점은 주어진 소득을 전부 지출한 점이고, 예산선 내부의 점은 주어진 소득의 일부만 지출한 점이며, 예산선 외부의 점은 주어진 소득으로 구입이 불가능한 점이다.

  → X축 절편 $\frac{M}{P_X}$은 주어진 소득으로 구입 가능한 X재의 최대 수량, Y축 절편 $\frac{M}{P_Y}$은 주어진 소득으로 구입 가능한 Y재의 최대 수량을 의미한다.

☑ **예산집합**
소비자가 주어진 소득으로 구입 가능한 재화묶음의 집합

예산선   그림 6-8

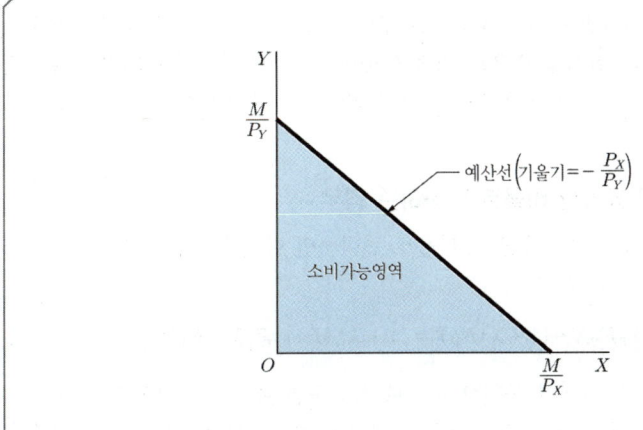

- 예산선은 주어진 소득으로 구입 가능한 X재와 Y재의 조합점을 연결한 선이다.
- 예산선상의 모든 점에서 소비자의 지출액이 동일하다.

2 예산선의 기울기(절댓값)의 의미

① 예산선의 기울기(절댓값)인 $\dfrac{P_X}{P_Y}$는 X재와 Y재의 상대가격비 또는 Y재에 대한 X재의 상대가격(X재 1단위와 교환되는 Y재의 수량)이다.

② $\dfrac{P_X}{P_Y}$는 시장에서의 X재와 Y재의 객관적 교환비율을 의미한다.

③ $\dfrac{P_X}{P_Y}$는 Y재의 크기로 표시한 X재 1단위 구입에 대한 기회비용을 의미한다.

→ 만약 $\dfrac{P_X}{P_Y}=5$라면 소비자가 X재를 1단위 더 구입하기 위해서는 Y재 구입량을 5단위 줄여야 한다. 이는 X재 1단위 구입에 대한 기회비용이 Y재 5단위라는 뜻으로, X재 1단위와 Y재 5단위가 시장에서 교환될 수 있음을 의미한다.

3 예산선의 이동

(1) 소득의 변화

① 소득이 변화하면 예산선은 평행 이동한다.
   - 소득이 변화하더라도 두 재화의 상대가격 $\left(\dfrac{P_X}{P_Y}\right)$은 변하지 않으므로 예산선의 기울기는 변하지 않는다.

② 소득이 증가하면 예산선은 바깥쪽으로 평행 이동하고, 소득이 감소하면 예산선은 안쪽으로 평행 이동한다.

(2) 재화가격의 변화

① 한 재화의 가격이 변화하면 예산선은 회전 이동한다.
② X재 가격이 변화하면 주어진 소득으로 구입 가능한 X재의 최대 수량이 변하므로 예산선은 Y축 절편을 축으로 회전 이동하고, Y재 가격이 변화하면 주어진 소득으로 구입 가능한 Y재의 최대 수량이 변하므로 예산선은 X축 절편을 축으로 회전 이동한다.

(3) 소득과 재화가격이 동일한 비율로 변화하는 경우

① 소득과 두 재화의 가격이 동일한 비율로 변화하면 예산제약식이 변하지 않으므로 예산선도 변하지 않는다.

$$(1+\lambda)P_X X + (1+\lambda)P_Y Y = (1+\lambda)M \rightarrow P_X X + P_Y Y = M$$

② 예컨대, 두 재화의 가격이 동일한 비율로 상승하면 예산선이 안쪽으로 평행 이동하고, 동시에 소득이 동일한 비율로 증가하면 예산선이 동일한 만큼 바깥쪽으로 평행 이동하므로 예산선은 변하지 않는다.

그림 6-9 예산선의 이동

a) 소득(M)의 변화	b) X재 가격(P_X)의 변화	c) Y재 가격(P_Y)의 변화
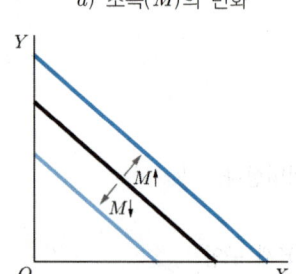	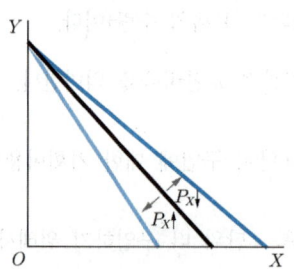	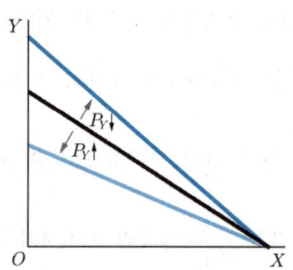

예제

다음 중 영수의 예산선의 기울기 변화요인이 아닌 것은?
① 소득증가 　　　　　　　② X재의 가격상승
③ Y재의 가격상승 　　　④ 국가에서 가격보조

해설

한 재화의 가격이 변화하면 예산선이 회전 이동하여 예산선의 기울기가 변한다. 반면, 소득이 변화하면 예산선이 평행 이동하므로 예산선의 기울기가 변하지 않는다.
① |×| 소득이 증가하면 예산선이 바깥쪽으로 평행 이동하므로 예산선의 기울기가 변하지 않는다.
② |○| X재 가격이 상승하면 예산선이 X축 안쪽으로 회전 이동하므로 예산선의 기울기가 가팔라진다.
③ |○| Y재 가격이 상승하면 예산선이 Y축 안쪽으로 회전 이동하므로 예산선의 기울기가 완만해진다.
④ |○| 가격보조가 이루어지면 보조대상 재화의 가격이 하락하는 효과가 발생하여 예산선이 바깥쪽으로 회전 이동하므로 예산선의 기울기가 변한다.
따라서 ①번이 답이 된다.

제4절 소비자균형

1 소비자균형의 개념

① 소비자균형(consumer equilibrium)이란 주어진 예산제약하에서 소비자의 효용이 극대화된 상태를 말한다.
② 즉, 주어진 예산제약하에서 가장 큰 효용을 얻을 수 있는 재화의 조합을 선택(소비자의 최적 선택)하는 것이다.

2 소비자균형 조건

① 아래 그림에서 예산선 바깥쪽은 주어진 소득으로 소비 불가능한 영역이다. 한편, 예산선 안쪽은 추가적으로 소비에 사용할 수 있는 소득을 가지고 있는 영역으로 두 재화를 더 소비하면 효용을 증가시킬 수 있다.
② 결국, 소비자의 선택은 예산선상의 점들인 A점, B점, E점으로 압축되는데, A점과 B점을 지나는 무차별곡선보다 E점을 지나는 무차별곡선이 원점에서 더 멀리 떨어져 있으므로 E점이 주어진 예산제약하에서 가장 큰 효용 I_1을 준다.
③ 주어진 예산제약하에서 소비자의 효용은 무차별곡선과 예산선이 접하는 E점에서 극대화된다.
→ 다시 말해, 소비자균형은 무차별곡선과 예산선이 접하는 E점에서 달성된다.

소비자균형 그림 6-10

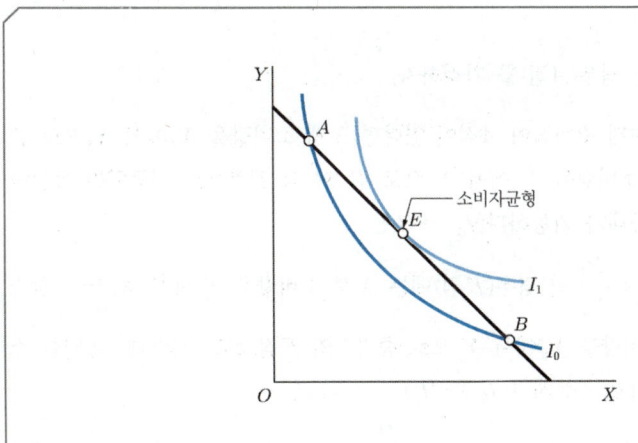

소비자균형은 무차별곡선과 예산선이 접하는 점(E점)에서 달성되므로 소비자균형에서는 $MRS_{XY} = \dfrac{P_X}{P_Y}$ 가 성립한다.

④ 소비자균형에서는 무차별곡선과 예산선이 접하므로 무차별곡선의 기울기(MRS_{XY})와 예산선의 기울기$\left(\dfrac{P_X}{P_Y}\right)$가 일치한다.

⑤ 상기의 논의를 바탕으로 소비자균형 조건(효용극대화 조건)은 다음과 같이 나타낼 수 있다.

$$MRS_{XY} = \dfrac{P_X}{P_Y}$$

한계대체율 = 상대가격비
무차별곡선의 기울기 = 예산선의 기울기
소비자의 주관적 교환비율 = 시장에서의 객관적 교환비율

⑥ $MRS_{XY} = \dfrac{MU_X}{MU_Y}$ 이므로 소비자균형에서는 한계효용균등의 법칙이 성립한다. 이는 각 재화 1원어치의 한계효용이 동일하도록 X재와 Y재를 소비해야 소비자균형이 달성됨을 의미한다.

$$MRS_{XY} = \dfrac{P_X}{P_Y}$$
$$\to \dfrac{MU_X}{MU_Y} = \dfrac{P_X}{P_Y}$$
$$\to \dfrac{MU_X}{P_X} = \dfrac{MU_Y}{P_Y} \quad \cdots \text{ 한계효용균등의 법칙}$$

3 불균형의 조정

① $MRS_{XY} > \dfrac{P_X}{P_Y}$ 인 경우(A점)를 가정하자.

② 그림 6-11에서 현재 소비점이 A점에 있다면 X재 소비량을 X_0에서 X_1으로 증가시키고, Y재 소비량을 Y_0에서 Y_1으로 감소시켜 E점으로 이동하면 동일한 소득으로 효용 증대가 가능하다($I_0 \to I_1$).

③ 반대로, $MRS_{XY} < \dfrac{P_X}{P_Y}$ 인 경우(B점)에는 X재 소비량을 X_2에서 X_1으로 감소시키고, Y재 소비량을 Y_2에서 Y_1으로 증가시켜 E점으로 이동하면 동일한 소득으로 효용 증대가 가능하다($I_0 \to I_1$).

④ 이와 같이, 소비자균형 조건 $MRS_{XY} = \dfrac{P_X}{P_Y}$ 가 성립하지 않을 경우에는 X재와 Y재 소비량을 조정함으로써 추가적인 효용 증대가 가능하다.

소비점	상 태	불균형의 조정
A점	$MRS_{XY} > \dfrac{P_X}{P_Y} \rightarrow \dfrac{MU_X}{P_X} > \dfrac{MU_Y}{P_Y}$	X재 소비 증가, Y재 소비 감소 → E점으로 이동($I_0 \rightarrow I_1$)
E점	$MRS_{XY} = \dfrac{P_X}{P_Y} \rightarrow \dfrac{MU_X}{P_X} = \dfrac{MU_Y}{P_Y}$	소비자의 효용이 극대화된 상태
B점	$MRS_{XY} < \dfrac{P_X}{P_Y} \rightarrow \dfrac{MU_X}{P_X} < \dfrac{MU_Y}{P_Y}$	X재 소비 감소, Y재 소비 증가 → E점으로 이동($I_0 \rightarrow I_1$)

불균형의 조정 그림 6-11

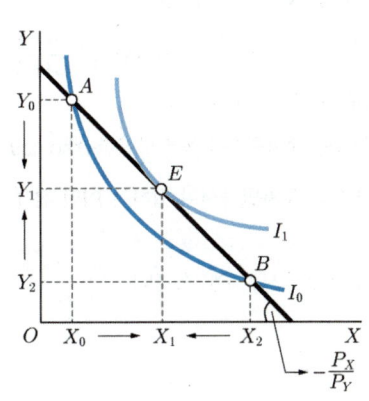

- $MRS_{XY} > \dfrac{P_X}{P_Y}$ 인 경우(A점)에는 X재 소비량을 증가시키고, Y재 소비량을 감소시킴으로써 추가적인 효용 증대가 가능하다.
- $MRS_{XY} < \dfrac{P_X}{P_Y}$ 인 경우(B점)에는 X재 소비량을 감소시키고, Y재 소비량을 증가시킴으로써 추가적인 효용 증대가 가능하다

 예제

현재 소비자 甲은 주어진 소득을 모두 사용하여 가격이 1,000원인 X재 10단위와 500원인 Y재 15단위의 조합을 소비하려고 한다. 이때의 한계대체율이 1.5라면 효용극대화를 위해 甲은 소비조합을 어떻게 조정하는 것이 바람직한가? (단, 소비자 甲의 무차별곡선은 우하향하고, 원점에 대해 볼록하다.)

🔆해설

현재 상태에서 $MRS_{XY} = \dfrac{MU_X}{MU_Y} = 1.5 < 2 = \dfrac{1,000}{500} = \dfrac{P_X}{P_Y}$ 이므로 아래 그림의 F점에 해당한다. 그러므로 X재 소비를 감소시키고 Y재 소비를 증가시켜 E점으로 이동하면 예산제약 하에서 효용이 극대화된다($I_0 \rightarrow I_1$).

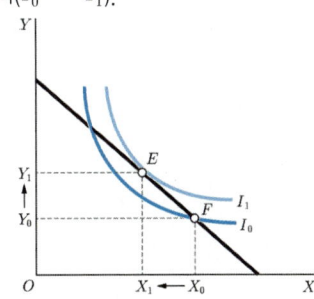

참고 ▶ 콥-더글라스 효용함수

1. **개념 및 형태**
   ① 콥-더글라스 효용함수(Cobb-Douglas utility function)는 개발자인 콥(C. W. Cobb)과 더글라스(P. H. Douglas)의 이름을 따서 명명되었다.
   ② 콥-더글라스 효용함수는 가장 널리 이용되는 일반적인 효용함수로 그 형태는 다음과 같다.

   $$U = X^\alpha Y^\beta \quad (단, \ \alpha > 0, \ \beta > 0)$$

2. **특징**
   ① 한계대체율이 지수인 α와 β의 크기에 관계없이 항상 체감하므로 콥-더글라스 효용함수의 무차별곡선은 원점에 대해 볼록한 일반적인 형태이다.

   $$MRS_{XY} = \frac{MU_X}{MU_Y} = \frac{\alpha X^{\alpha-1} Y^\beta}{\beta X^\alpha Y^{\beta-1}} = \frac{\alpha}{\beta}\left(\frac{Y}{X}\right)$$

   ✚ 위 한계대체율 식에서 X재 소비량이 증가하고 Y재 소비량이 감소함에 따라 $MRS_{XY} = \frac{\alpha}{\beta}\left(\frac{Y}{X}\right)$는 감소함을 알 수 있다.
   → 한계대체율이 체감하므로 무차별곡선은 원점에 대해 볼록한 형태이다.

   ② 한계대체율이 X재와 Y재의 소비량 비율$\left(\frac{Y}{X}\right)$에 의존하는 효용함수를 동조 효용함수(homothetic utility function)라고 한다. 동조 효용함수의 경우 원점을 통과하는 직선과 무차별곡선이 접하는 어떤 점에서도 한계대체율(무차별곡선의 기울기)이 동일하다.

   ✚ 한계대체율이 $\left(\frac{Y}{X}\right)$에 의존하는 선호체계를 동조적(homothetic) 선호체계라고 한다.

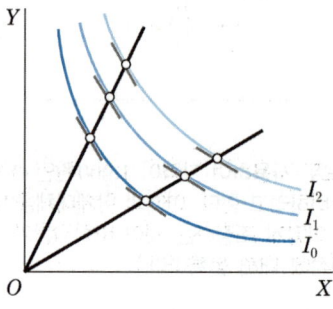

4 예외적인 소비자균형

(1) 두 재화가 완전대체재 관계일 때

① 두 재화가 완전대체재 관계이면 효용함수는 선형 효용함수로서 무차별곡선이 기울기가 $-\frac{a}{b}$인 우하향의 직선 형태로 도출된다.

$$U = aX + bY \quad (단, \ a > 0, \ b > 0)$$

② 한계대체율이 $MRS_{XY}\left(=\frac{MU_X}{MU_Y}\right) = \frac{a}{b}$로 일정하므로 소비자균형이 X축 혹은 Y축상의 한 점에서 달성되는 구석해(corner solution)가 발생하거나, 소비자균형이 하나가 아닌 무수히 많이 존재하게 된다.

$$\begin{cases} MRS_{XY}\left(=\frac{a}{b}\right) > \frac{P_X}{P_Y} : X재만 \ 소비(X축에서 \ 구석해) \\ MRS_{XY}\left(=\frac{a}{b}\right) < \frac{P_X}{P_Y} : Y재만 \ 소비(Y축에서 \ 구석해) \\ MRS_{XY}\left(=\frac{a}{b}\right) = \frac{P_X}{P_Y} : X, \ Y재 \ 동시 \ 소비(무수히 \ 많은 \ 소비자균형) \end{cases}$$

✚ 구석해가 발생하는 경우에는 소비자균형 조건 $\left(MRS_{XY} = \frac{P_X}{P_Y}\right)$이 성립하지 않는다.

두 재화가 완전대체재 관계일 때의 소비자균형   그림 6-12

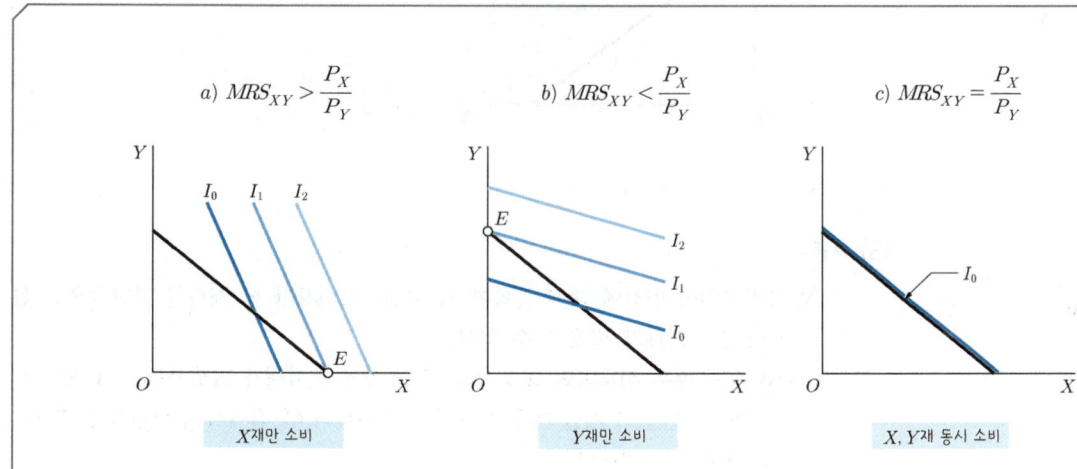

(2) 두 재화가 완전보완재 관계일 때

① 두 재화가 완전보완재 관계이면 효용함수는 레온티에프 효용함수로서 무차별곡선이 $Y=\frac{a}{b}X$ 선상에서 꺾어진 L자 형태로 도출된다.

$$U=\min[aX,\ bY] \quad (단,\ a>0,\ b>0)$$

② 이 경우, 소비자균형 조건은 $U=aX=bY$가 된다. 즉, 소비자균형에서는 항상 $aX=bY \rightarrow Y=\frac{a}{b}X$가 성립하므로 소비자는 X재와 Y재의 소비를 $b:a$의 비율로 일정하게 유지하는 것이 최적이다.

→ 두 재화의 최적 소비비율이 $\frac{Y}{X}=\frac{a}{b}$로 일정하다.

③ 무차별곡선이 L자 형태이므로 소비자균형이 무차별곡선이 꺾어진 점에서 달성된다.

그림 6-13 두 재화가 완전보완재 관계일 때의 소비자균형

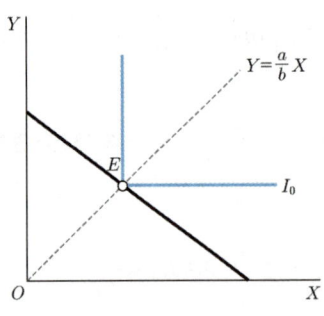

(3) 기타

① 무차별곡선이 원점에 대해 볼록한 경우에도 소비자가 한 재화를 극단적으로 선호한다면 구석해가 발생할 수 있다.
→ X재를 매우 선호하면 X축상의 한 점에서 구석해가 발생하므로 X재만 소비한다. 반면, Y재를 매우 선호하면 Y축상의 한 점에서 구석해가 발생하므로 Y재만 소비한다.

② X재가 비재화이면 Y축상의 한 점에서 구석해가 발생하므로 Y재만 소비한다. 반면, Y재가 비재화이면 X축상의 한 점에서 구석해가 발생하므로 X재만 소비한다.

③ X재가 중립재이면 Y축상의 한 점에서 구석해가 발생하므로 Y재만 소비한다. 반면, Y재가 중립재이면 X축상의 한 점에서 구석해가 발생하므로 X재만 소비한다.

어느 소비자에게 X재와 Y재는 완전대체재이며 X재 2개를 늘리는 대신 Y재 1개를 줄이더라도 동일한 효용을 얻는다. X재의 시장가격은 2만원이고 Y재의 시장가격은 6만원이다. 소비자가 X재와 Y재에 쓰는 예산은 총 60만원이다. 이 소비자가 주어진 예산에서 효용을 극대화할 때 소비하는 X재와 Y재의 양은?

해설

i) X재 2개를 늘리는 대신 Y재 1개를 줄이더라도 동일한 효용을 얻으므로 무차별곡선의 기울기인 한계대체율은 $MRS_{XY} = -\dfrac{\Delta Y}{\Delta X} = -\dfrac{-1}{2} = \dfrac{1}{2}$ 이다.

ii) X재 가격이 2만원, Y재 가격이 6만원이므로 예산선의 기울기(절댓값)는 $\dfrac{P_X}{P_Y} = \dfrac{2}{6} = \dfrac{1}{3}$ 이다.

iii) 두 재화가 완전대체재 관계이고, $MRS_{XY} = \dfrac{1}{2} > \dfrac{1}{3} = \dfrac{P_X}{P_Y}$ 이면 소비자는 소득을 전부 X재 소비에 지출한다.

iv) X재 가격이 2만원이고, 소득(예산)이 60만원이므로 X재 소비량은 30, Y재 소비량은 0이 된다.

 소비자 갑의 효용함수는 $U = \min(X, 2Y)$. X재 가격은 1, Y재 가격은 2, 갑의 소득은 10이다. 효용을 극대화하는 X재의 수요량은?

해설

i) 효용함수 $U = \min(X, 2Y)$가 레온티에프 효용함수이므로 소비자균형에서는 $X = 2Y$가 성립한다.

ii) $P_X = 1$, $P_Y = 2$, $M = 10$을 예산제약식 $P_X X + P_Y Y = M$에 대입하면 $X + 2Y = 10$이다.

iii) $X = 2Y$를 예산제약식 $X + 2Y = 10$에 대입하면 $X = 5$로 계산된다.
- $X + 2Y = 10 \to 2X = 10$ ∴ $X = 5$

제5절 소비자균형의 이동

1 개요

① 소득이나 재화의 가격이 변화하면 예산선이 변하고, 예산선이 변하면 소비자균형이 변화한다.
② 그러므로 소비자균형의 이동은 다음과 같은 두 가지 형태로 분석 가능하다.

- 소득의 변화 → 소비자균형의 이동 → 소득소비곡선과 엥겔곡선의 도출
- 한 재화의 가격변화 → 소비자균형의 이동 → 가격소비곡선과 수요곡선의 도출

2 소득소비곡선과 엥겔곡선

(1) 개념

① 소득소비곡선(Income Consumption Curve ; ICC)이란 소득의 변화에 따른 소비자균형점의 궤적을 연결한 곡선을 말한다.
  ➕ 소득의 변화에 따라 소비량이 변화하는 효과를 소득효과(income effect)라고 한다.
  ➕ 소득소비곡선을 소득확장경로(income expansion path)라고도 한다.
② 엥겔곡선(Engel Curve ; EC)이란 소득의 변화와 특정 재화의 소비량 사이의 관계를 나타내는 곡선으로, 소득소비곡선으로부터 도출된다.

그림 6-14 소득소비곡선과 엥겔곡선

- 소득소비곡선(ICC)이란 소득의 변화($M_0 \to M_1 \to M_2$)에 따라 예산선이 $B_0 \to B_1 \to B_2$로 변할 때의 소비자균형점의 궤적(a점 → b점 → c점)을 연결한 곡선을 말한다.
- 엥겔곡선(EC)이란 소득의 변화($M_0 \to M_1 \to M_2$)와 특정 재화의 소비량($X_0 \to X_1 \to X_2$) 사이의 관계를 나타내는 곡선으로, 소득소비곡선으로부터 도출된다.

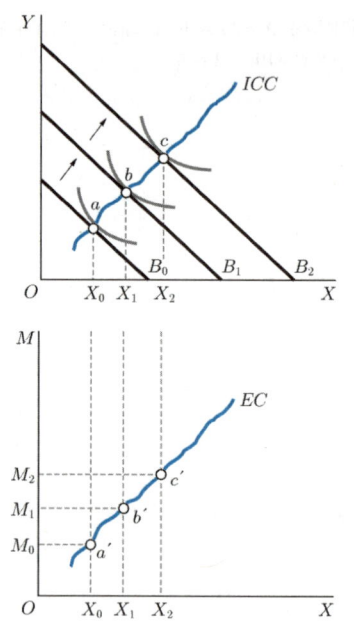

③ 소득소비곡선과 엥겔곡선의 형태는 수요의 소득탄력성(ε_M)과 재화의 종류에 따라 달라진다.
④ 소득이 0이면 두 재화의 소비량도 0일 것이므로 소득소비곡선과 엥겔곡선은 반드시 원점을 지난다.

(2) 수요의 소득탄력성과 소득소비곡선 및 엥겔곡선

1) X재 수요의 소득탄력성이 1인 경우($\varepsilon_M^X = 1$)

① X재가 수요의 소득탄력성이 1인 경우 소득 증가율과 X재의 소비량 증가율이 동일하므로 소득소비곡선은 원점을 지나는 직선이 된다.
② 소득소비곡선이 원점을 지나는 직선이면 X재 수요의 소득탄력성이 1임은 물론, Y재 수요의 소득탄력성도 1이 된다. 이는 소득 증가율과 두 재화의 소비량 증가율이 동일하며, 두 재화의 최적 소비비율 $\frac{Y}{X}$가 일정하다는 것을 의미한다.

✦ 이러한 특성을 가진 선호체계를 동조적 선호체계라고 한다.

③ X재가 수요의 소득탄력성이 1인 경우 소득 증가율과 X재의 소비량 증가율이 동일하므로 엥겔곡선은 원점을 지나는 직선이 된다.

> ☑ X재 수요의 소득탄력성이 1이면 소득소비곡선과 엥겔곡선은 모두 원점을 지나는 직선이 된다.

2) X재 수요의 소득탄력성이 1보다 큰 경우($\varepsilon_M^X > 1$: 사치재)

① X재가 수요의 소득탄력성이 1보다 큰 사치재인 경우 소득 증가율보다 X재의 소비량 증가율이 더 크므로 소득소비곡선과 엥겔곡선은 원점을 지나는 직선보다 완만하게 그려진다.
② 두 재화만을 분석대상으로 할 때 두 재화가 모두 사치재일 수는 없다. 즉, 두 재화의 수요의 소득탄력성이 모두 1보다 클 수는 없다.

3) X재 수요의 소득탄력성이 0과 1 사이인 경우($0 < \varepsilon_M^X < 1$: 필수재)

① X재가 수요의 소득탄력성이 0과 1 사이인 필수재인 경우 소득 증가율보다 X재의 소비량 증가율이 더 작으므로 소득소비곡선과 엥겔곡선은 원점을 지나는 직선보다 가파르게 그려진다.
② 두 재화만을 분석대상으로 할 때 두 재화가 모두 필수재일 수는 없다. 즉, 두 재화의 수요의 소득탄력성이 모두 0과 1 사이일 수는 없다.

4) X재 수요의 소득탄력성이 0보다 작은 경우($\varepsilon_M^X < 0$: 열등재)

① X재가 수요의 소득탄력성이 0보다 작은 열등재인 경우 소득이 증가할 때 X재의 소비량이 감소하므로 소득소비곡선과 엥겔곡선은 좌상향하게 된다.
② 그런데 영원한 열등재란 존재하지 않고 한 재화의 열등재로서의 성격은 소득이 어느 정도 수준에 이른 후에야 나타나게 되므로 소득소비곡선과 엥겔곡선은 원점 부근에서는 일단 우상향하다가 특정 시점에 이르러 좌상향하기 시작하는 후방굴절의 형태를 띠게 된다. 소득수준이 낮은 구간에서는 정상재이다가 소득수준이 높아짐에 따라 열등재로 바뀌는 것이다.

✦ 소득소비곡선과 엥겔곡선은 원점을 지나야 하므로 일부 구간에서만 좌상향한다.

☑ 두 재화만을 분석대상으로 할 때 두 재화가 모두 사치재이거나, 모두 열등재일 수는 없다.

③ 두 재화만을 분석대상으로 할 때 두 재화가 모두 열등재일 수는 없다. 즉, 두 재화의 수요의 소득탄력성이 모두 0보다 작을 수는 없다.

5) X재 수요의 소득탄력성이 0인 경우($\varepsilon_M^X = 0$: 중립재)

① X재가 수요의 소득탄력성이 0인 중립재인 경우 소득이 증가하더라도 X재의 소비량이 불변이므로 소득소비곡선과 엥겔곡선은 수직선이 된다.
   ➕ 소득소비곡선과 엥겔곡선은 원점을 지나야 하므로 일부 구간에서만 수직선이다.

② 두 재화만을 분석대상으로 할 때 한 재화가 중립재이면 다른 재화는 반드시 정상재가 된다.

재화의 종류		수요의 소득탄력성	소득소비곡선	엥겔곡선
정상재	사치재	$\varepsilon_M^X > 1$	우상향(X축에 오목)	우상향(X축에 오목)
	필수재	$0 < \varepsilon_M^X < 1$	우상향(X축에 볼록)	우상향(X축에 볼록)
	−	$\varepsilon_M^X = 1$	원점을 지나는 직선	원점을 지나는 직선
중립재		$\varepsilon_M^X = 0$	수직선	수직선
열등재		$\varepsilon_M^X < 0$	좌상향	좌상향

➕ Y재가 중립재($\varepsilon_M^Y = 0$)인 경우 소득소비곡선은 수평선이다.
➕ Y재가 열등재($\varepsilon_M^Y < 0$)인 경우 소득소비곡선은 우하향한다.

그림 6-15 수요의 소득탄력성과 소득소비곡선 및 엥겔곡선

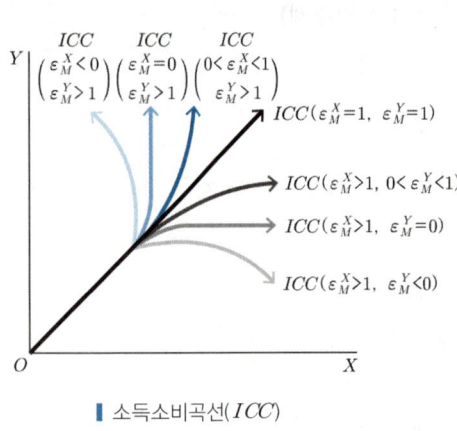
소득소비곡선(ICC)

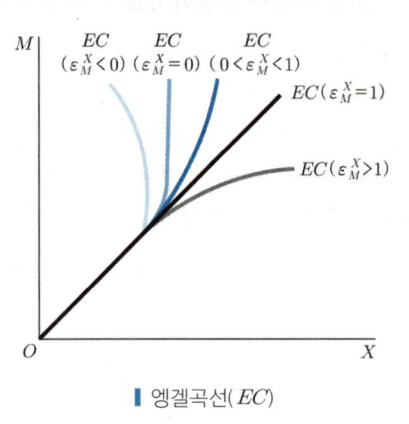
엥겔곡선(EC)

3 가격소비곡선과 수요곡선

(1) 개념

① 가격소비곡선(Price Consumption Curve ; PCC)이란 한 재화의 가격변화에 따른 소비자균형점의 궤적을 연결한 곡선을 말한다.
  ✚ 가격의 변화에 따라 소비량이 변화하는 효과를 가격효과(price effect)라고 한다.
  ✚ 가격소비곡선을 가격오퍼곡선(price offer curve)이라고도 한다.

② 수요곡선(Demand curve ; D)이란 특정 재화의 가격과 그 재화의 소비량(수요량) 사이의 관계를 나타내는 곡선으로, 가격소비곡선으로부터 도출된다.

③ 가격소비곡선과 수요곡선의 형태는 수요의 가격탄력성(ε)과 두 재화 간 관계에 따라 달라진다.

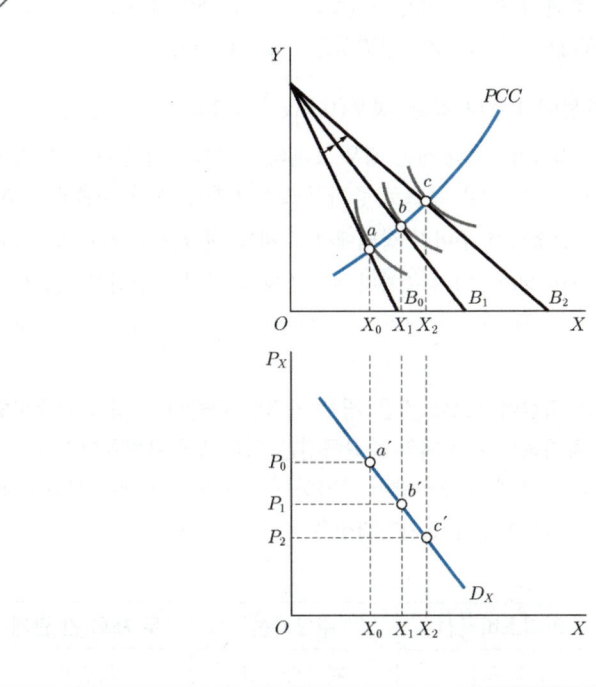

가격소비곡선과 수요곡선 | 그림 6-16

- 가격소비곡선(PCC)이란 한 재화(X재)의 가격변화($P_0 \rightarrow P_1 \rightarrow P_2$)에 따라 예산선이 $B_0 \rightarrow B_1 \rightarrow B_2$로 변할 때의 소비자균형점의 궤적($a$점 $\rightarrow b$점 $\rightarrow c$점)을 연결한 곡선을 말한다.
- 수요곡선(D)이란 특정 재화(X재)의 가격($P_0 \rightarrow P_1 \rightarrow P_2$)과 그 재화의 소비량($X_0 \rightarrow X_1 \rightarrow X_2$) 사이의 관계를 나타내는 곡선으로, 가격소비곡선으로부터 도출된다.

(2) 수요의 가격탄력성과 가격소비곡선 및 수요곡선

1) X재 수요의 가격탄력성이 1인 경우($\varepsilon^X = 1$)

① X재가 수요의 가격탄력성이 1인 경우 X재의 가격이 변화하더라도 X재에 대한 지출액($P_X X$)에는 변화가 없다. 소득이 일정하게 주어진 상태에서 X재에 대한 지출액($P_X X$)이 불변이면 Y재에 대한 지출액($P_Y Y$)도 불변인데 Y재의 가격이 변하지 않았으므로 Y재의 소비량 또한 변화가 없다. 그러므로 가격소비곡선은 Y재의 소비량(Y_0) 수준에서 수평선이 된다.

② X재가 수요의 가격탄력성이 1인 경우 가격이 하락하는 것만큼 소비량이 증가하므로 X재의 수요곡선은 지출액이 일정한 직각쌍곡선이 된다.
③ X재의 가격이 하락하더라도 Y재의 소비량이 변하지 않으므로 X재와 Y재는 독립재 관계이다. 그러므로 X재와 Y재의 교차탄력성은 $\varepsilon_{XY}=0$이다.

2) X재 수요의 가격탄력성이 1보다 큰 경우($\varepsilon^X > 1$)
① X재가 수요의 가격탄력성이 1보다 큰 경우 X재의 가격이 하락할 때 가격이 하락하는 것보다 소비량이 더 큰 폭으로 증가하므로 X재에 대한 지출액($P_X X$)이 증가한다. 소득이 일정하게 주어진 상태에서 X재에 대한 지출액($P_X X$)이 증가하면 Y재에 대한 지출액($P_Y Y$)이 감소하는데 Y재의 가격이 변하지 않았으므로 Y재의 소비량이 감소할 수밖에 없다. 그러므로 가격소비곡선은 우하향하게 된다.
② X재가 수요의 가격탄력성이 1보다 큰 경우 가격이 하락하는 것보다 소비량이 더 큰 폭으로 증가하므로 X재의 수요곡선은 완만하게 우하향한다.
③ X재의 가격이 하락하면 Y재의 소비량이 감소하므로 X재와 Y재는 대체재 관계이다. 그러므로 X재와 Y재의 교차탄력성은 $\varepsilon_{XY} > 0$이다.

3) X재 수요의 가격탄력성이 1보다 작은 경우($0 < \varepsilon^X < 1$)
① X재가 수요의 가격탄력성이 1보다 작은 경우 X재의 가격이 하락할 때 가격이 하락하는 것보다 소비량이 더 적은 폭으로 증가하므로 X재에 대한 지출액($P_X X$)이 감소한다. 소득이 일정하게 주어진 상태에서 X재에 대한 지출액($P_X X$)이 감소하면 Y재에 대한 지출액($P_Y Y$)이 증가하는데 Y재의 가격이 변하지 않았으므로 Y재의 소비량이 증가할 수밖에 없다. 그러므로 가격소비곡선은 우상향하게 된다.
② X재가 수요의 가격탄력성이 1보다 작은 경우 가격이 하락하는 것보다 소비량이 더 적은 폭으로 증가하므로 X재의 수요곡선은 가파르게 우하향한다.
③ X재의 가격이 하락하면 Y재의 소비량이 증가하므로 X재와 Y재는 보완재 관계이다. 그러므로 X재와 Y재의 교차탄력성은 $\varepsilon_{XY} < 0$이다.

수요의 가격탄력성	가격소비곡선	수요곡선	두 재화 간 관계
$\varepsilon^X = 1$	수평선	직각쌍곡선	독립재
$\varepsilon^X > 1$	우하향	우하향(완만함)	대체재
$0 < \varepsilon^X < 1$	우상향	우하향(가파름)	보완재

✚ X재 수요의 가격탄력성이 0($\varepsilon^X = 0$)인 경우 가격소비곡선은 수직선이다.

수요의 가격탄력성과 가격소비곡선 | 그림 6-17

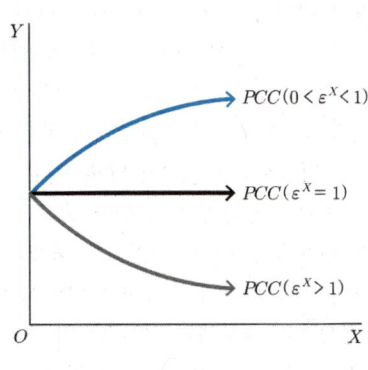

제6절 가격효과와 수요곡선

1 가격효과

(1) 가격효과
① 가격효과(price effect)란 명목소득이 일정할 때 재화가격의 변화에 따라 수요량이 변화하는 효과를 말한다.
② 가격효과는 대체효과와 소득효과로 구분할 수 있다.

> 가격효과 = 대체효과 + 소득효과

(2) 대체효과
① 대체효과(substitution effect)란 실질소득이 불변인 상태에서 상대가격의 변화로 수요량이 변화하는 효과를 말한다. 다시 말해, 한 재화의 가격변화로 두 재화 사이의 상대가격이 변화하면 상대적으로 싸진 재화는 더 많이 소비하고, 상대적으로 비싸진 재화는 더 적게 소비하게 만드는 효과를 말한다.
② 예컨대, X재의 가격이 하락하면 X재의 상대가격 $\left(\dfrac{P_X}{P_Y}\right)$이 하락하여 X재가 Y재에 비해 상대적으로 싸지므로 소비자는 X재의 수요량을 증가시키게 된다.
③ 대체효과는 언제나 상대적으로 싸진 재화의 수요량은 증가시키는 반면, 상대적으로 비싸진 재화의 수요량은 감소시키는 방향으로 작용한다.

(3) 소득효과

① 소득효과(income effect)란 상대가격이 불변인 상태에서 실질소득의 변화로 수요량이 변화하는 효과를 말한다. 다시 말해, 한 재화의 가격변화가 실질소득을 변화시켜 수요량에 변화를 주는 효과를 말한다.
  ✚ 재화의 가격이 변화하면 명목소득이 불변이더라도 실질소득(실질구매력)이 변화한다.
② 예컨대, X재의 가격이 하락하면 X재 가격하락 이전과 동일한 수요량을 유지하더라도 명목소득의 일부가 남게 된다. 이를 실질소득이 증가하였다라고 하며, 이 경우 소비자는 동일한 명목소득으로 X재의 수요량을 증가시킬 수 있게 된다.
③ 언제나 한 방향으로만 작용하는 대체효과와 달리, 소득효과는 고려 대상이 되는 재화의 종류에 따라 작용하는 방향이 달라진다.
  → 정상재의 경우에는 실질소득의 증가가 수요량을 증가시키나, 열등재와 기펜재의 경우에는 반대로 수요량을 감소시킨다.

2 재화의 종류에 따른 가격효과

(1) 정상재

1) 가격효과

① 최초의 균형점인 a점에서 X재의 가격이 하락하면 예산선이 X축 바깥쪽으로 회전 이동하므로 새로운 소비자균형점은 b점이 되고, X재의 수요량은 X_0에서 X_1으로 증가한다.
② 이와 같이, 가격변화에 따라 수요량이 변화하는 효과를 가격효과라고 한다.

2) 대체효과

① 대체효과는 실질소득이 불변이라는 전제하에서 상대가격의 변화가 유발하는 수요량의 변화를 의미하므로, 대체효과를 찾기 위해서는 가격효과에서 실질소득 변화에 따라 수요량이 변화하는 효과인 소득효과를 제거해야 한다.
② 가격효과에서 소득효과를 제거하기 위해서는 X재 가격하락 이후에도 가격하락 이전과 동일한 실질소득(효용)을 얻을 수 있도록 소득을 조정해주면 된다.
  ✚ 실질소득이 일정하다는 것은 곧 효용수준이 일정하다고 해석할 수 있다.
③ 구체적으로 그 방법을 살펴보면, X재 가격하락 이후의 예산선과 나란한 보조예산선을 가격하락 이전의 무차별곡선 I_0와 접하도록 평행 이동시키면 된다.
④ 이 경우, 새로운 소비자균형점은 c점이 된다.
⑤ 균형점이 동일한 무차별곡선 I_0상의 a점에서 c점으로 이동하고, X재의 수요량이 X_0에서 X_2로 증가하는 것이 상대가격의 변화로 수요량이 변화하는 대체효과이다.

☑ 가격변화 이후 가격변화 이전과 동일한 실질소득(효용)을 얻을 수 있도록 소득을 조정하는 것을 '보상변화'라고 한다.

3) 소득효과

① X재의 가격이 하락하면 명목소득은 불변이나 실질소득이 증가한다.
② 실질소득이 증가하면 예산선이 바깥쪽으로 평행 이동하므로 균형점이 c점에서 b점으로 이동하고, X재의 수요량은 X_2에서 X_1으로 증가한다.

③ 이와 같이, 실질소득의 변화로 수요량이 변화하는 효과를 소득효과라고 한다.
④ X재가 정상재이므로 소득효과에 의해 X재의 수요량은 X_2에서 X_1으로 증가한다.

(2) 열등재

① 대체효과 : 대체효과에 의해 X재의 수요량이 X_0에서 X_2로 증가한다.
② 소득효과 : X재가 열등재이므로 소득효과에 의해 X재의 수요량이 X_2에서 X_1으로 감소한다.
③ 가격효과 : 열등재의 경우 수요량이 증가하는 대체효과가 수요량이 감소하는 소득효과보다 크므로 가격효과에 의해 X재의 수요량이 X_0에서 X_1으로 증가한다.

(3) 기펜재

① 대체효과 : 대체효과에 의해 X재의 수요량이 X_0에서 X_2로 증가한다.
② 소득효과 : 기펜재는 열등재이므로 소득효과에 의해 X재의 수요량이 X_2에서 X_1으로 감소한다.
③ 가격효과 : 기펜재의 경우 수요량이 감소하는 소득효과가 수요량이 증가하는 대체효과보다 크므로 가격효과에 의해 X재의 수요량이 X_0에서 X_1으로 감소한다.

재화의 종류에 따른 가격효과 　그림 6-18

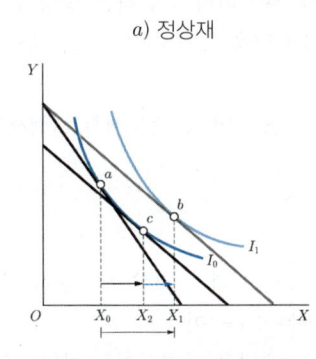
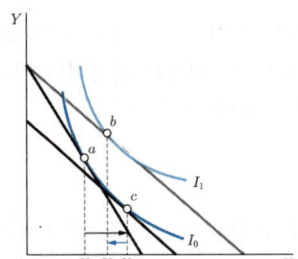
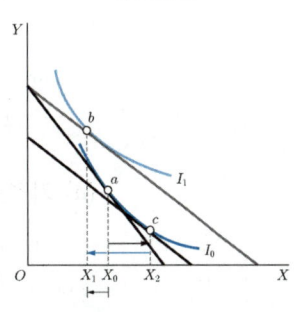

a) 정상재
- 대체효과($X_0 \rightarrow X_2$) … 수요량 증가
- 소득효과($X_2 \rightarrow X_1$) … 수요량 증가
- 가격효과($X_0 \rightarrow X_1$) … 수요량 증가

b) 열등재
- 대체효과($X_0 \rightarrow X_2$) … 수요량 증가
- 소득효과($X_2 \rightarrow X_1$) … 수요량 감소
- 가격효과($X_0 \rightarrow X_1$) … 수요량 증가
(대체효과>소득효과)

c) 기펜재
- 대체효과($X_0 \rightarrow X_2$) … 수요량 증가
- 소득효과($X_2 \rightarrow X_1$) … 수요량 감소
- 가격효과($X_0 \rightarrow X_1$) … 수요량 감소
(대체효과<소득효과)

3 가격효과 정리

(1) 개요
① 가격과 수요량의 변화 방향이 동일하면 양(+)으로, 반대이면 음(-)으로 정의한다.
② 가격이 하락하는 경우를 가정하였으므로 수요량이 감소하면 양(+), 수요량이 증가하면 음(-)이 된다.

$$
\begin{array}{l}
\text{대체효과}: P_X \downarrow \rightarrow \left(\dfrac{P_X}{P_Y}\right) \downarrow \rightarrow X\text{재 소비} \uparrow \quad (-) \\[1em]
\text{소득효과}: P_X \downarrow \rightarrow \text{실질소득} \uparrow
\begin{cases}
\text{정상재}: X\text{재 소비} \uparrow \quad (-) \quad\quad (-) \\
\text{열등재}: X\text{재 소비} \downarrow \quad (+) \quad\quad (-) \quad (\text{대체}>\text{소득}) \\
\text{기펜재}: X\text{재 소비} \downarrow \quad (+) \quad\quad (+) \quad (\text{대체}<\text{소득})
\end{cases}
\end{array}
$$

가격효과

(2) 대체효과
① 대체효과는 언제나 상대가격이 하락한 재화의 수요량을 증가시키는 방향으로 작용한다. 그러므로 대체효과는 재화의 종류에 관계없이 항상 음(-)이다.
② 단, 두 재화가 완전보완재 관계일 경우에는 대체효과가 0이 된다.

(3) 소득효과
① 소득효과는 고려 대상이 되는 재화의 종류에 따라 작용하는 방향이 달라진다. 정상재의 경우에는 실질소득의 증가가 수요량을 증가시키나, 열등재와 기펜재의 경우에는 반대로 수요량을 감소시킨다.
② 그러므로 소득효과는 정상재의 경우에는 음(-)이고, 열등재와 기펜재의 경우에는 양(+)이다.

(4) 가격효과
① 정상재의 경우 가격하락 시 대체효과와 소득효과가 모두 수요량을 증가시키는 방향으로 작용하므로 정상재의 가격효과는 음(-)이다.
② 열등재의 경우 가격하락 시 대체효과는 수요량을 증가시키는 반면, 소득효과는 수요량을 감소시키는 방향으로 작용하는데 대체효과가 소득효과보다 크므로 열등재의 가격효과는 음(-)이다.
③ 기펜재의 경우 가격하락 시 대체효과는 수요량을 증가시키는 반면, 소득효과는 수요량을 감소시키는 방향으로 작용하는데 소득효과가 대체효과보다 크므로 기펜재의 가격효과는 양(+)이다.

➕ 기펜재(Giffen goods)란 열등재 중에서 소득효과가 대체효과보다 더 큰 재화를 말한다.
→ 기펜재의 통상적인 수요곡선은 우상향한다(수요의 법칙의 예외).
　ⓒ 기펜재의 보상수요곡선은 다른 재화와 마찬가지로 우하향한다.
→ 모든 기펜재는 열등재이지만, 모든 열등재가 기펜재는 아니다(정상재는 기펜재가 될 수 없음).

(5) 가격효과 정리

① 정상재는 대체효과와 소득효과가 같은 방향으로 작용한다.
② 열등재는 대체효과와 소득효과가 반대 방향으로 작용한다.
③ 기펜재는 열등재 중에서 소득효과가 대체효과보다 더 큰 재화이다.
④ 대체효과는 재화의 종류에 관계없이 항상 음(−)이다.

재 화	대체효과	소득효과	가격효과	비 고
정상재	−	−	−	
열등재	−	+	−	대체효과>소득효과
기펜재	−	+	+	대체효과<소득효과

> **심화** ▶ 두 재화가 완전보완재 관계일 때의 가격효과
>
> ① 최초의 균형점인 a점에서 X재의 가격하락으로 인해 소비자균형점이 b점으로 이동하였다고 하자.
> ② 대체효과를 찾기 위해 X재 가격하락 이후의 예산선과 평행하면서 가격하락 이전의 무차별곡선 I_0와 접하도록 보조 예산선을 그려보면 상대가격 변화 이후에도 여전히 균형점은 a점이므로 대체효과가 0이 된다.
> ③ 두 재화가 완전보완재 관계이면 대체효과가 0이므로 가격효과와 소득효과가 일치한다(가격효과=소득효과).
>   ✥ 가격효과와 소득효과가 일치하므로 가격소비곡선과 소득소비곡선이 일치한다.
> ④ X재의 가격하락 시 수요량이 X_0에서 X_1으로 증가한 것은 전부 가격하락으로 인한 실질소득 증가에 의한 것이다.
>
>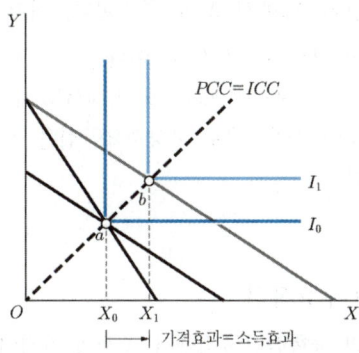

4 통상적인 수요곡선과 보상수요곡선

(1) 통상적인 수요곡선(D)

① 통상적인 수요곡선(ordinary demand curve)이란 명목소득이 일정할 때 재화의 가격변화에 따른 수요량의 변화를 나타내는 곡선으로, 가격효과를 반영하여 도출한 수요곡선이다.
② 그러므로 통상적인 수요곡선상의 각 점에서 명목소득은 일정하게 유지되나, 소득효과로 인해 실질소득(효용수준)은 달라진다.
   → 소비자잉여, 초과부담 등의 측정 시 과대(과소)평가의 가능성이 존재한다.
③ 통상적인 수요곡선을 보통수요곡선 혹은 마샬수요곡선이라고도 한다.

☑ **통상적인 수요곡선**
- 재화의 가격변화에 따른 수요량의 변화(가격효과)를 나타내는 일반적인 수요곡선
- 정상재와 열등재의 경우 우하향하나, 기펜재의 경우에는 우상향한다.

(2) 보상수요곡선(D^h)

① 보상수요곡선(compensated demand curve)이란 실질소득의 변화에 따른 소득효과를 제거하고 대체효과만을 반영하여 도출한 수요곡선이다.

✚ 소득효과가 0이면 통상적인 수요곡선과 보상수요곡선이 일치한다.

② 그러므로 보상수요곡선상의 모든 점에서 실질소득(효용수준)은 일정하게 유지된다.
→ 소비자잉여, 초과부담 등의 정확한 측정이 가능하다.

③ 보상수요곡선을 힉스수요곡선이라고도 한다.

보상수요곡선
- 실질소득의 변화에 따른 소득효과를 제거하고 대체효과만을 반영하여 도출한 수요곡선
- 재화의 종류에 관계없이 항상 우하향한다.

5 재화의 종류에 따른 통상적인 수요곡선과 보상수요곡선

(1) 정상재

1) 통상적인 수요곡선

① 최초의 균형점인 a점에서 X재의 가격이 하락하면 새로운 소비자균형점은 b점이 되고, X재의 수요량은 X_0에서 X_1으로 증가한다. 이러한 가격효과를 반영하여 도출한 수요곡선이 통상적인 수요곡선(D)이다.

② 정상재의 경우 통상적인 수요곡선은 우하향한다.

2) 보상수요곡선

① X재 가격하락 시 대체효과에 의해 균형점이 a점에서 c점으로 이동하고, X재 수요량이 X_0에서 X_2로 증가한다. 이러한 대체효과만을 반영하여 도출한 수요곡선이 보상수요곡선(D^h)이다.

② 정상재의 경우 대체효과에 의해서도 수요량이 증가하고, 소득효과에 의해서도 수요량이 증가하므로 보상수요곡선은 통상적인 수요곡선보다 더 가파르게 우하향한다.

정상재의 경우 통상적인 수요곡선이 보상수요곡선보다 완만하다.

(2) 열등재

1) 통상적인 수요곡선

① 최초의 균형점인 a점에서 X재의 가격이 하락하면 새로운 소비자균형점은 b점이 되고, X재의 수요량은 X_0에서 X_1으로 증가한다. 이러한 가격효과를 반영하여 도출한 수요곡선이 통상적인 수요곡선(D)이다.

② 열등재의 경우 통상적인 수요곡선은 정상재의 경우와 마찬가지로 우하향한다.

2) 보상수요곡선

① X재 가격하락 시 대체효과에 의해 균형점이 a점에서 c점으로 이동하고, X재 수요량이 X_0에서 X_2로 증가한다. 이러한 대체효과만을 반영하여 도출한 수요곡선이 보상수요곡선(D^h)이다.

② 열등재의 경우 대체효과에 의해서는 수요량이 증가하고, 소득효과에 의해서는 수요량이 감소하므로 보상수요곡선은 통상적인 수요곡선보다 더 완만하게 우하향한다.

열등재의 경우 통상적인 수요곡선이 보상수요곡선보다 가파르다.

(3) 기펜재

1) 통상적인 수요곡선

① 최초의 균형점인 a점에서 X재의 가격이 하락하면 새로운 소비자균형점은 b점이 되고, X재의 수요량은 X_0에서 X_1으로 감소한다. 이러한 가격효과를 반영하여 도출한 수요곡선이 통상적인 수요곡선(D)이다.

② 기펜재의 경우 소득효과가 대체효과보다 크므로 통상적인 수요곡선은 우상향한다. 즉, 기펜재의 통상적인 수요곡선은 수요의 법칙을 위배한다.

2) 보상수요곡선

① X재 가격하락 시 대체효과에 의해 균형점이 a점에서 c점으로 이동하고, X재 수요량이 X_0에서 X_2로 증가한다. 이러한 대체효과만을 반영하여 도출한 수요곡선이 보상수요곡선(D^h)이다.

② 기펜재의 경우에도 대체효과는 수요량을 증가시키는 방향으로 작용하므로 보상수요곡선은 우하향한다. 즉, 기펜재의 보상수요곡선은 수요의 법칙을 충족한다.

☑ 기펜재의 경우 통상적인 수요곡선은 우상향하고, 보상수요곡선은 우하향한다.

재화의 종류에 따른 통상적인 수요곡선과 보상수요곡선 | 그림 6-19

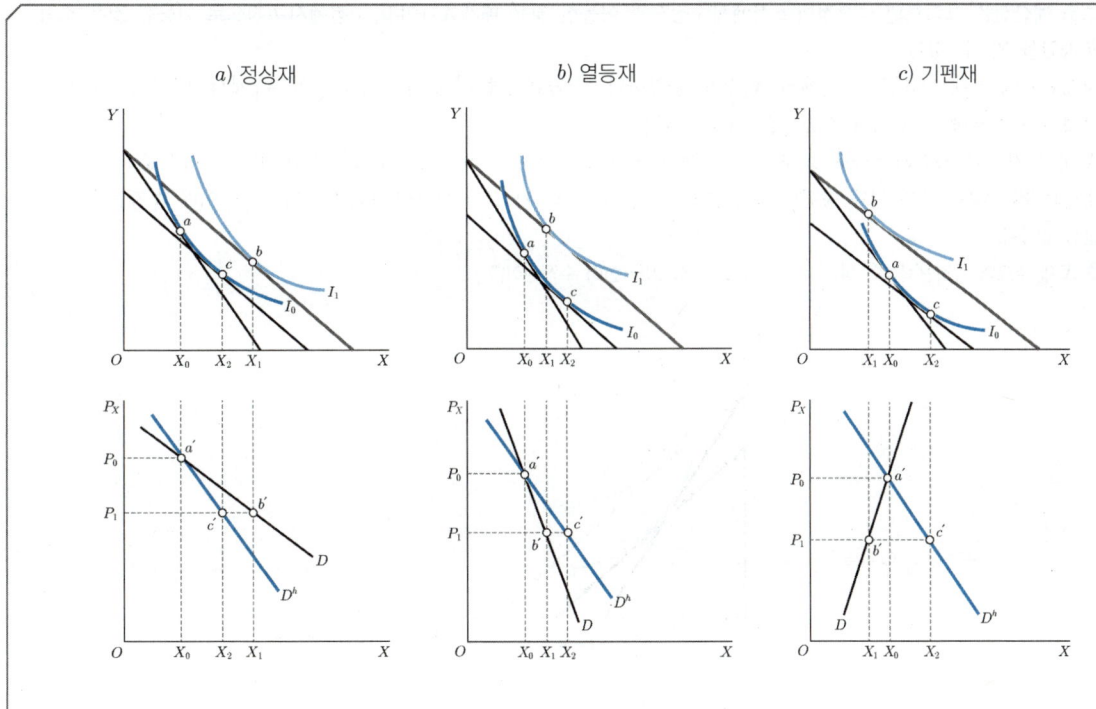

참고 ▶ 소비자잉여의 측정

① 소비자잉여는 시장의 거래에서 소비자가 얻는 이득(효용)의 크기를 화폐액으로 측정한 것이다. 이러한 소비자잉여를 보다 정확히 측정하기 위해서는 통상적인 수요곡선이 아니라 보상수요곡선을 사용해야 한다.
② 보상수요곡선상의 모든 점에서 실질소득(효용수준)은 일정하게 유지되므로 보상수요곡선 하방의 면적이 소비자가 최대한 지불할 용의가 있는 금액을 나타낸다.
③ 반면, 통상적인 수요곡선상의 각 점에서는 소득효과로 인해 실질소득(효용수준)이 달라지므로 통상적인 수요곡선 하방의 면적이 소비자가 최대한 지불할 용의가 있는 금액이라고 말하는 것은 타당성이 떨어진다.
④ 그러므로 소비자잉여는 통상적인 수요곡선이 아니라 보상수요곡선을 사용해야 정확한 측정이 가능하다.
⑤ 소득효과가 0이거나 매우 작을 경우에는 양자 간 구별이 별 의미가 없게 된다. 실제로도 소득효과가 그리 크지 않기 때문에 통상적인 수요곡선을 사용하여 소비자잉여를 측정하더라도 별 문제는 없는 것으로 알려져 있다.
✚ 소득효과가 0이면 보상수요곡선이 통상적인 수요곡선과 일치한다.

심화 ▶ 가격하락 이후에도 수요량이 불변일 때의 가격효과

① 최초의 균형점인 a점에서 X재의 가격하락으로 인해 소비자균형점이 b점으로 이동하였다면 가격하락 이후에도 X재의 수요량은 변하지 않는다.
② 대체효과를 찾기 위해 X재 가격하락 이후의 예산선과 평행하면서 가격하락 이전의 무차별곡선 I_0와 접하도록 보조 예산선을 그려보면 균형점이 a점에서 c점으로 이동한 것은 대체효과이고, c점에서 b점으로 이동한 것은 소득효과임을 알 수 있다.
③ 대체효과에 의해 수요량이 X_0에서 X_1으로 증가하나, 소득효과에 의해 다시 수요량이 X_1에서 X_0로 감소하므로 가격하락 이후에도 X재의 수요량은 변하지 않는다.
④ X재의 가격이 하락하더라도 X재의 수요량이 변하지 않으므로 가격효과가 0이다(대체효과+소득효과=0).
⑤ 대체효과와 소득효과가 반대 방향으로 작용하면서 절대적 크기가 같을 때 가격효과가 0이 되며, 이때 X재는 반드시 열등재이다.
✚ X재 수요의 가격탄력성이 0($\varepsilon^X = 0$)이므로 가격소비곡선이 수직선이다.

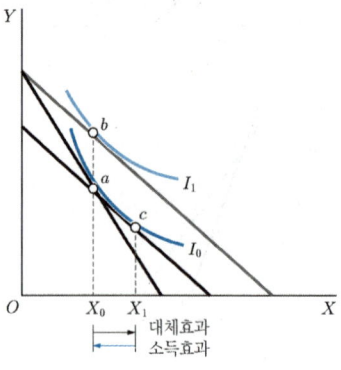

제7절 보상변화와 동등변화

1 보상변화

(1) 개념

① 보상변화(Compensating Variation ; CV)란 가격변화 이후의 소비자의 효용수준을 가격변화 이전의 수준으로 되돌려놓기 위해 필요한 소득의 크기를 말한다.
② 보상변화는 변화 후 가격을 기준으로 소비자의 후생(효용)상의 변화를 평가하는 방법이다.

> ☑ **보상변화**
> • 변화 후 가격 기준
> • 변화 전 효용 도달

(2) 설명

① 아래 그림 a)에서 보는 것처럼 최초의 균형점인 a점에서 X재의 가격하락으로 인해 소비자균형점이 b점으로 이동하였다고 하자.
② 가격변화 이후의 소비자의 효용수준(I_1)을 가격변화 이전의 수준(I_0)으로 되돌려놓기 위해 X재 가격하락 이후의 예산선(선분 AC)과 평행하면서 가격하락 이전의 무차별곡선 I_0와 접하도록 보조 예산선(선분 DE)을 그려보면 균형점 c점이 도출된다.
③ 이때 필요한 소득의 크기를 Y재 단위수로 측정하면 선분 AD의 길이가 되는데, 이를 보상변화라고 한다.
④ 가격이 하락할 경우 가격하락 이전과 동일한 효용을 얻도록 하려면 소득을 감소시켜야 하므로 보상변화는 음(−)의 값을 갖는다.
　✚ 반대로, 가격이 상승할 경우 보상변화는 양(+)의 값을 갖는다.

보상변화　　그림 6-20

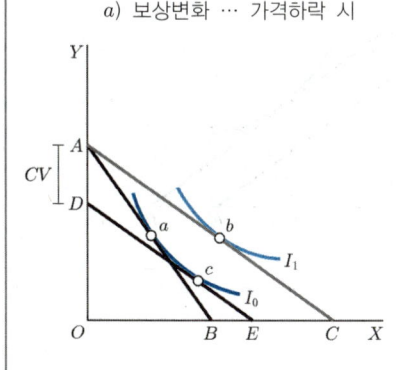
a) 보상변화 … 가격하락 시

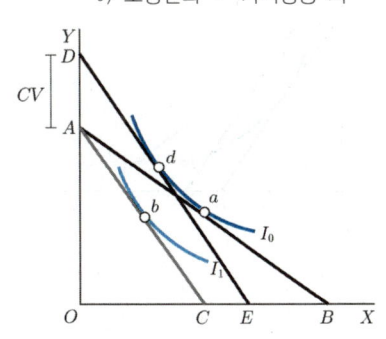
b) 보상변화 … 가격상승 시

가격변화 이후의 소비자의 효용수준(I_1)을 가격변화 이전의 수준(I_0)으로 되돌려놓기 위해서는 선분 AD의 길이만큼 소득을 변화시켜야 하는데, 이를 보상변화라고 한다.

2 동등변화

(1) 개념

☑ 동등변화
- 변화 전 가격 기준
- 변화 후 효용 도달

① 동등변화(Equivalent Variation ; EV)란 가격변화 이전의 소비자의 효용수준을 가격변화 이후의 새로운 수준으로 옮겨놓기 위해 필요한 소득의 크기를 말한다.
② 동등변화는 변화 전 가격을 기준으로 소비자의 후생(효용)상의 변화를 평가하는 방법이다.

(2) 설명

① 아래 그림 a)에서 보는 것처럼 최초의 균형점인 a점에서 X재의 가격하락으로 인해 소비자균형점이 b점으로 이동하였다고 하자.
② 가격변화 이전의 소비자의 효용수준(I_0)을 가격변화 이후의 새로운 수준(I_1)으로 옮겨놓기 위해 X재 가격하락 이전의 예산선(선분 AB)과 평행하면서 가격하락 이후의 무차별곡선 I_1과 접하도록 보조 예산선(선분 DE)을 그려보면 균형점 c점이 도출된다.
③ 이때 필요한 소득의 크기를 Y재 단위수로 측정하면 선분 AD의 길이가 되는데, 이를 동등변화(대등변화)라고 한다.
④ 가격이 하락할 경우 가격하락 이후와 동일한 효용을 얻도록 하려면 소득을 증가시켜야 하므로 동등변화는 양(+)의 값을 갖는다.
　✥ 반대로, 가격이 상승할 경우 동등변화는 음(-)의 값을 갖는다.

그림 6-21 동등변화

가격변화 이전의 소비자의 효용수준(I_0)을 가격변화 이후의 새로운 수준(I_1)으로 옮겨놓기 위해서는 선분 AD의 길이만큼 소득을 변화시켜야 하는데, 이를 동등변화(대등변화)라고 한다.

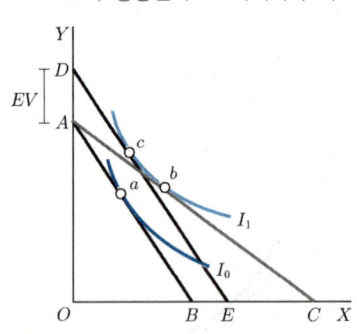
a) 동등변화 … 가격하락 시

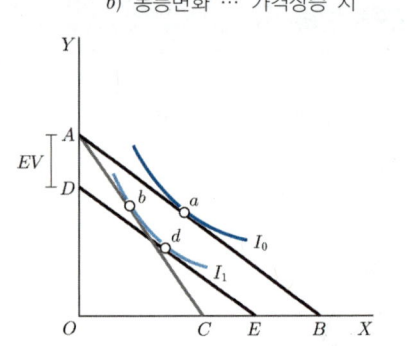
b) 동등변화 … 가격상승 시

재화 X의 가격이 상승할 때 나타나는 효과에 대한 서술로 가장 옳은 것은?
① 재화 X와 대체관계에 있는 재화 Y의 가격은 하락한다.
② 재화 X와 보완관계에 있는 재화 Y의 수요량은 증가한다.
③ 재화 X가 정상재라면 수요량은 감소한다.
④ 재화 X가 열등재라면 수요량은 증가한다.

💡 해설
① |×| X재 가격이 상승하면 대체재인 Y재 수요가 증가하므로 Y재 가격이 상승한다.
② |×| X재 가격이 상승하면 보완재인 Y재 수요가 감소하므로 Y재 가격이 하락한다.
③ |○| X재가 정상재일 때 X재 가격이 상승하면 대체효과와 소득효과 모두에 의해 X재 수요량이 감소한다. 그러므로 X재 수요량은 반드시 감소한다.
④ |×| X재가 열등재일 때 X재 가격이 상승하면 대체효과에 의해서는 X재 수요량이 감소하고, 소득효과에 의해서는 X재 수요량이 증가한다. 그러므로 X재 수요량은 대체효과와 소득효과의 상대적 크기에 따라 증가할 수도 있고, 감소할 수도 있다. 만약 대체효과가 소득효과보다 크면 X재 수요량은 감소하나, 소득효과가 대체효과보다 큰 기펜재라면 X재 수요량은 오히려 증가한다.

- 대체효과 : $P_X \uparrow \;\to\; \left(\dfrac{P_X}{P_Y}\right) \uparrow \;\to\;$ X재 소비 ↓
- 소득효과 : $P_X \uparrow \;\to\;$ 실질소득 ↓ ┌ 정상재 : X재 소비 ↓
　　　　　　　　　　　　　　　　　　　├ 열등재 : X재 소비 ↑
　　　　　　　　　　　　　　　　　　　└ 기펜재 : X재 소비 ↑

따라서 ③번이 옳다.

 두 재화 X, Y만을 구매하여 효용을 극대화하는 소비자가 있다. X재는 정상재인 반면 Y재는 열등재이다. X재 가격이 상승할 때 두 재화의 구매량 변화는?

💡 해설
X재 가격이 상승하면 X의 상대가격이 상승하므로 대체효과에 의해 X재 소비가 감소하고 Y재 소비가 증가한다. 한편, X재 가격의 상승으로 실질소득이 감소하면 소득효과에 의해 정상재인 X재 소비는 감소하고 열등재인 Y재 소비는 증가한다. 그러므로 대체효과와 소득효과 모두에 의해 X재 소비는 감소하고 Y재 소비는 증가한다.

- 대체효과 : $P_X \uparrow \;\to\; \left(\dfrac{P_X}{P_Y}\right) \uparrow \;\to\;$ X재 소비 ↓ (Y재 소비 ↑)
- 소득효과 : $P_X \uparrow \;\to\;$ 실질소득 ↓ ┌ 정상재 : X재 소비 ↓
　　　　　　　　　　　　　　　　　　　└ 열등재 : Y재 소비 ↑

CHAPTER 07 소비자이론의 응용

제1절 사회보장제도

1 사회보장제도의 유형

(1) 현금보조

① 현금보조(cash transfer)란 정부가 저소득층에게 일정액의 보조금을 현금의 형태로 지급하는 방식을 말한다.
② 현금보조는 소득이 증가한 것과 동일한 효과를 나타내므로, 현금보조가 이루어지면 예산선이 바깥쪽으로 평행 이동한다.

(2) 현물보조

① 현물보조(in-kind transfer)란 정부가 저소득층에게 특정한 재화(예 식료품)를 직접 제공하거나, 그 재화를 구입할 수 있는 상품권(바우처, voucher)을 지급하는 방식을 말한다.
② X재에 대한 현물보조가 이루어지면 예산선이 우측으로 평행 이동한다.
  ✚ Y재에 대한 현물보조가 이루어지면 예산선이 상방으로 평행 이동한다.
③ 현금보조 시에는 구입 가능했던 소비영역이 현물보조 시에는 일부 구입 불가능해지므로 현금보조 시보다 소비가능영역이 작아진다.

(3) 가격보조

① 가격보조(price subsidy)란 정부가 저소득층이 구입하는 재화가격의 일정 비율을 보조하는 방식을 말한다.
② 가격보조는 보조대상 재화의 가격이 하락한 것과 동일한 효과를 나타내므로, X재에 대한 가격보조가 이루어지면 예산선이 X축 바깥쪽으로 회전 이동한다.
  ✚ Y재에 대한 가격보조가 이루어지면 예산선이 Y축 바깥쪽으로 회전 이동한다.

| 보조의 유형 | 그림 7-1 |

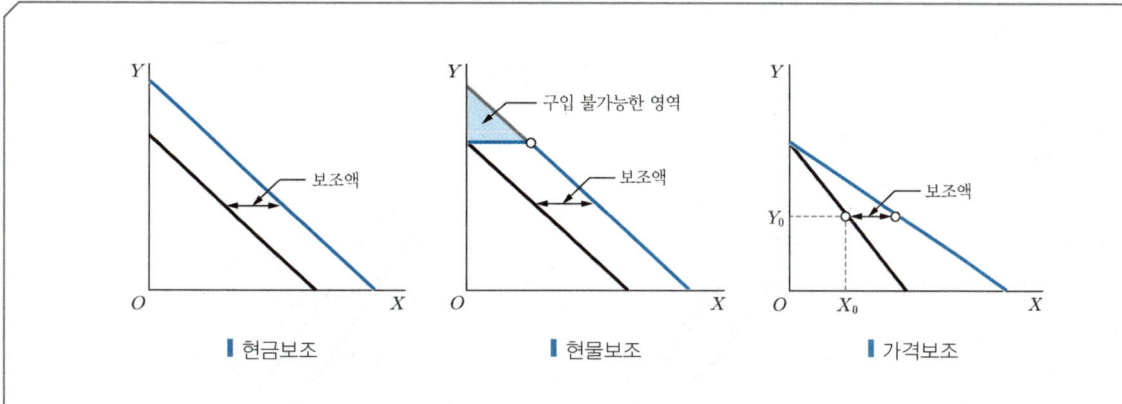

2 현금보조와 현물보조

(1) 예산선의 변화

① 현금보조는 소득이 증가한 것과 동일한 효과를 나타내므로, 현금보조 시 예산선은 바깥쪽으로 평행 이동하고, 소비자가 구입 가능한 예산집합은 $\triangle OCD$이다.

② 현금보조를 할 때와 동일한 금액의 X재에 대한 현물보조 시 예산선은 우측으로 평행 이동하고, 소비자가 구입 가능한 예산집합은 $\triangle OCD$에서 $\triangle ACG$를 제외한 영역이다.

③ 현물보조 시에는 현금보조 시보다 소비자가 구입 가능한 예산집합, 즉 소비가능 영역이 작아진다.
   → 이는 X재에 대한 현물보조 시 X재 구입량은 보조의 크기만큼 최대치가 증가하지만, Y재 구입량의 최대치는 현물보조 이전과 동일하기 때문이다.

(2) 보조의 효과

① 소비자의 선호체계에 따라 현금보조와 현물보조의 효과는 동일하거나, 서로 다를 수 있다.

② 소비자의 선호체계가 그림 7-2 a)와 같이 주어진다면 어떤 방식의 보조가 이루어지든 무차별곡선 I_1상의 F점을 선택할 것이므로 두 보조의 효과가 완전히 동일하다. 즉, 소비자의 후생 측면과 특정 목적의 달성(X재 소비량 증가) 측면 모두에서 동일한 효과를 가져온다.

③ 반면, 소비자가 Y재(예 술, 담배)를 매우 선호하여 소비자의 선호체계가 그림 7-2 b)와 같이 주어진다면 두 보조의 효과가 상이하다.

④ 현금보조 시에는 무차별곡선 I_2상의 F점을 선택하겠지만, 현물보조 시에는 무차별곡선 I_1상의 G점을 선택할 것이므로 소비자의 후생 측면에서는 현금보조가 우월하나, 특정 목적의 달성(X재 소비량 증가) 측면에서는 현물보조가 우월하다.

그림 7-2 현금보조와 현물보조

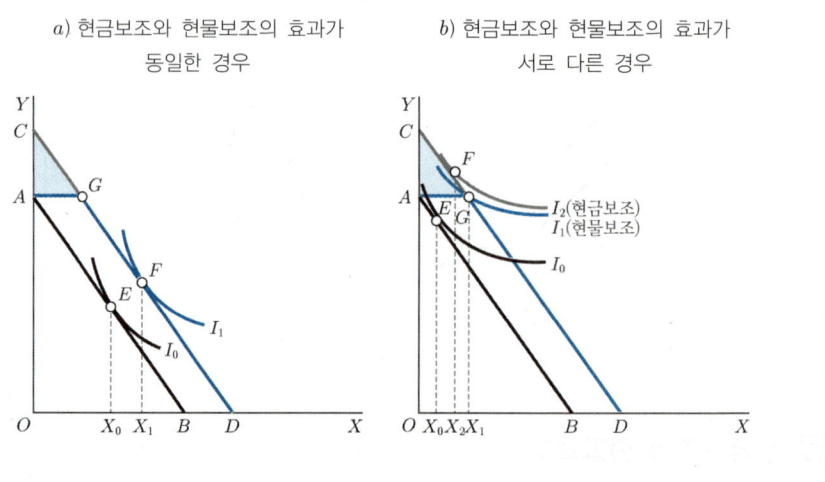

- 그림 a) … 두 보조방식이 소비자의 후생 측면과 특정 목적의 달성(X재 소비량 증가) 측면 모두에서 동일한 효과를 가져온다.

- 그림 b) … 소비자의 후생 측면에서는 현금보조가 우월하나, 특정 목적의 달성(X재 소비량 증가) 측면에서는 현물보조가 우월하다.

3 현금보조와 가격보조

(1) 예산선의 변화

① 가격보조는 보조대상 재화의 가격이 하락한 것과 동일한 효과를 나타내므로, X재에 대한 가격보조 시 예산선은 X축 바깥쪽으로 회전 이동하고, 소비자의 효용은 I_1으로 증가한다.

② 가격보조하에서 실제로 지급되는 보조금의 크기는 소비자가 가격보조 이후의 예산선(선분 AB')상의 어떤 점을 선택하느냐에 따라 달라진다. 이 경우 소비자가 G점을 선택하였으므로 가격보조 시 보조금의 크기를 X재 단위수로 나타내면 선분 GH의 길이가 된다.

→ 가격보조 이전에는 H점밖에 선택할 수 없었으나 이제 G점을 선택할 수 있게 되었다는 것은 정부가 선분 GH의 길이에 해당하는 만큼의 X재를 보조해 주었다는 뜻이다. 이런 뜻에서 선분 GH의 길이가 가격보조하에서의 실질적 보조금의 크기를 X재 단위수로 나타낸 것이라고 할 수 있다.

✚ 동일한 논리로 가격보조 시 보조금의 크기를 Y재 단위수로 나타내면 선분 GJ의 길이가 된다.

③ 가격보조를 할 때와 동일한 금액의 현금보조 시 최초의 예산선(선분 AB)과 평행하면서 G점을 지나는 예산선(선분 CD)이 도출되고, 소비자의 효용수준은 I_2로 증가한다.

(2) 보조의 효과

① 동액의 보조가 이루어질 때 현금보조 시(I_2)가 가격보조 시(I_1)보다 소비자에게 더 큰 효용을 주므로 소비자의 후생 측면에서 현금보조가 가격보조보다 우월하다.

→ 무차별곡선은 서로 교차하지 않으므로 동액의 현금보조로 인해 예산선이 G 점을 지나는 우하향의 직선이 되면 균형점은 F점과 같이 G점보다 좌상방에 위치하게 된다.
② 그러나 특정 목적의 달성 측면(X재 소비량 증가)에서는 가격보조가 현금보조보다 우월하다.
③ 현금보조는 예산선의 기울기, 즉 상대가격비율을 일정하게 유지하면서 보조를 해 주는 데 비해 가격보조는 상대가격비율을 변화시킨다. 따라서 가격보조가 이루어질 때 소비자의 선택행위는 상대가격체계의 변화에 의해 교란되며, 이로 인해 사회적 후생손실을 초래하게 된다.
→ 가격보조는 상대가격체계를 교란시켜 소비자가 보조대상 재화를 필요 이상으로 구입하게 만들기 때문에 효용수준이 현금보조보다 낮아지게 된다.

현금보조와 가격보조 그림 7-3

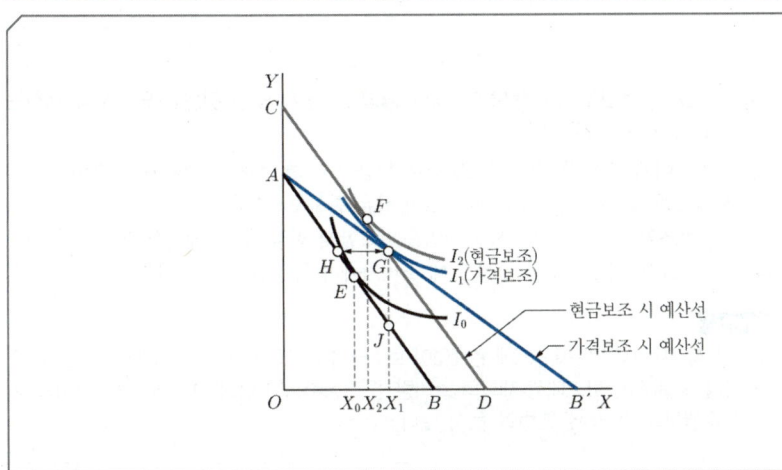

소비자의 후생 측면에서는 현금보조가 우월하나, 특정 목적의 달성(X재 소비량 증가) 측면에서는 가격보조가 우월하다.

4 세 가지 보조제도의 비교

(1) 소비자가 Y재에 대한 선호도가 높은 경우
① 소비자의 후생 측면에서 현금보조가 가장 우월하고, 다음으로 현물보조, 가격보조의 순이다.
② 특정 목적의 달성 측면(X재 소비량 증가)에서 가격보조가 가장 우월하고, 다음으로 현물보조, 현금보조의 순이다.

(2) 소비자가 Y재에 대한 선호도가 낮은 경우
① 소비자의 후생 측면에서 현금보조와 현물보조가 동일하게 가격보조보다 우월하다.
② 특정 목적의 달성 측면(X재 소비량 증가)에서 가격보조가 가장 우월하고, 현물보조와 현금보조는 동일하다.

▼ 보조제도의 비교
- 소비자의 후생 측면
  : 현금 ≥ 현물 > 가격
- 특정 목적의 달성 측면
  : 현금 ≤ 현물 < 가격

그림 7-4 세 가지 보조제도의 비교

- 그림 a) ··· 소비자의 후생 측면에서 현금보조>현물보조>가격보조이고, 특정 목적의 달성 측면(X재 소비량 증가)에서 가격보조>현물보조>현금보조이다.

- 그림 b) ··· 소비자의 후생 측면에서 현금보조=현물보조>가격보조이고, 특정 목적의 달성 측면(X재 소비량 증가)에서 가격보조>현물보조=현금보조이다.

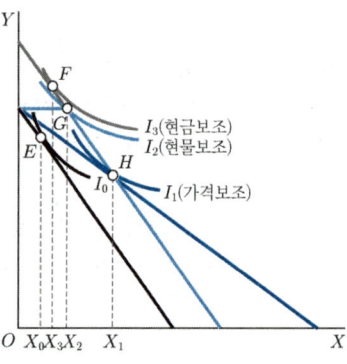
a) Y재에 대한 선호도가 높은 경우

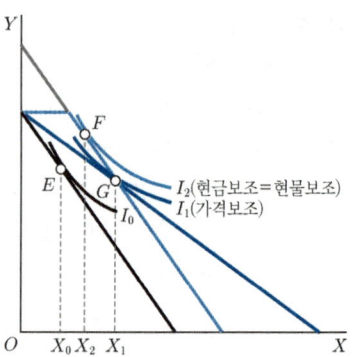
b) Y재에 대한 선호도가 낮은 경우

예제

현금보조와 현물보조, 가격보조에 대한 설명 중 옳지 않은 것은? (단, X축 재화는 쌀, Y축 재화는 소주이다.)
① 소비자에게 가장 유리한 보조방식은 현금보조, 현물보조, 가격보조 순이다.
② 정부정책 달성에 가장 유용한 보조방식은 현물보조이다.
③ 현금보조와 현물보조의 예산선 영역을 비교할 때 현금보조의 예산선 면적이 더 크다.
④ 현금보조와 현물보조를 실시할 때 소비자에게 동일한 효용을 가져다 줄 수 있다.

해설
재화가 정상재인지 열등재인지에 관계없이 보조금 수혜자의 효용수준 측면에서는 현금보조가 가장 우월하고, 보조대상 재화의 소비량 증가(정부정책 달성) 측면에서는 가격보조가 가장 우월하다. 따라서 ②번이 옳지 않다.

예제

사회복지정책에 대한 설명 중 옳지 않은 것은?
① 소득보조는 대체효과가 존재하지 않는다.
② 가격보조는 소득효과가 존재하지 않는다.
③ 생활필수품의 사용량을 증가시키기 위해서는 현금보조보다 가격보조를 해야 한다.
④ 수혜자의 입장에서는 가격보조보다 소득보조를 선호한다.

해설
① |O| 소득보조가 이루어지면 예산선이 바깥쪽으로 평행 이동하므로 소득효과만 발생하고, 대체효과는 발생하지 않는다.
② |X| 가격보조가 이루어지면 예산선이 바깥쪽으로 회전 이동하므로 대체효과와 소득효과가 모두 발생한다.
③, ④ |O| 보조금 수혜자의 효용수준 측면에서는 소득보조를 실시하는 것이 바람직하고, 생활필수품의 소비량 증가 측면에서는 가격보조를 실시하는 것이 바람직하다.
따라서 ②번이 옳지 않다.

제2절 이자율과 저축 및 소비

1 개요

① 주어진 소득에서 소비를 하고 남는 부분이 저축이므로 소비자가 주어진 소득 중 얼마를 소비할 것인가는 곧 소비와 저축 간 선택의 문제이다.
② 그런데 현재소비를 포기하고 저축을 하는 것은 미래소비를 위한 것이므로 소비와 저축 간 선택의 문제는 일정하게 주어진 현재소득을 현재소비와 미래소비 사이에 어떻게 배분할 것인가에 대한 시점 간 소비선택의 문제이다.
③ 피셔(I. Fisher)에 의해 개발된 시점 간 소비선택모형(intertemporal consumption choice model)에 의하면 소비와 저축은 현재소득, 미래소득, 이자율 등을 고려하여 소비자의 효용극대화 관점에서 결정된다.
④ 여기서는 두 기간만으로 구성된 2기간 모형(two period model)을 통해 소비와 저축이 어떻게 결정되는지를 살펴보기로 한다.

2 예산제약식

(1) 가정

① 현재를 제1기, 미래를 제2기라고 한다.
② 현재소득은 Y_1, 미래소득은 Y_2로 주어져 있다.
③ 현재소비를 C_1, 미래소비를 C_2라고 한다.
④ 주어진 (실질)이자율(r)로 차입과 대출이 자유롭다.

(2) 예산제약식

① 미래소득 Y_2를 현재가치로 나타내면 $\dfrac{Y_2}{1+r}$이므로 총소득의 현재가치는 다음과 같다.

$$Y_1 + \frac{Y_2}{1+r}$$

② 미래소비 C_2를 현재가치로 나타내면 $\dfrac{C_2}{1+r}$이므로 총소비의 현재가치는 다음과 같다.

$$C_1 + \frac{C_2}{1+r}$$

③ 총소득의 현재가치와 총소비의 현재가치는 같아야 하므로 2기간 모형의 예산제약식은 다음과 같이 나타낼 수 있다.

$$Y_1 + \frac{Y_2}{1+r} = C_1 + \frac{C_2}{1+r}$$

④ 위의 식을 C_2에 대해 정리하면 예산선식이 도출된다.

$$C_2 = -(1+r)C_1 + [(1+r)Y_1 + Y_2]$$

⑤ 그러므로 예산선은 세로축 절편이 $[(1+r)Y_1 + Y_2]$이고, 기울기가 $-(1+r)$인 우하향의 직선이 된다. 이때 예산선은 1기 소득(Y_1)과 2기 소득(Y_2)을 나타내는 부존점 $\omega(Y_1, Y_2)$를 지나게 된다.

 각 기간의 소득을 각 기간에 전부 소비하는 것은 항상 가능하므로 부존점(endowment) ω는 반드시 예산선상의 한 점이 된다.

그림 7-5 예산선

예산선은 부존점을 지나면서 기울기가 $-(1+r)$인 우하향의 직선이다.

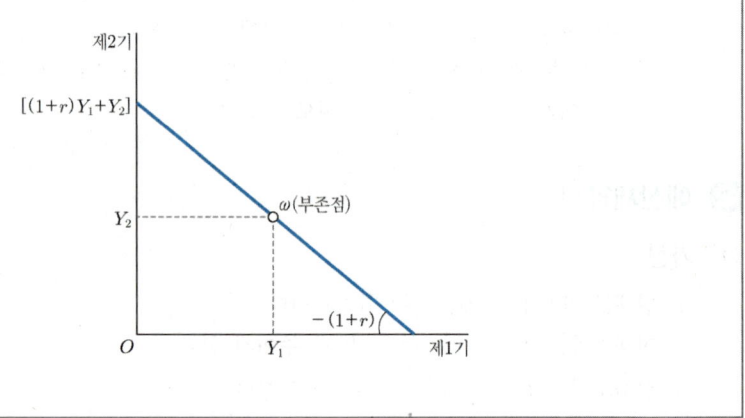

3 소비자균형

(1) 소비자균형 조건

① 소비자균형은 무차별곡선과 예산선이 접하는 점에서 달성된다.
② 무차별곡선의 기울기는 $MRS_{C_1C_2}$이고, 예산선의 기울기는 $(1+r)$이므로 소비자균형 조건(효용극대화 조건)은 다음과 같다.

$$MRS_{C_1C_2} = 1+r$$

③ 즉, 소비자균형에서는 현재소비와 미래소비에 대한 소비자의 주관적 교환비율인 한계대체율($MRS_{C_1C_2}$)과 현재소비와 미래소비 간의 객관적 교환비율인 상대가격비($1+r$)가 일치한다.

 현재소비를 1단위 증가시키려면 미래소비를 $(1+r)$단위 감소시켜야 한다. 이는 현재소비 1단위와 미래소비 $(1+r)$단위가 교환이 가능하다는 뜻이므로 예산선의 기울기(절댓값)인 $(1+r)$은 현재소비와 미래소비 간의 객관적 교환비율을 의미한다.

(2) 소비자 유형에 따른 소비자균형

① 소비자가 저축을 할 것인가 차입을 할 것인가의 여부는 무차별곡선의 형태와 부존점의 위치에 따라 달라진다.
② 즉, 소비자의 선호 및 부존점의 위치에 따라 저축자가 될 수도 있고, 차입자가 될 수도 있다.
③ 아래 그림에서 보는 것처럼 부존점(ω)의 좌측에 소비점이 위치하면 저축자가 되고, 부존점(ω)의 우측에 소비점이 위치하면 차입자가 된다.
  ✚ 부존점(ω)과 소비점이 일치하면 저축 혹은 차입을 하지 않는 경우에 해당한다.

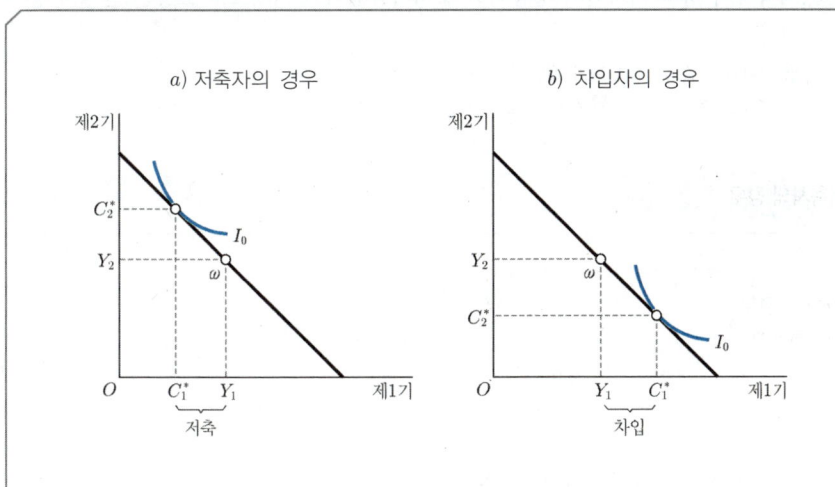

소비자 유형에 따른 소비자균형   그림 7-6

- 소비자균형에서는 $MRS_{C_1 C_2}$ $=1+r$이 성립한다.
- 소비자의 선호 및 부존점의 위치에 따라 저축자가 될 수도 있고, 차입자가 될 수도 있다.

4 이자율 상승의 효과

(1) 저축자의 경우

① 이자율이 상승하면 가로축 절편에 해당하는 총소득의 현재가치 $\left[Y_1+\dfrac{Y_2}{1+r}\right]$는 감소하고, 세로축 절편에 해당하는 총소득의 미래가치 $[(1+r)Y_1+Y_2]$는 증가한다. 그에 따라 예산선은 부존점(ω)을 중심으로 시계 방향으로 회전 이동한다.
  ✚ 이자율의 변화와 관계없이 각 기간의 소득을 각 기간에 전부 소비하는 것은 항상 가능하다. 그러므로 이자율이 변화하는 경우에도 예산선은 반드시 부존점(ω)을 지난다.
② 이자율이 상승하면 현재소비의 기회비용이 상승한다. 즉, 미래소비에 대한 현재소비의 상대가격이 상승하므로 대체효과는 현재소비를 감소시키고 미래소비를 증가시킨다.
  ✚ 예컨대, 이자율이 10%에서 20%로 상승하면 현재소비를 1단위 증가시키기 위해 포기해야 하는 미래소비가 1.1단위에서 1.2단위로 증가한다.

☑ 일반적으로 특별한 언급이 없는 한 현재소비와 미래소비가 모두 정상재인 것으로 가정한다.

③ 저축자의 경우 이자율이 상승하면 저축에 따른 이자수입이 증가하므로 실질소득이 증가한다. 현재소비와 미래소비가 모두 정상재일 때 이자율 상승으로 실질소득이 증가하면 소득효과는 현재소비와 미래소비를 모두 증가시킨다.
④ 그러므로 저축자의 경우 이자율이 상승할 때 현재소비는 대체효과와 소득효과의 상대적 크기에 따라 증감 여부가 불분명하나, 미래소비는 반드시 증가한다.
⑤ 이자율 상승이 저축에 미치는 영향은 현재소비에 미치는 영향과 반대 방향으로 작용한다. 그러므로 저축자의 경우 이자율이 상승할 때 저축은 대체효과와 소득효과의 상대적 크기에 따라 증감 여부가 불분명하다.
  → 대체효과가 소득효과보다 크다면 저축은 증가(현재소비는 감소)하고, 소득효과가 대체효과보다 크다면 저축은 감소(현재소비는 증가)한다.
⑥ 저축자의 경우 이자율이 상승하면 소비가능영역이 커지므로 효용은 반드시 증가한다.
  ➕ 이자율 상승 시 저축자가 차입자로 전환되는 경우는 발생하지 않는다.
    → 이자율 상승 시 저축자가 차입자로 전환되면 무차별곡선이 서로 교차하게 된다(이행성 위배).

그림 7-7 이자율 상승과 저축 … 저축자의 경우

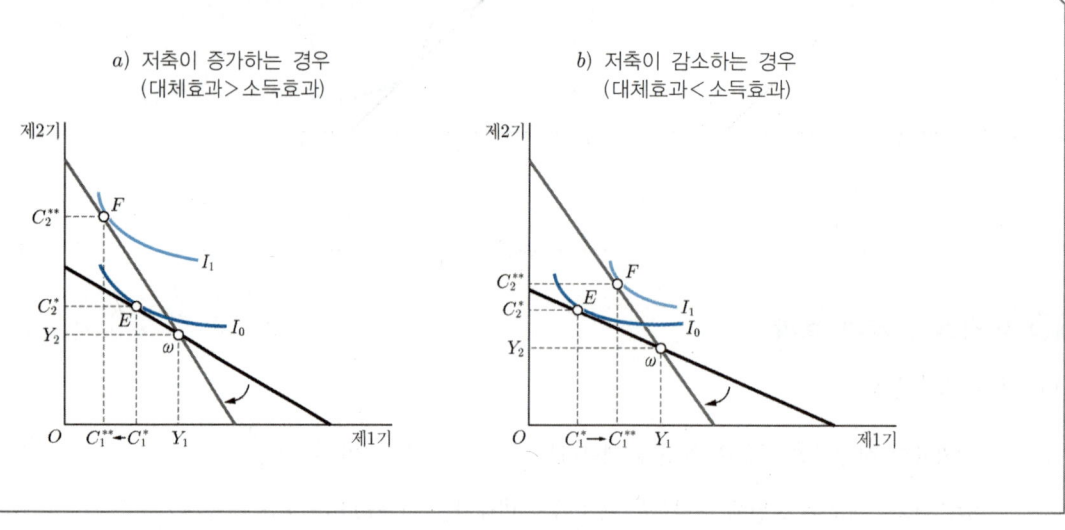

(2) 차입자의 경우

① 차입자의 경우 대체효과는 저축자의 경우와 동일하게 작용한다. 이자율이 상승하면 미래소비에 대한 현재소비의 상대가격이 상승하므로 대체효과는 현재소비를 감소시키고 미래소비를 증가시킨다.
② 차입자의 경우 이자율이 상승하면 차입에 따른 이자부담이 증가하므로 실질소득이 감소한다. 현재소비와 미래소비가 모두 정상재일 때 이자율 상승으로 실질소득이 감소하면 소득효과는 현재소비와 미래소비를 모두 감소시킨다.
③ 그러므로 차입자의 경우 이자율이 상승할 때 현재소비는 반드시 감소하나, 미래소비는 대체효과와 소득효과의 상대적 크기에 따라 증감 여부가 불분명하다.

④ 이자율 상승이 저축에 미치는 영향은 현재소비에 미치는 영향과 반대 방향으로 작용한다. 그러므로 차입자의 경우 이자율이 상승할 때 저축은 반드시 증가(현재소비는 반드시 감소)한다.
⑤ 차입자의 경우 이자율이 상승하면 소비가능영역이 작아지므로 이자율 상승 이후에도 계속 차입자의 위치를 고수한다면 효용은 반드시 감소한다.
⑥ 그러나 이자율 상승 시 차입자가 저축자로 전환되는 경우 효용의 증감 여부는 불분명하다.

이자율 상승 시 차입자가 저축자로 전환되는 경우   그림 7-8

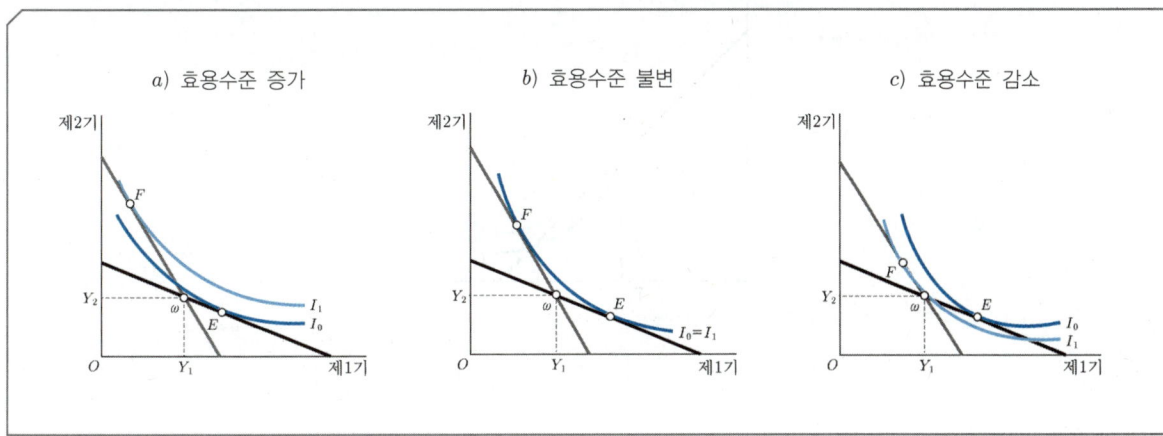

(3) 이자율 상승의 가격효과

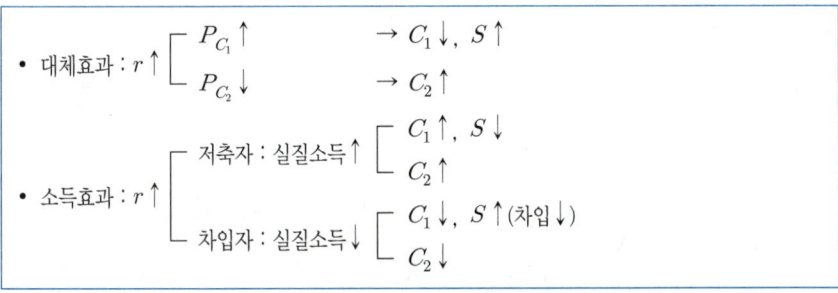

저축자	• 저축자의 경우 이자율 상승 시 저축의 증감 여부는 불분명하다. • 이자율이 상승하면 소비가능영역이 커지므로 저축자의 효용은 반드시 증가한다.
차입자	• 차입자의 경우 이자율 상승 시 저축은 반드시 증가한다. • 이자율이 상승하면 소비가능영역이 작아지므로 차입자의 위치를 고수할 경우 효용은 반드시 감소하나, 차입자가 저축자로 전환될 경우 효용의 증감 여부는 불분명하다.

심화 ▶ 차입제약이 존재할 때

① 피셔의 2기간 모형에서는 주어진 이자율로 차입과 대출이 자유롭다고 가정한다.
② 차입제약이란 차입을 통해 현재소득보다 더 많이 소비하기를 원하더라도 차입이 불가능한 상황을 말한다.
   ✚ 차입제약을 유동성제약(liquidity constraint)이라고도 한다.
③ 아래 그림에서 보는 것처럼 차입이 자유롭다면 E점에서 소비가 가능하겠지만, 차입제약이 존재하는 경우에는 부존점(ω)에서 소비할 수밖에 없다.
④ 그러므로 차입하기를 원하는 소비자에게 차입제약이 존재한다면 현재소득과 현재소비가 일치하게 되고, 차입제약이 존재하지 않는 경우에 비해 효용수준이 낮아지게 된다.

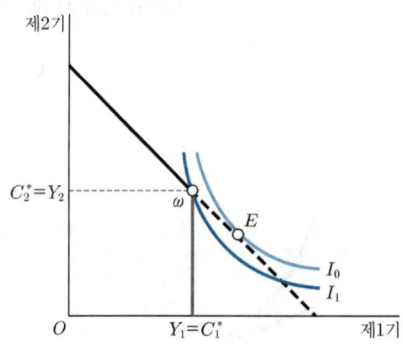

SUMMARY

01. (총)효용(TU)이란 일정 기간 동안 재화를 소비함으로써 얻는 주관적인 만족의 총량을 말한다.

02. 한계효용(MU)이란 재화 소비량이 1단위 증가할 때의 총효용의 증가분을 말한다.

03. 한계효용은 총효용을 미분한 값이며, 총효용곡선의 접선의 기울기로 측정된다.

$$MU_X = \frac{\Delta U}{\Delta X}, \ MU_Y = \frac{\Delta U}{\Delta Y}$$

04. 한계효용체감의 법칙이란 한 재화의 소비량이 증가함에 따라 그 재화의 한계효용이 감소하는 현상을 말한다.

05. 완비성(completeness)은 A가 B보다 선호($A > B$)되는지, B가 A보다 선호($B > A$)되는지, 또는 무차별($A \sim B$)한지를 판단할 수 있어야 한다는 것이다. 즉, 임의의 두 재화묶음 간의 선호 순서에 대한 판단이 불가능한 경우는 존재하지 않아야 함을 의미한다.

06. 이행성(transitivity)은 A가 B보다 선호($A > B$)되고, B가 C보다 선호($B > C$)되면 A가 C보다 선호($A > C$)되어야 한다는 것이다. 즉, 소비자의 선호 순서에 일관성이 있어야 함을 의미한다.

07. 단조성(monotonicity)은 재화 소비량이 증가하면 효용도 지속적으로 증가한다는 것으로서 "더 많을수록 더 좋다(다다익선, the more, the better)"라는 것을 의미한다.

08. 무차별곡선이란 소비자에게 동일한 수준의 효용을 주는 X재와 Y재의 조합점을 연결한 곡선을 말한다.

09. 무차별곡선은 우하향하고, 원점에서 멀수록 더욱 높은 효용수준을 나타내며, 교차하지 않는다. 또한, 원점에 대해 볼록한 형태를 갖는다.

10. 한계대체율(MRS_{XY})이란 동일한 효용수준을 유지하면서 X재 1단위를 추가로 소비하기 위해 포기해야 하는 Y재의 수량을 말한다.

11. 한계대체율은 X재와 Y재에 대한 소비자의 주관적 교환비율로, 무차별곡선의 접선의 기울기(절댓값)로 측정된다.

$$MRS_{XY} = -\frac{\Delta Y}{\Delta X} = \frac{MU_X}{MU_Y}$$

12. 한계대체율체감의 법칙이란 동일한 효용수준을 유지하면서 Y재를 X재로 대체해 감에 따라 한계대체율이 점점 감소하는 현상을 말한다.

13. 한계대체율이 클수록(무차별곡선이 가파를수록) 상대적으로 X재를 더 선호함을 의미한다.

14. 완전대체재의 효용함수는 $U = aX + bY$이고, 무차별곡선은 우하향의 직선 형태이다.

15. 완전보완재의 효용함수는 $U = \min[aX, bY]$이고, 무차별곡선은 L자 형태이다.

16. 예산선이란 주어진 소득으로 구입 가능한 X재와 Y재의 조합점을 연결한 선을 말한다.

17. 소비자가 주어진 소득을 전부 X재와 Y재 구입에 사용한다면 소비자의 예산제약식과 예산선식은 다음과 같이 나타낼 수 있다.

$$P_X X + P_Y Y = M \rightarrow Y = -\frac{P_X}{P_Y}X + \frac{M}{P_Y}$$

18. 소비자균형은 무차별곡선과 예산선이 접하는 점에서 달성되므로 소비자균형에서는 무차별곡선의 기울기(MRS_{XY})와 예산선의 기울기$\left(\frac{P_X}{P_Y}\right)$가 일치한다. 또한, 한계효용균등의 법칙이 성립한다.

$$MRS_{XY} = \frac{P_X}{P_Y} \rightarrow \frac{MU_X}{P_X} = \frac{MU_Y}{P_Y}$$

19. 가격효과(price effect)란 명목소득이 일정할 때 재화가격의 변화에 따라 수요량이 변화하는 효과를 말한다.

20. 대체효과(substitution effect)란 실질소득이 불변인 상태에서 상대가격의 변화로 수요량이 변화하는 효과를 말한다.

21. 소득효과(income effect)란 상대가격이 불변인 상태에서 실질소득의 변화로 수요량이 변화하는 효과를 말한다.

22. 가격효과 = 대체효과 + 소득효과

```
                                                                    가격효과
대체효과 : P_X↓ → (P_X/P_Y)↓ →         X재 소비↑ (−)
                                   ┌ 정상재 : X재 소비↑ (−)      (−)
소득효과 : P_X↓ → 실질소득↑ ┤ 열등재 : X재 소비↓ (+)      (−)    (대체 > 소득)
                                   └ 기펜재 : X재 소비↓ (+)      (+)    (대체 < 소득)
```

23. 재화의 가격이 하락하면 재화의 종류에 관계없이 대체효과에 의해 해당 재화의 소비가 증가한다.

24. 재화의 가격하락으로 실질소득이 증가하면 정상재의 경우 소득효과에 의해 소비가 증가하나, 열등재와 기펜재의 경우에는 소득효과에 의해 소비가 감소한다.

25. 열등재는 대체효과와 소득효과가 반대 방향으로 작용하고, 대체효과가 소득효과보다 큰 재화이다.

26. 완전보완재는 대체효과가 존재하지 않고 소득효과만 존재한다(가격효과=소득효과).

27. 통상적인 수요곡선은 가격효과를 반영하여 도출한 일반적인 수요곡선으로 정상재와 열등재의 경우 우하향하나, 기펜재의 경우에는 우상향한다.

28. 보상수요곡선은 소득효과를 제거하고 대체효과만을 반영하여 도출한 수요곡선으로 재화의 종류에 관계없이 항상 우하향한다.

29. 정상재의 경우 통상적인 수요곡선이 보상수요곡선보다 완만하고, 열등재의 경우 통상적인 수요곡선이 보상수요곡선보다 가파르다.

30. 동등변화(대등변화)란 가격변화 이전의 소비자의 효용수준을 가격변화 이후의 새로운 수준으로 옮겨놓기 위해 필요한 소득의 크기를 말한다.

31. 보조금 수혜자의 후생 측면에서는 '현금보조 ≥ 현물보조 > 가격보조'이고, 정부의 특정 목적 달성(보조대상 재화의 소비량 증가) 측면에서는 '현금보조 ≤ 현물보조 < 가격보조'이다.

32. 완전보완재는 대체효과가 존재하지 않으므로 '현금보조=가격보조'이다.

33. 이자율 상승 시 저축의 증감 여부는 대체효과와 소득효과의 상대적 크기에 의해 결정된다.

$$\bullet \text{대체효과}: r\uparrow \begin{bmatrix} P_{C_1}\uparrow \\ P_{C_2}\downarrow \end{bmatrix} \begin{matrix} \rightarrow C_1\downarrow,\ S\uparrow \\ \rightarrow C_2\uparrow \end{matrix}$$

$$\bullet \text{소득효과}: r\uparrow \begin{bmatrix} \text{저축자}: \text{실질소득}\uparrow \begin{bmatrix} C_1\uparrow,\ S\downarrow \\ C_2\uparrow \end{bmatrix} \\ \text{차입자}: \text{실질소득}\downarrow \begin{bmatrix} C_1\downarrow,\ S\uparrow(\text{차입}\downarrow) \\ C_2\downarrow \end{bmatrix} \end{bmatrix}$$

34. 이자율이 상승하면 현재소비의 상대가격이 상승하므로 대체효과에 의해 현재소비가 감소하고 저축이 증가한다.

35. 저축자의 경우 이자율 상승으로 실질소득이 증가하면 소득효과에 의해 현재소비가 증가하고 저축이 감소한다.

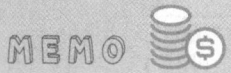

PART

04
생산자이론

08 생산이론
09 비용이론

CHAPTER 08 생산이론

제1절 생산자이론의 기초

1 생산과 생산요소

(1) 생산

① 생산(production)이란 생산요소를 투입하여 인간에게 유용한 재화나 서비스를 창출함으로써 사회후생을 증대시키는 행위를 말한다.
② 생산에는 재화를 만드는 것뿐만 아니라 재화의 포장·운송·저장 등 사회후생을 증대시키는 모든 행위가 포함되며, 생산의 주체는 기업이다.

(2) 생산요소

① 생산요소(factors of production)란 재화나 서비스를 생산하기 위해 투입하는 모든 것을 말한다.
② 생산요소는 크게 노동, 자본, 토지의 세 가지로 구분할 수 있다. 경제학에서는 분석의 편의를 위해 토지를 자본에 포함하여 생산요소는 노동(L)과 자본(K)만 있는 것으로 가정한다.

2 생산함수

① 생산함수(production function)란 일정 기간 동안의 생산요소 투입량과 재화나 서비스의 최대 산출량 간의 기술적 관계를 함수 형태로 나타낸 것을 말한다.
② 특정 기간 동안의 산출량을 Q라 하고, 그 기간 동안의 노동투입량을 L, 자본투입량을 K로 표시하면 생산함수는 다음과 같이 나타낼 수 있다.

$$Q = f(L, K)$$

(Q: 산출량, L: 노동투입량, K: 자본투입량)

③ 생산함수는 일정 기간 동안의 생산요소 투입량과 산출량 간의 관계를 나타내므로 유량(flow) 개념이다.
  ✚ 생산함수에서 노동과 자본은 그 자체가 생산 과정에 투입되는 것이 아니라 노동과 자본이 제공하는 서비스가 생산 과정에 투입된다. 예컨대, 노동의 경우 사람 그 자체가 생산 과정에 투입되는 것이 아니라 사람이 제공하는 노동력이라는 서비스가 생산 과정에 투입된다는 것이다. 그러므로 생산함수에서 노동과 자본의 투입량은 일정 기간 동안에 제공되는 서비스의 양으로서 유량변수가 된다.

④ 생산함수는 효용함수와 달리 산출량을 기수적으로 나타낸다. 이때 산출량은 주어진 생산요소를 가장 효율적으로 사용하여 얻을 수 있는 최대 산출량을 의미한다.
  ✚ $Q = f(L, K)$에서 산출량 Q는 (L, K)만큼의 생산요소를 가장 효율적으로 사용하였을 때 현재의 생산기술이 허용하는 최대의 양이라는 뜻이다.

3 단기와 장기의 구분

(1) 단기

① 개별기업의 관점에서 단기(short-run)란 고정요소가 존재하는 기간을 말한다.
→ 생산설비(자본)와 같이 단기에 투입량을 변화시킬 수 없는 생산요소를 고정요소(fixed factor)라고 하고, 노동, 원재료와 같이 단기에서도 투입량을 변화시킬 수 있는 생산요소를 가변요소(variable factor)라고 한다.
→ 단기생산함수에서 노동(L)은 가변요소, 자본(K)은 고정요소가 된다.
② 산업전체의 관점에서 단기란 신규기업의 진입이나 기존기업의 퇴출이 불가능한 짧은 기간을 말한다.

(2) 장기

① 개별기업의 관점에서 장기(long-run)란 모든 생산요소가 가변요소인 기간을 말한다.
→ 장기생산함수에서 노동(L)과 자본(K)은 모두 가변요소가 된다.
② 산업전체의 관점에서 장기란 신규기업의 진입이나 기존기업의 퇴출이 자유로운 긴 기간을 말한다.

	개 념	생산함수	현 상
단 기	• 고정요소가 존재하는 기간 • 기업의 진퇴가 불가능한 짧은 기간	$Q=f(L,\overline{K})$	수확체감의 법칙
장 기	• 모든 생산요소가 가변요소인 기간 • 기업의 진퇴가 자유로운 긴 기간	$Q=f(L,K)$	규모에 대한 수익

✚ 단기와 장기의 구분은 특정한 기간이 정해져 있는 것이 아니며, 기업별 그리고 산업별로 상이하다.
✚ 산업전체를 기준으로 한 단기와 장기의 구분은 시장이론에서 다룬다.

• 단기생산함수 : $Q=f(L,\overline{K})$ … 수확체감의 법칙(≒한계효용이론)
• 장기생산함수 : $Q=f(L,K)$
 ⅰ) 등량곡선 … 한계기술대체율체감의 법칙(≒무차별곡선이론)
 ⅱ) 규모에 대한 수익 … $IRS \rightarrow CRS \rightarrow DRS$

제2절 단기생산함수

1 단기생산함수

① 단기생산함수란 고정요소가 존재할 때의 생산함수를 말한다.
② 단기에 자본(K)이 $\overline{K}$로 고정되어 있다고 가정하면 단기생산함수는 다음과 같이 나타낼 수 있다.

$$Q = f(L, \overline{K}) \quad (단, K = \overline{K}로 일정)$$

2 총생산, 한계생산, 평균생산

(1) 총생산

① 총생산(Total Product ; TP_L)이란 (자본이 고정된 상태에서) 노동을 투입하였을 때 일정 기간 동안 생산된 재화의 총량을 말한다.
   ✚ 총효용을 그냥 '효용'이라고 불렀던 것처럼 '생산'이라고 할 때는 총생산을 의미한다.
② 그림 8-1에서 보는 것처럼, 처음에는 노동투입량이 증가할 때 총생산이 체증적으로 증가하다가 노동투입량이 L_0를 넘어서면 체감적으로 증가하고, 노동투입량이 L_2일 때 극대가 된다. 노동투입량이 L_2를 넘어서면 총생산이 오히려 감소한다.
   ✚ 이 중 총생산이 체감적으로 증가하는 구간만이 경제학적 의미를 갖는다.
③ 특정 단위의 노동을 투입할 때의 총생산은 그때까지의 한계생산을 모두 합하여 구할 수 있다.
   → 총생산은 한계생산을 적분한 값이다.
   → 한계생산곡선 하방의 면적이 총생산이 된다.

(2) 한계생산

① 한계생산(Marginal Product ; MP_L)이란 노동 1단위를 추가로 투입할 때의 총생산의 증가분을 말한다.
② 한계생산은 총생산량의 변화분을 생산요소 투입량의 변화분으로 나눈 값이다. 그러므로 노동의 한계생산은 다음과 같이 나타낼 수 있다.

$$MP_L = \frac{\Delta Q}{\Delta L}$$

   ✚ 단기에는 자본이 고정되어 있으므로 자본투입량을 고정시킨 채 노동투입량만을 변화시켜 노동의 한계생산(MP_L)을 구하고 있지만, 장기에 자본이 가변요소가 되는 경우에도 위와 비슷한 과정을 거쳐 자본의 한계생산(MP_K)을 구할 수 있다.

$$MP_K = \frac{\Delta Q}{\Delta K}$$

③ 한계생산은 총생산을 미분한 값이며, 총생산곡선의 접선의 기울기로 측정된다.

✔ 총생산 $\underset{\text{적분}}{\overset{\text{미분}}{\rightleftarrows}}$ 한계생산

(3) 평균생산

① 평균생산(Average Product ; AP_L)이란 노동 1단위당 총생산을 말한다.
② 평균생산은 총생산량을 생산요소 투입량으로 나눈 값이다. 그러므로 노동의 평균생산은 다음과 같이 나타낼 수 있다.

$$AP_L = \frac{Q}{L}$$

✤ 자본의 한계생산(MP_K)과 달리 자본의 평균생산(AP_K)은 단기와 장기 모두 존재하며, 위와 비슷한 과정을 거쳐 다음과 같이 구할 수 있다.

$$AP_K = \frac{Q}{K}$$

③ 평균생산은 총생산곡선과 원점을 이은 직선의 기울기로 측정된다.

3 수확체감의 법칙(한계생산체감의 법칙)

① 수확체감의 법칙(한계생산체감의 법칙, law of diminishing marginal product)이란 고정요소가 존재하는 단기에 가변요소의 투입량이 증가함에 따라 그 가변요소의 한계생산이 감소하는 현상을 말한다.
② 수확체감의 법칙은 정도의 차이는 있으나 단기에 거의 모든 산업부문에서 나타나는 일반적인 현상이다.
③ 한계생산이 음(-)의 값을 갖는 구간, 즉 총생산이 감소하는 구간은 논의의 대상에서 제외된다.
　✤ 앞서 설명한 것처럼 총생산이 체감적으로 증가하는 구간, 즉 한계생산이 체감하는 구간만이 경제학적 의미를 갖기 때문에 한계생산체감의 법칙이라고 한다.
④ 수확체감의 법칙이 성립하는 구간에서 총생산과 평균생산은 증가할 수도 있고, 감소할 수도 있다.

4 총생산, 한계생산, 평균생산의 관계

(1) 총생산과 한계생산의 관계

① 총생산($TP_L = Q$)과 한계생산(MP_L) 간에는 다음의 관계가 성립한다.

- 한계생산이 양(+)의 값이면 총생산 증가 : $MP_L > 0 \leftrightarrow TP_L$ 증가
- 한계생산이 0이면 총생산 극대 　　　　: $MP_L = 0 \leftrightarrow TP_L$ 극대
- 한계생산이 음(-)의 값이면 총생산 감소 : $MP_L < 0 \leftrightarrow TP_L$ 감소

② 한계생산이 체감할 때 한계생산은 양(+)의 값을 가질 수도 있고, 음(-)의 값을 가질 수도 있으므로 총생산은 증가할 수도 있고, 감소할 수도 있다.

(2) 평균생산과 한계생산의 관계

① 평균생산(AP_L)과 한계생산(MP_L) 간에는 다음의 관계가 성립한다.

- 평균생산이 증가하면 한계생산>평균생산 : $MP_L > AP_L \leftrightarrow AP_L$ 증가
- 평균생산의 극대점에서 한계생산=평균생산 : $MP_L = AP_L \leftrightarrow AP_L$ 극대
- 평균생산이 감소하면 한계생산<평균생산 : $MP_L < AP_L \leftrightarrow AP_L$ 감소

② 한계생산이 증가하면 평균생산은 증가하지만, 한계생산이 감소하면 평균생산은 증가할 수도 있고, 감소할 수도 있다.

③ 평균생산이 증가하면 한계생산은 증가할 수도 있고, 감소할 수도 있지만, 평균생산이 감소하면 한계생산은 감소한다.

그림 8-1 총생산, 한계생산, 평균생산

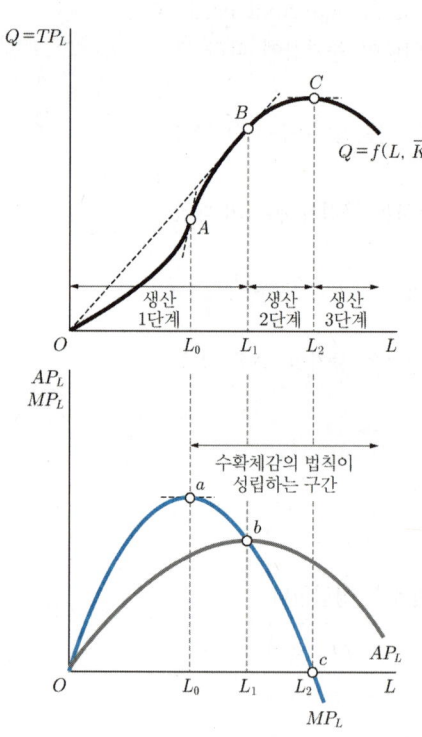

- $MP_L > 0 \leftrightarrow TP_L$ 증가
- $MP_L = 0 \leftrightarrow TP_L$ 극대
- $MP_L < 0 \leftrightarrow TP_L$ 감소

- $MP_L > AP_L \leftrightarrow AP_L$ 증가
- $MP_L = AP_L \leftrightarrow AP_L$ 극대
- $MP_L < AP_L \leftrightarrow AP_L$ 감소

제3절 장기생산함수

1 장기생산함수

① 장기생산함수란 모든 생산요소가 가변요소일 때의 생산함수를 말한다.
② 장기에는 노동(L)과 자본(K)이 모두 가변요소가 되므로 장기생산함수는 다음과 같이 나타낼 수 있다.

$$Q = f(L, K)$$

2 등량곡선

(1) 등량곡선의 개념

① 등량곡선(isoquant curve)이란 동일한 양의 재화를 생산할 수 있는 노동(L)과 자본(K)의 조합점을 연결한 곡선을 말한다.
  ◆ 등량곡선을 등생산곡선(iso-product curve)이라고도 한다.
② 그림 8-2의 A, B, C, D점은 노동(L)과 자본(K)의 조합만 다를 뿐 생산량수준이 동일하고, 이 점들을 연결하면 등량곡선이 도출된다.
③ 일반적인 등량곡선은 원점에 대해 볼록하면서 우하향하는 형태를 띤다.
④ 무차별곡선의 경우 서수적 효용의 성격 때문에 개별적인 곡선이 구체적인 효용수준을 나타내지 않지만, 등량곡선의 경우에는 기수적 생산량의 성격으로 인해 개별적인 곡선이 구체적인 생산량수준과 연결된다.

☑ 등량곡선은 소비자이론의 무차별곡선에 대응되는 개념이다.

등량곡선   그림 8-2

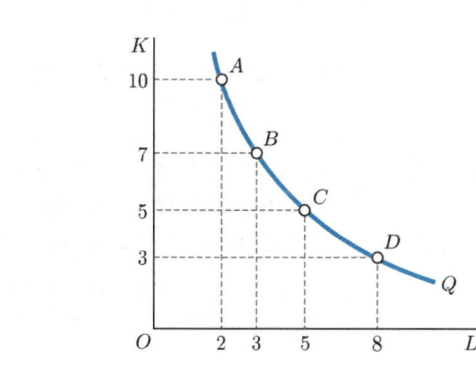

- 등량곡선은 동일한 양의 재화를 생산할 수 있는 노동(L)과 자본(K)의 조합점을 연결한 곡선이다.
- A, B, C, D점은 생산자에게 동일한 생산량을 준다.

> 등량곡선의 성질은 무차별곡선의 성질과 동일하다.

(2) 등량곡선의 성질

1) 우하향한다.

노동투입량이 증가할 때 동일한 생산량을 유지하기 위해서는 자본투입량이 감소해야 하므로 등량곡선은 우하향한다. 이는 장기에는 모든 생산요소가 가변적이기 때문에 노동과 자본의 대체가 가능함을 의미한다.

2) 원점에서 멀수록 더욱 높은 생산량수준을 나타낸다.

등량곡선이 원점에서 멀수록 노동과 자본의 투입량이 많아진다. 그러므로 원점에서 멀리 떨어진 등량곡선이 더욱 높은 생산량수준을 나타낸다.

3) 교차하지 않는다.

등량곡선이 교차하면 모순이 발생하므로 등량곡선은 교차하지 않는다.

4) 원점에 대해 볼록한 형태를 갖는다.

등량곡선의 기울기는 한계기술대체율($MRTS_{LK}$)을 나타내며, 등량곡선이 원점에 대해 볼록하다는 것은 한계기술대체율체감의 법칙이 성립함을 의미한다.

(3) 한계기술대체율

1) 개념

> 한계기술대체율은 소비자이론의 한계대체율에 대응되는 개념이다.

> 한계기술대체율($MRTS_{LK}$)
> = 등량곡선의 기울기
> = 두 생산요소의 기술적 교환비율

① 한계기술대체율(Marginal Rate of Technical Substitution ; $MRTS_{LK}$)이란 동일한 생산량수준을 유지하면서 노동 1단위를 추가로 투입하기 위해 감소시켜야 하는 자본의 수량을 말한다.

② 한계기술대체율은 두 생산요소의 기술적 교환비율로, 등량곡선의 접선의 기울기(절댓값)로 측정된다.

$$MRTS_{LK} = -\frac{\Delta K}{\Delta L} = \frac{MP_L}{MP_K}$$

③ 위 식에서 보듯, 한계기술대체율은 노동과 자본의 한계생산 비율로 나타낼 수도 있다.

- 등량곡선상의 A점에서 B점으로 이동할 때의 총생산량의 변화
  - 노동투입량이 ΔL만큼 증가 : 총생산량이 $MP_L \cdot \Delta L$만큼 증가
  - 자본투입량이 ΔK만큼 감소 : 총생산량이 $MP_K \cdot \Delta K$만큼 감소
- A점과 B점이 동일한 등량곡선상에 있으므로 노동투입량 증가에 따른 총생산량 증가분과 자본투입량 감소에 따른 총생산량 감소분의 합이 0이다.

$$MP_L \cdot \Delta L + MP_K \cdot \Delta K = 0$$
$$\rightarrow -\frac{\Delta K}{\Delta L} = \frac{MP_L}{MP_K}$$

그림 8-3 한계기술대체율

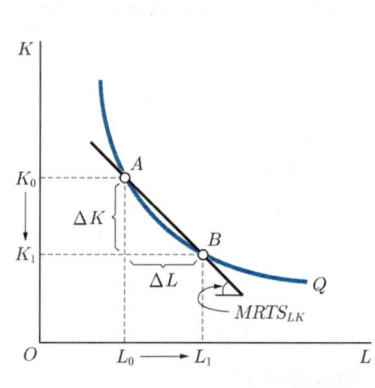

한계기술대체율($MRTS_{LK}$)은 동일한 생산량수준을 유지하면서 노동 1단위를 추가로 투입하기 위해 감소시켜야 하는 자본의 수량으로, 두 생산요소의 기술적 교환비율을 의미한다.

2) 한계기술대체율체감의 법칙

① 한계기술대체율체감의 법칙(law of diminishing $MRTS_{LK}$)이란 동일한 생산량수준을 유지하면서 자본을 노동으로 대체해 감에 따라 한계기술대체율이 점점 감소하는 현상을 말한다.
② 즉, 한계기술대체율체감의 법칙은 노동투입량이 증가할수록 노동 1단위를 추가로 투입하기 위해 포기해야 하는 자본의 수량이 점점 감소하는 현상을 말한다.
③ 그림 8-4에서 $A \to B \to C \to D$점으로 이동함에 따라 노동 1단위를 추가로 투입하기 위해 포기해야 하는 자본의 수량인 한계기술대체율이 $3 \to 2 \to 1$로 점점 감소하는 것을 알 수 있다.
④ 등량곡선이 원점에 대해 볼록한 것은 한계기술대체율이 체감함을 의미한다.
⑤ 한계기술대체율체감은 자본을 노동으로 대체하기가 점점 어려워짐을 의미한다.

그림 8-4 한계기술대체율체감의 법칙

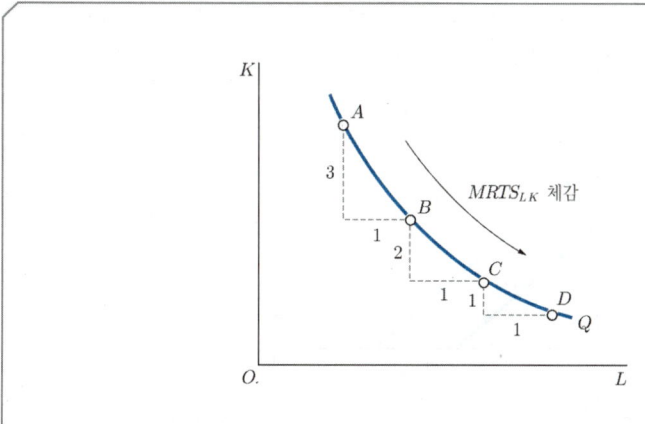

- 한계기술대체율체감의 법칙이란 동일한 생산량수준을 유지하면서 노동투입량이 증가할수록 한계기술대체율($MRTS_{LK}$)이 점점 감소하는 현상을 말한다.
- 이는 노동투입량이 증가함에 따라 일정한 양의 자본을 대체할 수 있는 노동의 양이 점차 커진다는 것을 의미한다.

생산함수가 $Q=AK^{0.4}L^{0.6}$으로 주어져 있을 때 생산자가 노동 3단위와 자본 4단위를 투입한다면 이 생산자의 한계기술대체율은 얼마인가?

🔆 해설

노동의 한계생산이 $MP_L=0.6AK^{0.4}L^{-0.4}$, 자본의 한계생산이 $MP_K=0.4AK^{-0.6}L^{0.6}$이므로 노동(L) 3단위와 자본(K) 4단위를 투입할 때의 한계기술대체율은 2로 계산된다.

- $MRTS_{LK}=\dfrac{MP_L}{MP_K}=\dfrac{0.6AK^{0.4}L^{-0.4}}{0.4AK^{-0.6}L^{0.6}}=\dfrac{3}{2}\cdot\dfrac{K}{L}=2$

(4) 예외적인 등량곡선

1) 두 생산요소가 완전대체관계일 때

① 생산 과정에서 두 생산요소가 항상 일정한 비율로 대체될 수 있다면 두 생산요소는 완전대체관계이다.

② 두 생산요소가 완전대체관계이면 생산량은 두 생산요소의 투입량의 합에 의해 결정되므로 생산함수는 다음과 같은 형태를 띤다.

$$Q=aL+bK \quad (단,\ a>0,\ b>0)$$

③ 이와 같은 생산함수를 선형 생산함수(linear production function)라고 한다. 한계기술대체율이 $MRTS_{LK}\left(=\dfrac{MP_L}{MP_K}\right)=\dfrac{a}{b}$로 일정하므로 등량곡선은 아래 그림에서 보는 것처럼 기울기가 $-\dfrac{a}{b}$인 우하향의 직선 형태로 도출된다.

◆ 선형 생산함수는 생산요소 간 대체가 완전한 생산함수이다.

④ 선형 생산함수는 두 생산요소 간 완전대체가 가능하므로 대체탄력성이 ∞이다.

그림 8-5 | 두 생산요소가 완전대체관계일 때

- 생산함수 : $Q=aL+bK$
- 한계기술대체율($MRTS_{LK}$)
  : $\dfrac{a}{b}$로 일정
- 등량곡선 : 우하향의 직선 형태

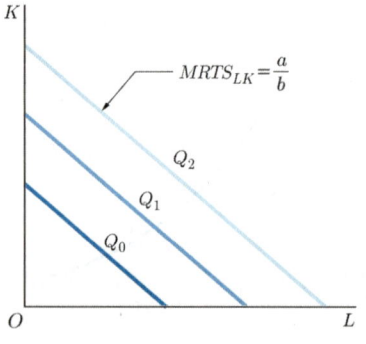

2) 두 생산요소가 완전보완관계일 때

① 두 생산요소가 항상 일정한 비율로 결합되어 생산 과정에 투입되어야 하고 남은 생산요소는 전혀 생산에 기여하지 못한다면 두 생산요소는 완전보완관계이다.

② 두 생산요소가 완전보완관계이면 생산량은 부족한 생산요소의 투입량에 의해 결정되므로 생산함수는 다음과 같은 형태를 띤다.

$$Q = \min[aL, bK] \quad (단, a > 0, b > 0)$$

③ 이와 같은 생산함수를 레온티에프 생산함수(Leontief production function)라고 한다. 생산함수가 $Q = \min[aL, bK]$이므로 등량곡선은 아래 그림에서 보는 것처럼 $K = \frac{a}{b}L$ 선상에서 꺾어진 L자 형태로 도출된다.

- $aL > bK$ ··· 노동투입량이 증가해도 생산량은 불변이므로 등량곡선이 수평선
- $aL < bK$ ··· 자본투입량이 증가해도 생산량은 불변이므로 등량곡선이 수직선

→ 등량곡선이 $aL = bK$, 즉 $K = \frac{a}{b}L$ 선상에서 꺾어진 L자 형태로 도출

✧ 레온티에프 생산함수는 생산요소 간 대체가 불가능한 생산함수이다.

④ $K = \frac{a}{b}L$ 선 상방의 수직구간에서는 한계기술대체율이 $MRTS_{LK} = \infty$, $K = \frac{a}{b}L$ 선 하방의 수평구간에서는 한계기술대체율이 $MRTS_{LK} = 0$이다.

✧ $K = \frac{a}{b}L$ 선상에서는 등량곡선이 꺾어지므로 한계기술대체율이 정의되지 않는다.

⑤ 레온티에프 생산함수는 두 생산요소 간 대체가 불가능하므로 대체탄력성이 0이다.

두 생산요소가 완전보완관계일 때 | 그림 8-6

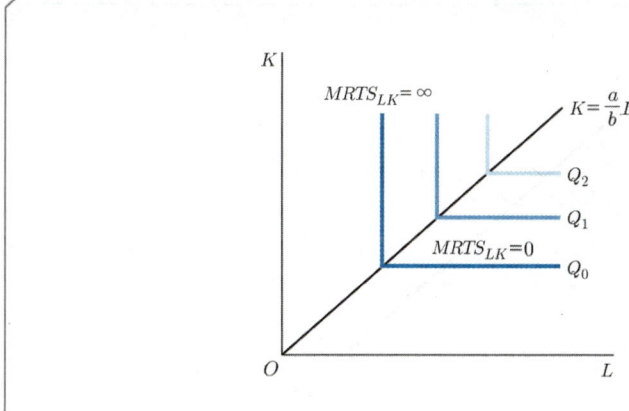

- 생산함수
  : $Q = \min[aL, bK]$
- 한계기술대체율 ($MRTS_{LK}$)
  - 수직구간 : ∞
  - 수평구간 : 0
- 등량곡선 : L자 형태

3 등비용선

(1) 등비용선의 개념

☑ 등비용선은 소비자이론의 예산선과 유사한 개념이다.

① 등비용선(iso-cost line)이란 주어진 총비용으로 투입 가능한 노동(L)과 자본(K)의 조합점을 연결한 선을 말한다.

② 총비용을 TC, 노동의 가격인 임금을 w, 자본의 가격인 자본임대료(이자)를 r이라고 할 때 생산자(기업)가 주어진 비용을 전부 노동(L)과 자본(K) 구입에 사용한다면 생산자의 비용제약식은 다음과 같이 나타낼 수 있다.

$$TC = wL + rK$$

➕ wL은 총노동비용, rK는 총자본비용을 의미한다.

③ 비용제약식을 K에 대해 정리하면 등비용선식이 도출된다.

$$K = -\frac{w}{r}L + \frac{TC}{r}$$

④ 등비용선식을 그림으로 옮기면 K축 절편이 $\frac{TC}{r}$이고, 기울기가 $-\frac{w}{r}$인 우하향의 직선이 도출되는데, 이를 등비용선이라고 한다. 등비용선상의 모든 점에서는 총비용의 크기가 동일하다.

→ L축 절편 $\frac{TC}{w}$는 주어진 총비용으로 최대 투입 가능한 노동(L)의 양, K축 절편 $\frac{TC}{r}$는 주어진 총비용으로 최대 투입 가능한 자본(K)의 양을 의미한다.

그림 8-7 등비용선

- 등비용선은 주어진 총비용으로 투입 가능한 노동(L)과 자본(K)의 조합점을 연결한 선이다.
- 등비용선상의 모든 점에서는 총비용의 크기가 동일하다.

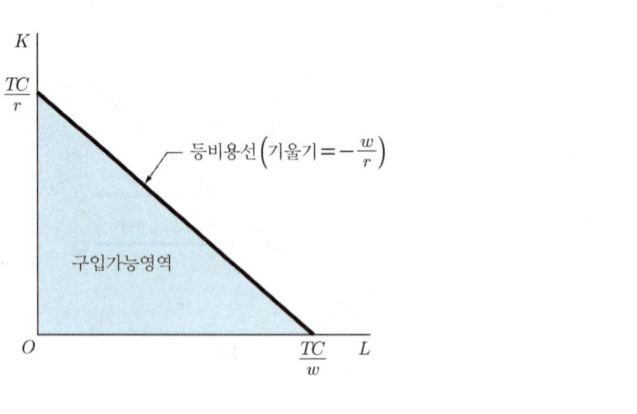

(2) 등비용선의 기울기(절댓값)의 의미

① 등비용선의 기울기(절댓값)인 $\frac{w}{r}$는 노동(L)과 자본(K)의 상대가격비 또는 자본에 대한 노동의 상대가격(요소상대가격)이다.

② $\frac{w}{r}$는 생산요소시장에서의 노동(L)과 자본(K)의 객관적 교환비율을 의미한다.

③ $\frac{w}{r}$는 자본(K)의 크기로 표시한 노동(L) 1단위 투입에 대한 기회비용을 의미한다.

(3) 등비용선의 이동

1) 총비용의 변화

① 총비용이 변화하면 등비용선은 평행 이동한다.

✤ 총비용이 변화하더라도 요소상대가격 $\left(\frac{w}{r}\right)$은 변하지 않으므로 등비용선의 기울기는 변하지 않는다.

② 총비용이 증가하면 등비용선은 바깥쪽으로 평행 이동하고, 총비용이 감소하면 등비용선은 안쪽으로 평행 이동한다.

2) 요소가격의 변화

① 한 생산요소의 가격이 변화하면 등비용선은 회전 이동한다.

② 임금이 변화하면 주어진 총비용으로 투입 가능한 노동(L)의 최대 수량이 변하므로 등비용선은 K축 절편을 축으로 회전 이동하고, 자본임대료가 변화하면 주어진 총비용으로 투입 가능한 자본(K)의 최대 수량이 변하므로 등비용선은 L축 절편을 축으로 회전 이동한다.

3) 총비용과 요소가격이 동일한 비율로 변화하는 경우

① 총비용과 두 생산요소의 가격이 동일한 비율로 변화하면 비용제약식이 변하지 않으므로 등비용선도 변하지 않는다.

$$(1+\lambda)TC = (1+\lambda)wL + (1+\lambda)rK \rightarrow TC = wL + rK$$

② 예컨대, 두 생산요소의 가격이 동일한 비율로 상승하면 등비용선이 안쪽으로 평행 이동하고, 동시에 총비용이 동일한 비율로 증가하면 등비용선이 동일한 만큼 바깥쪽으로 평행 이동하므로 등비용선은 변하지 않는다.

등비용선의 이동   그림 8-8

a) 총비용(TC)의 변화   b) 임금(w)의 변화   c) 자본임대료(r)의 변화

4 생산자균형

☑ 생산자균형
- 주어진 비용제약하에서 생산량이 극대화된 상태
- 주어진 생산량하에서 비용이 극소화된 상태

(1) 개념

생산자균형(producer equilibrium)이란 주어진 비용제약하에서 생산량이 극대화된 상태 혹은 주어진 생산량하에서 비용이 극소화된 상태를 말한다.

(2) 생산자균형

1) 생산량극대화

① 생산량극대화란 주어진 비용제약하에서 생산량이 극대화된 상태를 말한다.
  ✚ 주어진 비용제약하의 생산량극대화는 동일한 등비용선상에서 달성된다.
② 아래 그림에서 A점, B점, E점은 동일한 등비용선상에 위치하고 있으므로 총비용이 TC_0로 동일하다.
③ A점과 B점을 지나는 등량곡선보다 E점을 지나는 등량곡선이 원점에서 더 멀리 떨어져 있으므로 E점이 주어진 비용제약하에서 가장 많은 생산량 Q_1을 준다.
④ 즉, 주어진 비용제약하의 생산량극대화는 등량곡선과 등비용선이 접하는 E점에서 달성된다.
⑤ 그러므로 생산자균형(E점)에서는 다음의 관계가 성립한다.

$$\text{등량곡선의 기울기}(MRTS_{LK}) = \text{등비용선의 기울기}\left(\frac{w}{r}\right)$$

그림 8-9 생산자균형 ··· 생산량극대화

● 생산자균형은 등량곡선과 등비용선이 접하는 점(E점)에서 달성되므로 생산자균형에서는 $MRTS_{LK} = \dfrac{w}{r}$ 가 성립한다.

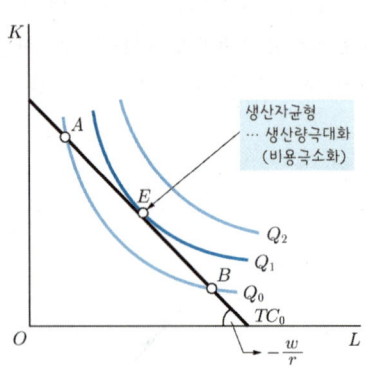

2) 비용극소화

① 비용극소화란 주어진 생산량하에서 비용이 극소화된 상태를 말한다.
   ✚ 주어진 생산량하의 비용극소화는 동일한 등량곡선상에서 달성된다.

② 아래 그림에서 A점, B점, E점은 동일한 등량곡선상에 위치하고 있으므로 생산량이 Q_0로 동일하다.

③ A점과 B점을 지나는 등비용선보다 E점을 지나는 등비용선이 원점에 더 가까이 있으므로 E점이 주어진 생산량하에서 가장 낮은 비용 TC_1을 준다.

④ 즉, 주어진 생산량하의 비용극소화는 등량곡선과 등비용선이 접하는 E점에서 달성된다.

⑤ 그러므로 생산자균형(E점)에서는 다음의 관계가 성립한다.

> 등량곡선의 기울기($MRTS_{LK}$)=등비용선의 기울기$\left(\dfrac{w}{r}\right)$

⑥ 결국, 생산량극대화나 비용극소화는 접근방법에서 약간의 차이가 있을 뿐 만족되어야 하는 조건에 대해서는 동일한 결론에 도달한다.
   ✚ 통상적으로 기업은 이윤극대화 생산량을 결정한 다음 이를 최소의 비용으로 생산할 수 있는 방법을 모색한다.
   ✚ 소비자의 궁극적인 목적은 효용극대화이지만, 기업의 궁극적인 목적은 비용극소화(혹은 생산량극대화)가 아니라 이윤극대화이다.
   → 기업의 이윤극대화에 대해서는 시장이론에서 자세히 논의된다.

생산자균형 … 비용극소화 그림 8-10

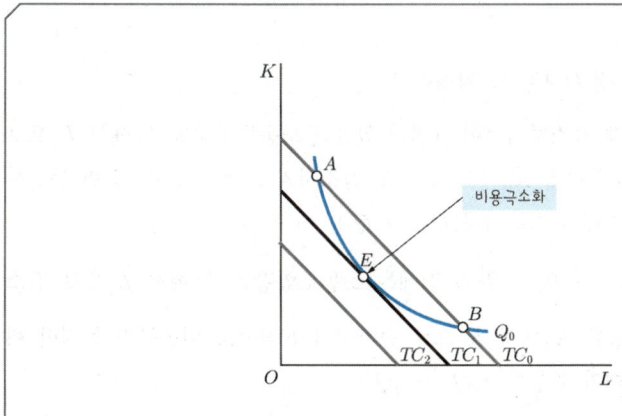

비용극소화의 경우에도 생산량극대화의 경우와 마찬가지로 등량곡선과 등비용선이 접하는 점(E점)에서 달성되므로 생산자균형에서는 $MRTS_{LK} = \dfrac{w}{r}$ 가 성립한다.

(3) 생산자균형 조건

① 생산자균형에서는 등량곡선과 등비용선이 접하므로 등량곡선의 기울기($MRTS_{LK}$)와 등비용선의 기울기$\left(\dfrac{w}{r}\right)$가 일치한다.

② 상기의 논의를 바탕으로 생산자균형 조건은 다음과 같이 나타낼 수 있다.

$$MRTS_{LK} = \dfrac{w}{r}$$

한계기술대체율 = 요소상대가격비
등량곡선의 기울기 = 등비용선의 기울기
생산요소의 기술적 교환비율 = 생산요소시장에서의 객관적 교환비율

③ $MRTS_{LK} = \dfrac{MP_L}{MP_K}$ 이므로 생산자균형에서는 한계생산균등의 법칙이 성립한다. 이는 각 생산요소 1원어치의 한계생산이 동일하도록 노동(L)과 자본(K)을 투입해야 생산자균형이 달성됨을 의미한다.

$$MRTS_{LK} = \dfrac{w}{r}$$
$$\rightarrow \dfrac{MP_L}{MP_K} = \dfrac{w}{r}$$
$$\rightarrow \dfrac{MP_L}{w} = \dfrac{MP_K}{r} \cdots \text{한계생산균등의 법칙}$$

(4) 불균형의 조정

① $MRTS_{LK} > \dfrac{w}{r}$ 인 경우(A점)를 가정하자.

② 그림 8-11에서 현재 요소투입점이 A점에 있다면 노동투입량을 L_0에서 L_1으로 증가시키고, 자본투입량을 K_0에서 K_1으로 감소시켜 E점으로 이동하면 동일한 비용으로 생산량 증대가 가능하다($Q_0 \rightarrow Q_1$).

③ 반대로, $MRTS_{LK} < \dfrac{w}{r}$ 인 경우(B점)에는 노동투입량을 L_2에서 L_1으로 감소시키고, 자본투입량을 K_2에서 K_1으로 증가시켜 E점으로 이동하면 동일한 비용으로 생산량 증대가 가능하다($Q_0 \rightarrow Q_1$).

④ 이와 같이, 생산자균형 조건 $MRTS_{LK} = \dfrac{w}{r}$ 가 성립하지 않을 경우에는 노동과 자본의 투입량을 조정함으로써 추가적인 생산량 증대가 가능하다.

요소 투입점	상 태	불균형의 조정
A점	$MRTS_{LK} > \dfrac{w}{r} \to \dfrac{MP_L}{w} > \dfrac{MP_K}{r}$	노동투입량 증가, 자본투입량 감소 → E점으로 이동($Q_0 \to Q_1$)
E점	$MRTS_{LK} = \dfrac{w}{r} \to \dfrac{MP_L}{w} = \dfrac{MP_K}{r}$	생산량극대화(비용극소화)된 상태
B점	$MRTS_{LK} < \dfrac{w}{r} \to \dfrac{MP_L}{w} < \dfrac{MP_K}{r}$	노동투입량 감소, 자본투입량 증가 → E점으로 이동($Q_0 \to Q_1$)

불균형의 조정 그림 8-11

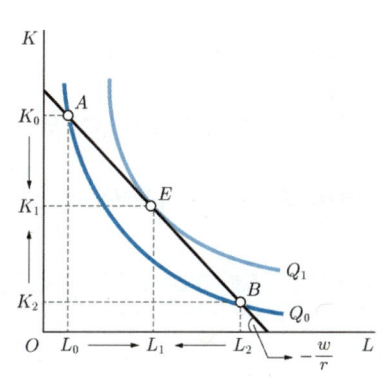

- $MRTS_{LK} > \dfrac{w}{r}$ 인 경우(A점)에는 노동투입량을 증가시키고, 자본투입량을 감소시킴으로써 추가적인 생산량 증대가 가능하다.
- $MRTS_{LK} < \dfrac{w}{r}$ 인 경우(B점)에는 노동투입량을 감소시키고, 자본투입량을 증가시킴으로써 추가적인 생산량 증대가 가능하다

제품의 가격이 10원이고, 노동 한 단위의 가격은 5원, 자본 한 단위의 가격은 15원이다. 기업 A의 노동의 한계생산이 3이고, 자본의 한계생산은 1일 때, 현재 생산수준에서 비용극소화를 위해서는 생산요소 투입량을 어떻게 조정하는 것이 바람직한가? (단, 모든 시장은 완전경쟁시장이고, 노동과 자본의 한계생산은 체감한다.)

🔆 해설

ⅰ) 주어진 수치를 대입하면 $MRTS_{LK} = \dfrac{MP_L}{MP_K} = \dfrac{3}{1} = 3$이고, $\dfrac{w}{r} = \dfrac{5}{15} = \dfrac{1}{3}$이다.

ⅱ) 현재 상태에서 $MRTS_{LK} > \dfrac{w}{r} \to \dfrac{MP_L}{w} > \dfrac{MP_K}{r}$ 이므로 비용극소화(생산량극대화)를 위해서는 노동투입량을 늘리고 자본투입량을 줄여야 한다.

(5) 예외적인 생산자균형

1) **두 생산요소가 완전대체관계일 때**

① 두 생산요소가 완전대체관계이면 생산함수는 선형 생산함수로서 등량곡선이 기울기가 $-\frac{a}{b}$인 우하향의 직선 형태로 도출된다.

$$Q = aL + bK \quad (단, \ a > 0, \ b > 0)$$

② 한계기술대체율이 $MRTS_{LK}\left(=\frac{MP_L}{MP_K}\right) = \frac{a}{b}$로 일정하므로 생산자균형이 L축 혹은 K축상의 한 점에서 달성되는 구석해(corner solution)가 발생하거나, 생산자균형이 하나가 아닌 무수히 많이 존재하게 된다.

- $MRTS_{LK}\left(=\frac{a}{b}\right) > \frac{w}{r}$: 노동만 투입(L축에서 구석해)
- $MRTS_{LK}\left(=\frac{a}{b}\right) < \frac{w}{r}$: 자본만 투입(K축에서 구석해)
- $MRTS_{LK}\left(=\frac{a}{b}\right) = \frac{w}{r}$: 노동과 자본 동시 투입(무수히 많은 생산자균형)

✚ 구석해가 발생하는 경우에는 생산자균형 조건$\left(MRTS_{LK} = \frac{w}{r}\right)$이 성립하지 않는다.

그림 8-12 두 생산요소가 완전대체관계일 때의 생산자균형

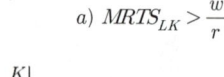
a) $MRTS_{LK} > \frac{w}{r}$

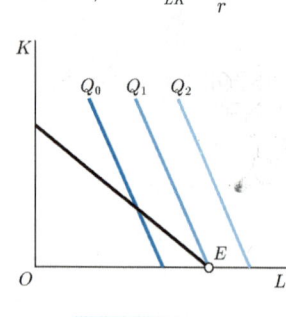

노동만 투입

b) $MRTS_{LK} < \frac{w}{r}$

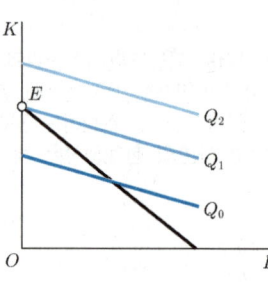

자본만 투입

c) $MRTS_{LK} = \frac{w}{r}$

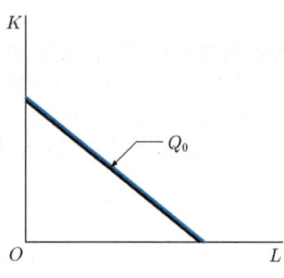

노동과 자본 동시 투입

2) 두 생산요소가 완전보완관계일 때

① 두 생산요소가 완전보완관계이면 생산함수는 레온티에프 생산함수로서 등량곡선이 $K=\frac{a}{b}L$ 선상에서 꺾어진 L자 형태로 도출된다.

$$Q=\min[aL, bK] \quad (단, a>0, b>0)$$

② 이 경우, 생산자균형 조건은 $Q=aL=bK$가 된다. 즉, 생산자균형에서는 항상 $aL=bK \rightarrow K=\frac{a}{b}L$이 성립하므로 생산자는 노동($L$)과 자본($K$)의 투입을 $b:a$의 비율로 일정하게 유지하는 것이 최적이다.

→ 두 생산요소의 최적 투입비율이 $\frac{K}{L}=\frac{a}{b}$로 일정하다.

③ 등량곡선이 L자 형태이므로 생산자균형이 등량곡선이 꺾어진 점에서 달성된다.

두 생산요소가 완전보완관계일 때의 생산자균형 그림 8-13

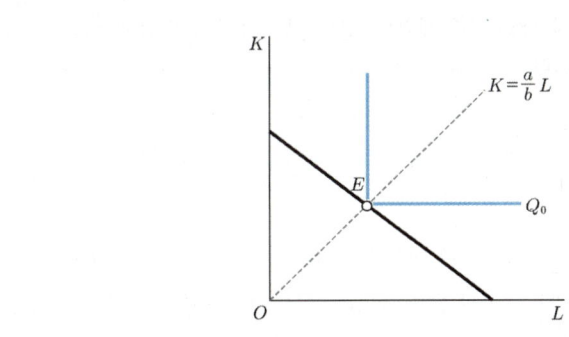

5 규모에 대한 수익

(1) 개념

① 모든 생산요소의 투입량을 동일한 비율로 증가시킬 때 생산량이 어떤 비율로 변화하는지를 나타내는 것을 규모에 대한 수익(returns to scale) 혹은 규모에 대한 보수라고 한다.
② 규모에 대한 수익은 노동투입량과 자본투입량이 동일한 비율로 변화하는 것을 전제하고 있으므로 모든 생산요소가 가변요소인 장기에 성립하는 개념이다.
③ 일반적으로 기업의 생산 규모가 증가함에 따라 '규모에 대한 수익체증 → 규모에 대한 수익불변 → 규모에 대한 수익체감'이 나타난다.

✓ 규모에 대한 수익(보수)
• 모든 생산요소의 투입량을 동일한 비율로 증가시킬 때 생산량이 어떤 비율로 변화하는지를 나타내는 것
• 장기 개념

(2) 구분

1) 규모에 대한 수익체증(Increasing Returns to Scale ; IRS)
① 모든 생산요소 투입량을 λ배 증가시킬 때 생산량이 λ배보다 더 크게 증가하는 경우를 규모에 대한 수익체증(규모에 대한 보수증가)이라고 한다.
② 규모에 대한 수익체증의 경우 생산량이 증가함에 따라 장기평균비용(LAC)이 하락하는 규모의 경제가 나타난다.

2) 규모에 대한 수익불변(Constant Returns to Scale ; CRS)
① 모든 생산요소 투입량을 λ배 증가시킬 때 생산량이 정확히 λ배 증가하는 경우를 규모에 대한 수익불변(규모에 대한 보수불변)이라고 한다.
② 규모에 대한 수익불변의 경우 생산량이 증가하더라도 장기평균비용(LAC)은 일정하게 유지된다.

> 규모에 대한 수익의 증감 여부와 관계없이 단기에 한계생산체감의 법칙은 항상 성립한다.

3) 규모에 대한 수익체감(Decreasing Returns to Scale ; DRS)
① 모든 생산요소 투입량을 λ배 증가시킬 때 생산량이 λ배보다 더 작게 증가하는 경우를 규모에 대한 수익체감(규모에 대한 보수감소)이라고 한다.
② 규모에 대한 수익체감의 경우 생산량이 증가함에 따라 장기평균비용(LAC)은 상승한다.

그림 8-14 규모에 대한 수익과 등량곡선

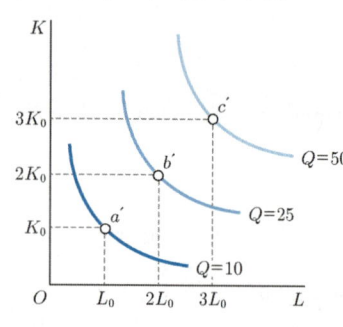
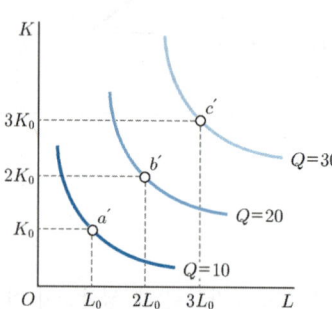
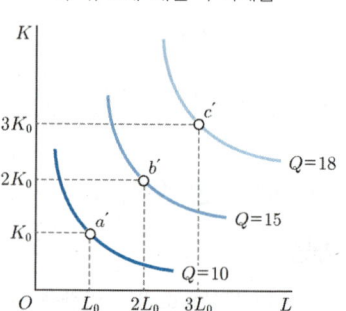

(3) k차 동차 생산함수와 규모에 대한 수익

1) k차 동차 생산함수

노동(L)과 자본(K)의 투입량을 λ배 증가시킬 때 생산량(Q)이 λ^k배만큼 증가하는 생산함수를 k차 동차 생산함수(homogeneous production function of degree k)라고 한다.

$$f(\lambda L, \lambda K) = \lambda^k f(L, K) = \lambda^k Q$$

2) k차 동차 생산함수와 규모에 대한 수익

① k차 동차 생산함수는 k의 값에 따라 규모에 대한 수익이 달라진다.

$$f(\lambda L, \lambda K) = \lambda^k f(L, K) = \lambda^k Q$$

- $k>1$: 생산량이 λ배보다 크게 증가 … 규모에 대한 수익체증(IRS)
- $k=1$: 생산량이 λ배만큼 증가 … 규모에 대한 수익불변(CRS)
- $k<1$: 생산량이 λ배보다 작게 증가 … 규모에 대한 수익체감(DRS)

② 콥-더글라스 생산함수 $Q=AL^\alpha K^\beta$은 노동과 자본의 투입량을 λ배 증가시키면 생산량이 $\lambda^{\alpha+\beta}$배만큼 증가하므로 $(\alpha+\beta)$차 동차 생산함수이다. 그러므로 $(\alpha+\beta)$의 값에 따라 규모에 대한 수익이 달라진다.

$$f(\lambda L, \lambda K) = A(\lambda L)^\alpha (\lambda K)^\beta = \lambda^{\alpha+\beta} AL^\alpha K^\beta = \lambda^{\alpha+\beta} Q$$

③ 선형 생산함수 $Q=aL+bK$는 노동과 자본의 투입량을 λ배 증가시키면 생산량이 λ배만큼 증가하므로 1차 동차 생산함수이다. 그러므로 규모에 대한 수익불변이다.

$$f(\lambda L, \lambda K) = a(\lambda L) + b(\lambda K) = \lambda(aL+bK) = \lambda Q$$

④ 레온티에프 생산함수 $Q=\min[aL, bK]$는 노동과 자본의 투입량을 λ배 증가시키면 생산량이 λ배만큼 증가하므로 1차 동차 생산함수이다. 그러므로 규모에 대한 수익불변이다.

$$f(\lambda L, \lambda K) = \min[a(\lambda L), b(\lambda K)] = \lambda \min[aL, bK] = \lambda Q$$

예제 두 생산요소 노동(L)과 자본(K)을 투입하는 생산함수 $Q=2L^2+2K^2$에서 규모 수익 특성과 노동의 한계생산을 각각 구하면?

해설

ⅰ) 생산함수 $Q=2L^2+2K^2$에서 노동(L)과 자본(K)의 투입량을 λ배 증가시키면 생산량(Q)이 λ^2배만큼 증가하므로 이 생산함수는 2차 동차 생산함수이다. 따라서 규모에 대한 수익이 체증한다.
- $f(\lambda L, \lambda K) = 2(\lambda L)^2 + 2(\lambda K)^2 = \lambda^2(2L^2+2K^2) = \lambda^2 Q$

ⅱ) 생산함수 $Q=2L^2+2K^2$을 L에 대해 미분하면 노동의 한계생산은 $MP_L=4L$이다. 따라서 노동의 한계생산은 체증함을 알 수 있다.

6 대체탄력성

(1) 개념

① 대체탄력성(elasticity of substitution)이란 생산 과정에서 한 생산요소가 다른 생산요소로 얼마나 쉽게 대체될 수 있는지를 나타내는 지표이다.
② 즉, 대체탄력성은 생산량을 일정 수준으로 유지할 때 생산요소 간 대체의 용이성을 나타내는 지표로, 대체탄력성이 클수록 생산요소 간 대체가능성이 크다고 말할 수 있다.
③ 대체탄력성의 크기는 등량곡선의 형태와 밀접한 관련을 갖는데, 대체탄력성이 클수록 등량곡선이 우하향의 직선에 가까워진다.

(2) 측정

① 대체탄력성(σ)은 생산량을 일정 수준으로 유지하면서 한계기술대체율($MRTS_{LK}$)이 1% 변화할 때 요소집약도$\left(\dfrac{K}{L}\right)$가 얼마나 변화하는지를 나타내는 지표이다.

➕ 요소집약도$\left(\dfrac{K}{L}\right)$를 1인당 자본량, 자본-노동비율이라고도 한다.

② 혹은, 대체탄력성(σ)은 생산량을 일정 수준으로 유지하면서 요소상대가격$\left(\dfrac{w}{r}\right)$이 1% 변화할 때 요소집약도$\left(\dfrac{K}{L}\right)$가 얼마나 변화하는지를 나타내는 지표이다.

➕ 생산자균형에서는 $MRTS_{LK} = \dfrac{w}{r}$이므로 위의 두 가지 정의는 동일하다.

③ 대체탄력성은 요소상대가격이 변화할 때 상대적으로 비싸진 생산요소를 상대적으로 싸진 생산요소로 대체하기가 얼마나 용이한지를 나타낸다.

$$\sigma = \frac{\Delta\left(\dfrac{K}{L}\right)/\left(\dfrac{K}{L}\right)}{\Delta MRTS_{LK}/MRTS_{LK}} = \frac{\Delta\left(\dfrac{K}{L}\right)/\left(\dfrac{K}{L}\right)}{\Delta\left(\dfrac{w}{r}\right)/\left(\dfrac{w}{r}\right)}$$

(3) 설명

① 그림 8-15에서 생산자균형점이 A점에서 B점으로 이동할 때 한계기술대체율(=요소상대가격)의 변화 정도는 그림 a)와 그림 b)가 동일하다.
② 그런데 그림 a)에서는 상대적으로 요소집약도의 변화 정도가 작은 반면, 그림 b)에서는 상대적으로 요소집약도의 변화 정도가 크다.
③ 그러므로 등량곡선의 곡률이 클수록 대체탄력성이 작고, 등량곡선의 곡률이 작을수록 대체탄력성이 크다. 그림 a)와 같이 상대적으로 등량곡선이 L자 형태에 가까운 경우에는 노동과 자본 사이의 대체가 잘 이루어지지 않는 데 반해, 그림 b)와 같이 상대적으로 등량곡선이 우하향의 직선에 가까운 경우에는 노동과 자본 사이의 대체가 크게 이루어지는 것이다.

✔ 등량곡선의 곡률이 클수록(L자에 가까울수록) 대체탄력성이 작고, 등량곡선의 곡률이 작을수록(직선에 가까울수록) 대체탄력성이 크다.

등량곡선의 형태와 대체탄력성 | 그림 8-15

a) 대체탄력성이 작은 경우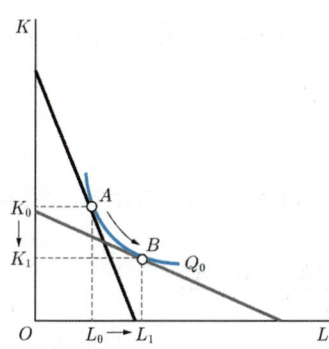

b) 대체탄력성이 큰 경우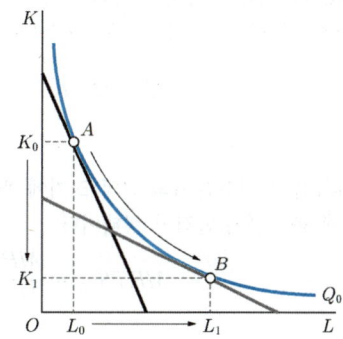

참고 ▶ 요소집약도

1. 개념
   ① 요소집약도(k)란 특정 재화 생산에 투입되는 생산요소, 즉 자본과 노동의 투입비율$\left(\dfrac{K}{L}\right)$로 1인당 자본량을 의미한다.
   ② 예컨대, 자본투입량이 20단위이고 노동투입량이 2단위이면 요소집약도(1인당 자본량)는 10이다.
   $$k = \dfrac{K}{L} = \dfrac{20}{2} = 10$$

2. 측정
   ① 요소집약도는 등량곡선상의 한 점과 원점을 이은 직선의 기울기로 측정된다.
   ② 아래 그림에서 A점에서의 요소집약도(k_0)는 B점에서의 요소집약도(k_1)보다 크다. 이를 통해, 상대적으로 A점은 자본집약적, B점은 노동집약적으로 생산이 이루어지고 있음을 알 수 있다.

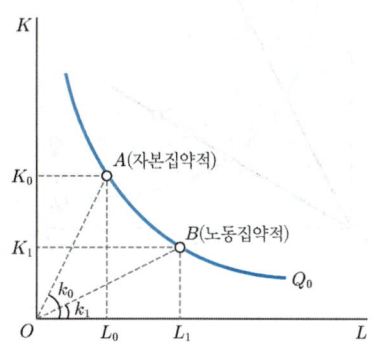

참고 ▶ 콥-더글라스 생산함수

1. 개념 및 형태
   ① 콥-더글라스 생산함수(Cobb-Douglas production function)는 개발자인 콥(C. W. Cobb)과 더글라스(P. H. Douglas)의 이름을 따서 명명되었다.
   ② 콥-더글라스 생산함수는 가장 널리 이용되는 일반적인 생산함수로 그 형태는 다음과 같다.

   $$Q = AL^\alpha K^\beta \quad (단,\ A>0,\ \alpha>0,\ \beta>0)$$

2. 특징
   ① 한계기술대체율이 지수인 α와 β의 크기에 관계없이 항상 체감하므로 콥-더글라스 생산함수의 등량곡선은 원점에 대해 볼록한 일반적인 형태이다.

   $$MRTS_{LK} = \frac{MP_L}{MP_K} = \frac{\alpha AL^{\alpha-1}K^\beta}{\beta AL^\alpha K^{\beta-1}} = \frac{\alpha}{\beta}\left(\frac{K}{L}\right)$$

   ✚ 위 한계기술대체율 식에서 노동투입량이 증가하고 자본투입량이 감소함에 따라 $MRTS_{LK} = \frac{\alpha}{\beta}\left(\frac{K}{L}\right)$는 감소함을 알 수 있다.
   → 한계기술대체율이 체감하므로 등량곡선은 원점에 대해 볼록한 형태이다.

   ② 한계기술대체율이 자본-노동투입비율 $\left(\frac{K}{L}\right)$에 의존하는 생산함수를 동조 생산함수(homothetic production function)라고 한다. 동조 생산함수의 경우 원점을 통과하는 직선과 등량곡선이 접하는 어떤 점에서도 한계기술대체율(등량곡선의 기울기)이 동일하다.

   ③ 노동과 자본의 투입량을 모두 λ배 증가시키면 생산량은 $\lambda^{\alpha+\beta}$배만큼 증가하므로 콥-더글라스 생산함수는 $(\alpha+\beta)$차 동차 생산함수이다. 그러므로 $(\alpha+\beta)$의 값에 따라 규모에 대한 수익이 달라진다.

   $$f(\lambda L, \lambda K) = A(\lambda L)^\alpha (\lambda K)^\beta = \lambda^{\alpha+\beta} AL^\alpha K^\beta = \lambda^{\alpha+\beta} Q$$

   - $\alpha+\beta>1$ … 규모에 대한 수익체증(IRS)
   - $\alpha+\beta=1$ … 규모에 대한 수익불변(CRS)
   - $\alpha+\beta<1$ … 규모에 대한 수익체감(DRS)

   ④ 규모에 대한 수익에 관계없이 콥-더글라스 생산함수의 대체탄력성은 항상 1이다.

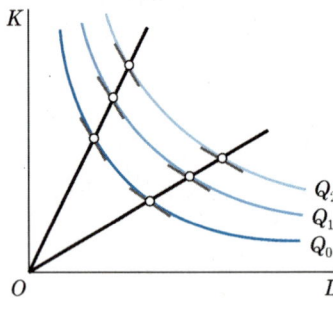

CHAPTER 09 비용이론

제1절 비용의 기초개념

1 비용과 비용함수

(1) 비용
① 비용(cost)이란 생산 과정에 투입된 생산요소들의 화폐가치를 말한다.
② 경제학에서는 비용을 기회비용의 관점에서 측정하는데, 이를 경제적 비용이라고 한다.
→ 경제적 비용은 기회비용이다.

> 기업이 생산 활동을 하는 데 드는 비용을 경제학적으로 분석할 때도 기회비용의 관점에서 측정한 비용을 고려 대상으로 삼아야 한다. 즉, 경제적 비용은 기회비용이 되어야 한다.

(2) 비용함수
① 비용함수(cost function)란 기업이 가장 효율적인 생산기술을 사용한다는 전제하에 주어진 산출량과 이를 생산하기 위한 비용의 관계를 함수 형태로 나타낸 것을 말한다.
② 생산함수는 산출량과 생산요소 투입량의 관계를 통해 생산기술을 나타내는 데 비해, 비용함수는 산출량과 비용의 관계를 통해 생산기술을 나타낸다. 그러므로 비용함수는 기업이 가지고 있는 생산기술에 대한 또 다른 표현방법이라고 할 수 있다.
③ 기업의 이윤이 극대화되려면 주어진 산출량을 최소의 비용으로 생산해야 하므로 비용은 이윤극대화와 밀접한 관련이 있으며, 기업의 생산량과 가격 결정에 있어서도 중요한 요인으로 작용한다.
④ 또한, 공급곡선의 형태와 시장으로의 진입 여부 결정에 영향을 미칠 수 있으며, 산업구조를 결정하는 요인으로도 작용한다.

2 회계적 비용과 경제적 비용

(1) 회계적 비용
① 회계적 비용(accounting cost)이란 생산 과정에서 실제로 지출되어 기업의 회계장부에 기록되는 비용을 말한다.
② 회계적 비용에는 통상적으로 기업이 실제로 지출한 명시적 비용(explicit cost)만 포함되므로 비용의 본질을 파악하는 데 적절하지 않다.
> ✚ 회계적 비용에는 인건비, 임대료, 원자재 구입비 등 누가 봐도 비용임이 명백한 것들만이 포함된다.

(2) 경제적 비용

① 경제적 비용(economic cost)이란 생산 과정에서 발생하는 모든 비용을 기회비용의 관점에서 측정한 것을 말한다.

② 경제적 비용에는 명시적 비용뿐만 아니라 암묵적 비용(implicit cost)도 포함된다.
   ✚ 다만, 매몰비용(sunk cost)은 회계적 비용임에도 기회비용이 0이므로 경제적 비용에서 제외된다.

③ 암묵적 비용(묵시적 비용)이란 눈에 보이지 않는 잠재적 비용을 말한다. 즉, 명시적 비용 계산에는 포함되지 않지만 생산 과정으로부터 발생하는 포기한 것의 가치를 말한다.

④ 암묵적 비용에는 잠재적 임금, 잠재적 지대, 잠재적 이자, 정상이윤 등이 포함된다.
   → 잠재적 임금, 잠재적 지대, 잠재적 이자 : 기업가 자신이 소유한 노동, 토지, 건물, 자금, 기계설비 등을 사용할 때의 기회비용
   → 정상이윤(normal profit) : 기업가가 동일한 재화를 계속 생산하게 하는 유인으로서 보장되어야 할 최소한의 이윤
      ✚ 정상이윤을 경제적 비용(암묵적 비용)에 포함시키는 이유는 장기에 정상이윤이 보장되지 않는다면 어떤 기업도 생산을 하지 않을 것이기 때문이다.
         → 정상이윤은 이윤이 아니라 비용에 포함된다.

> **✓ 정상이윤**
> - 기업가가 동일한 재화를 계속 생산하게 하는 유인으로서 보장되어야 할 최소한의 이윤
> - 투하된 자본에 대한 정상적인 수익이므로 기회비용에 해당함

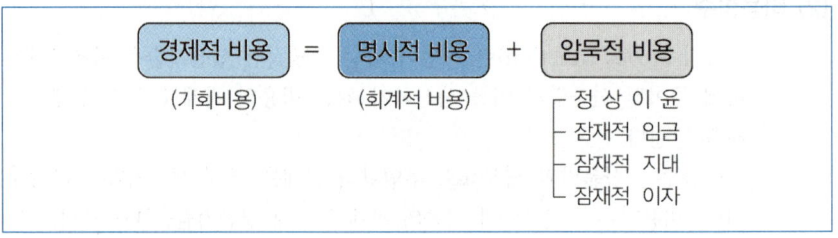

⑤ 총수입에서 경제적 비용을 뺀 것을 경제적 이윤(혹은 이윤)이라고 한다.
   ┌ 회계적 이윤 = 총수입 − 명시적 비용(회계적 비용)
   └ 경제적 이윤 = 총수입 − 경제적 비용(명시적 비용 + 암묵적 비용)
                = 회계적 이윤 − 암묵적 비용

→ 경제적 이윤이 양(+)의 값을 가지면 초과이윤이 발생한다고 말하고, 경제적 이윤이 음(−)의 값을 가지면 손실이 발생한다고 말한다. 그리고 경제적 이윤이 0이면 정상이윤만 존재한다고 말한다.

제2절 단기비용함수

1 단기총비용

(1) 총고정비용

① 총고정비용(Total Fixed Cost ; TFC)이란 생산량의 크기에 관계없이 지출되는 비용을 말한다(예 공장임대료, 차입금에 대한 이자 등).
　➕ 고정비용은 단기에서 고정요소의 존재로 인해 발생하므로 단기에만 있는 개념이다.

② 자본만이 유일한 고정요소라면 총고정비용은 고정된 자본투입량($\overline{K}$)에 자본의 가격인 자본임대료(r)를 곱한 값이 된다.

$$TFC = r\overline{K}$$

③ 생산량이 변화하더라도 총고정비용은 일정하므로 TFC곡선은 수평선의 형태를 띤다.

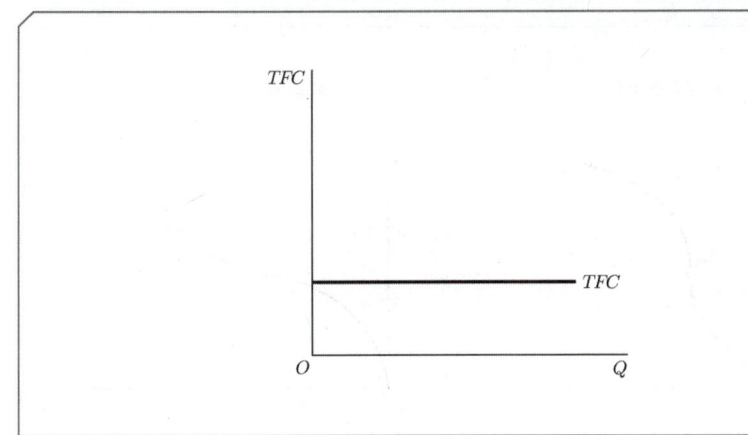

총고정비용곡선　그림 9-1

생산량이 변화하더라도 총고정비용은 일정하므로 총고정비용곡선은 수평선의 형태를 띤다.

(2) 총가변비용

① 총가변비용(Total Variable Cost ; TVC)이란 생산량의 크기에 따라 변화하는 비용을 말한다(예 인건비, 원자재 구입비 등).

② 노동만이 유일한 가변요소라면 총가변비용은 노동투입량(L)에 노동의 가격인 임금(w)을 곱한 값이 된다.

$$TVC = wL$$

③ 단기생산함수와 단기비용함수는 동전의 앞·뒷면과 같은 관계를 갖는데, 이를 생산과 비용의 쌍대관계(duality)라고 한다.

$$MC = \frac{w}{MP_L}$$

✅ 생산과 비용의 쌍대관계는 한계생산과 한계비용이 역(−)의 관계에 있음을 의미한다.

④ 그러므로 TVC곡선은 아래 그림의 그림 b)와 같이 체감적으로 증가하다가 체증적으로 증가하는 형태를 띤다.
  → 단기생산함수에서 처음에는 노동투입량이 증가할 때 총생산이 체증적으로 증가하다가 노동투입량이 일정 단위를 넘어서면 체감적으로 증가한다.
  → 임금이 w로 주어졌을 때 총생산이 체증적으로 증가한다는 것은 생산비용이 체감적으로 증가한다는 의미이고, 총생산이 체감적으로 증가한다는 것은 생산비용이 체증적으로 증가한다는 의미이다.
  → 즉, 한계생산이 체증하는 구간에서는 생산비용이 체감적으로 증가(한계비용이 체감)하고, 한계생산이 체감하는 구간에서는 생산비용이 체증적으로 증가(한계비용이 체증)한다.
    ┌ 한계생산 체증 → 한계생산 불변 → 한계생산 체감
    └ 한계비용 체감 → 한계비용 불변 → 한계비용 체증
  → 그러므로 처음에는 생산량이 증가할 때 총가변비용이 체감적으로 증가하다가 생산량이 일정 단위를 넘어서면 체증적으로 증가한다.
    ✦ TVC곡선이 아래 그림과 같은 형태가 되는 이유는 수확체감의 법칙 때문이다.

그림 9-2 총생산곡선과 총가변비용곡선

총가변비용곡선은 체감적으로 증가하다가 체증적으로 증가하는 형태를 띤다.

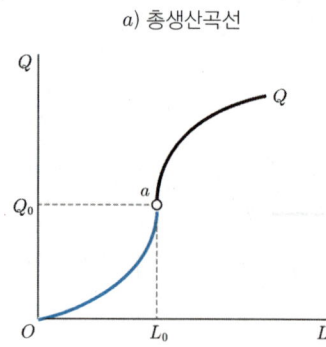

a) 총생산곡선

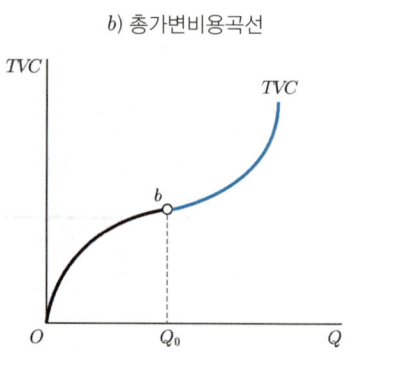

b) 총가변비용곡선

(3) 총비용

① 총비용(Total Cost ; TC)은 생산에 소요되는 모든 비용으로 총고정비용과 총가변비용을 합한 것이다.

$$TC = TFC + TVC = r\overline{K} + wL$$

  ✦ 총고정비용(TFC)은 총자본비용($r\overline{K}$)이고, 총가변비용(TVC)은 총노동비용(wL)이다.
② 총비용은 총고정비용과 총가변비용의 합이므로 TC곡선은 TVC곡선을 총고정비용(TFC)만큼 상방으로 이동시킨 형태이다.
③ 그러므로 모든 생산량 수준에서 TC곡선과 TVC곡선의 기울기는 항상 같다. 즉, TC곡선과 TVC곡선의 형태는 동일하다.

| 총비용곡선 | 그림 9-3

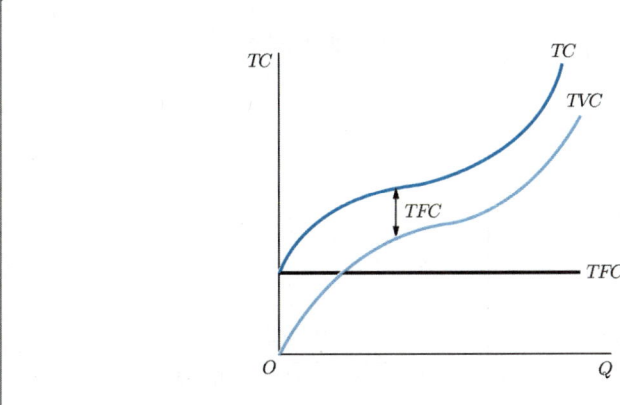

- $TC = TFC + TVC$
- 총비용곡선은 총가변비용곡선을 총고정비용만큼 상방으로 이동시킨 형태이다.
- 총비용곡선과 총가변비용곡선의 형태는 동일하다.

2 단기평균비용

(1) 평균고정비용

① 평균고정비용(Average Fixed Cost ; AFC)이란 생산량 1단위당 총고정비용을 말한다.

② 평균고정비용은 총고정비용을 생산량으로 나눈 값이다. 그러므로 평균고정비용은 다음과 같이 나타낼 수 있다.

$$AFC = \frac{TFC}{Q} = \frac{r\overline{K}}{Q}$$

③ 총고정비용(TFC)이 일정한 값(상수)이므로 생산량이 증가할 때 평균고정비용은 지속적으로 감소한다.

④ $AFC \times Q = TFC$(상수)이므로 AFC곡선은 직각쌍곡선의 형태를 띠며, TFC곡선과 원점을 이은 직선의 기울기로 측정된다.
　✥ AFC곡선은 극소점이 나타나지 않기 때문에 U자 형태가 아니다.

(2) 평균가변비용

① 평균가변비용(Average Variable Cost ; AVC)이란 생산량 1단위당 총가변비용을 말한다.

② 평균가변비용은 총가변비용을 생산량으로 나눈 값이다. 그러므로 평균가변비용은 다음과 같이 나타낼 수 있다.

$$AVC = \frac{TVC}{Q} = \frac{wL}{Q}$$

③ 처음에는 생산량이 증가할 때 평균가변비용이 체감하다가 생산량이 일정 단위를 넘어서면 체증하므로 AVC곡선은 U자 형태를 띠며, TVC곡선과 원점을 이은 직선의 기울기로 측정된다.

☑ AVC곡선이 U자 형태를 띠는 것은 수확체감의 법칙 때문이다.

그림 9-4 평균고정비용곡선과 평균가변비용곡선

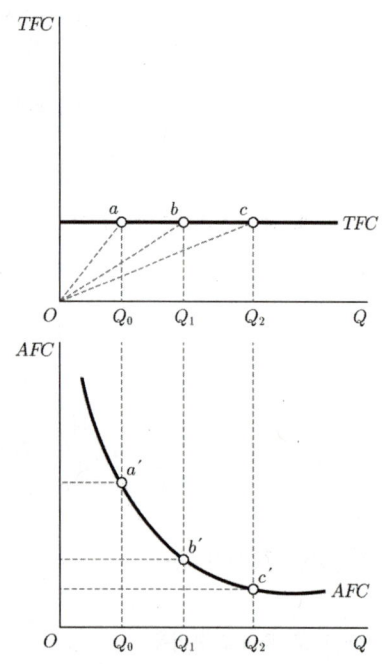
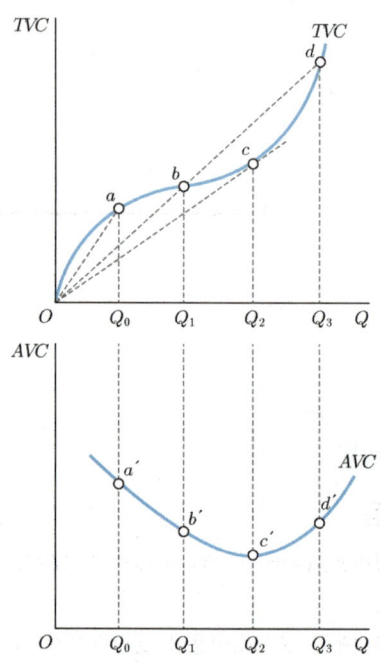

- $AFC = \dfrac{TFC}{Q}$
- $AFC \times Q = TFC$(상수)이므로 AFC 곡선은 직각쌍곡선의 형태를 띤다.

- $AVC = \dfrac{TVC}{Q}$
- 처음에는 생산량이 증가할 때 AVC가 체감하다가 생산량이 일정 단위를 넘어서면 체증하므로 AVC곡선은 U자 형태를 띤다.

(3) 평균비용

① 평균비용(Average Cost ; AC)이란 생산량 1단위당 총비용을 말한다.

② 평균비용은 총비용을 생산량으로 나눈 값이다. 그런데 총비용은 총고정비용과 총가변비용의 합이므로 평균비용은 다음과 같이 나타낼 수 있다.

$$AC = \dfrac{TC}{Q} = \dfrac{TFC}{Q} + \dfrac{TVC}{Q} = AFC + AVC$$

③ 처음에는 생산량이 증가할 때 평균비용이 체감하다가 생산량이 일정 단위를 넘어서면 체증하므로 AC곡선은 U자 형태를 띠며, TC곡선과 원점을 이은 직선의 기울기로 측정된다.

　✚ AC곡선은 AFC곡선과 AVC곡선을 수직으로 합하여 구할 수도 있다.

④ AC곡선은 항상 AVC곡선의 상방에 위치하지만 평균고정비용(AFC)이 지속적으로 감소하므로 AC곡선의 최저점은 AVC곡선의 최저점보다 우측에 위치하게 된다.

☑ AVC곡선이 U자 형태를 띠는 것은 수확체감의 법칙 때문이므로 AC곡선이 U자 형태를 띠는 것도 수확체감의 법칙 때문이다.

☑ 평균비용이 최소가 되는 생산량 Q_1을 최적생산량이라고 한다.

| 평균비용곡선 | 그림 9-5 |

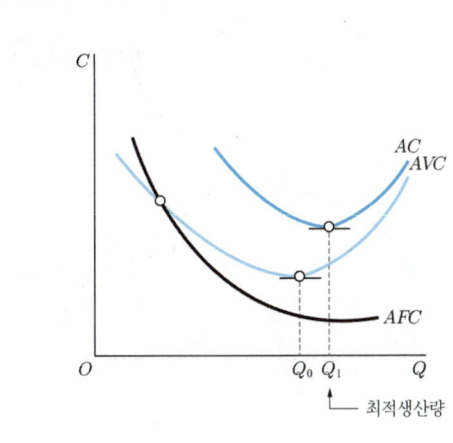

- $AC = \dfrac{TC}{Q}$
  $= AFC + AVC$
- 처음에는 생산량이 증가할 때 평균비용이 체감하다가 생산량이 일정 단위를 넘어서면 체증하므로 AC곡선은 U자 형태를 띤다.
- AC곡선은 항상 AVC곡선의 상방에 위치하며, AC곡선의 최저점(Q_1)은 AVC곡선의 최저점(Q_0)보다 우측에 위치한다.

3 한계비용

① 한계비용(Marginal Cost ; MC)이란 생산량을 1단위 추가적으로 증가시킬 때의 총비용(혹은 총가변비용)의 증가분을 말한다.

② 한계비용은 총비용(혹은 총가변비용)을 생산량에 대해 미분한 값이다. 그러므로 한계비용은 다음과 같이 나타낼 수 있다.

$$MC = \frac{\Delta TC}{\Delta Q} = \frac{\Delta TFC}{\Delta Q} + \frac{\Delta TVC}{\Delta Q} = \frac{\Delta TVC}{\Delta Q}$$

✥ 생산량이 변화하더라도 총고정비용은 일정하므로 $\dfrac{\Delta TFC}{\Delta Q} = 0$이다. 결국, 한계비용은 한계가변비용을 의미하며, 고정비용은 한계비용과 무관함을 알 수 있다.

③ 처음에는 생산량이 증가할 때 한계비용이 체감하다가 생산량이 일정 단위를 넘어서면 체증하므로 MC곡선은 U자 형태를 띠며, TC곡선(혹은 TVC곡선)의 접선의 기울기로 측정된다.
  → 한계비용(MC)이 체감하다가 체증하는 것은 한계생산(MP_L)이 체증하다가 체감하기 때문이다.

④ 총비용(혹은 총가변비용)을 미분하면 한계비용이 되나, 한계비용을 적분하면 총비용이 아니라 총가변비용이 된다.
  → 단기에 총비용은 고정비용과 가변비용을 모두 포함하는 데 반해, 한계비용은 가변비용만을 포함하기 때문이다.

☑ $TC \underset{적분}{\overset{미분}{\rightleftarrows}} MC$

$TVC \underset{적분}{\overset{미분}{\rightleftarrows}} MC$

⑤ 생산함수에서 살펴본 평균과 한계의 관계는 비용함수에서도 성립한다.

- 평균비용이 증가하면 한계비용>평균비용 : $MC > AC \leftrightarrow AC$ 증가
- 평균비용의 극소점에서 한계비용=평균비용 : $MC = AC \leftrightarrow AC$ 극소
- 평균비용이 감소하면 한계비용<평균비용 : $MC < AC \leftrightarrow AC$ 감소

그림 9-6 한계비용곡선

- $MC = \dfrac{\Delta TC}{\Delta Q} = \dfrac{\Delta TVC}{\Delta Q}$
- 처음에는 생산량이 증가할 때 한계비용이 체감하다가 생산량이 일정 단위를 넘어서면 체증하므로 MC곡선은 U자 형태를 띤다.

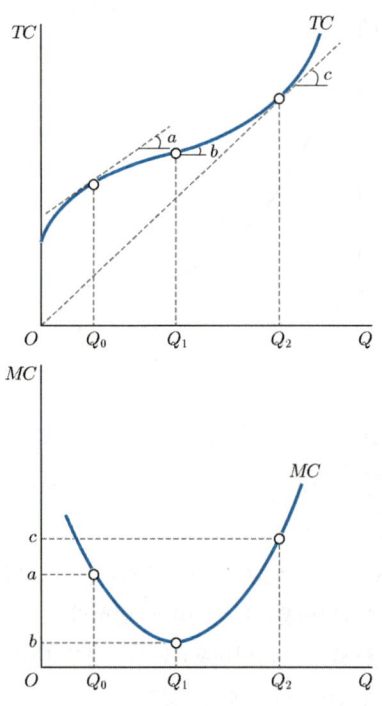

4 단기비용곡선들의 관계

① TC곡선과 TVC곡선은 형태가 동일하다.
　→ TC곡선은 TVC곡선을 TFC만큼 상방으로 이동시킨 형태이다.
② AC곡선, AVC곡선, MC곡선은 U자 형태이다.
③ AFC곡선은 직각쌍곡선의 형태이다.
④ AVC곡선은 항상 AC곡선의 하방에 위치한다.
⑤ 생산량이 증가할수록 AVC곡선은 AC곡선에 근접해 간다.
　→ 생산량이 증가함에 따라 AFC가 지속적으로 감소하기 때문이다.
⑥ AVC곡선의 최저점은 AC곡선의 최저점보다 좌측에 위치한다.
　→ AVC가 극소점을 지나 증가하는 구간에서도 AFC는 지속적으로 감소하므로 AFC의 감소분이 AVC의 증가분에 의해 상쇄되는 순간까지 AC는 감소한다.
⑦ MC곡선은 AVC곡선과 AC곡선의 최저점을 통과한다.
⑧ MC곡선은 AC가 감소하는 구간에서는 AC곡선 하방에 위치하고, AC가 증가하는 구간에서는 AC곡선 상방에 위치한다.
⑨ AC곡선의 최저점에 대응하는 생산량이 최적생산량이다.

단기비용곡선들의 관계 | 그림 9-7

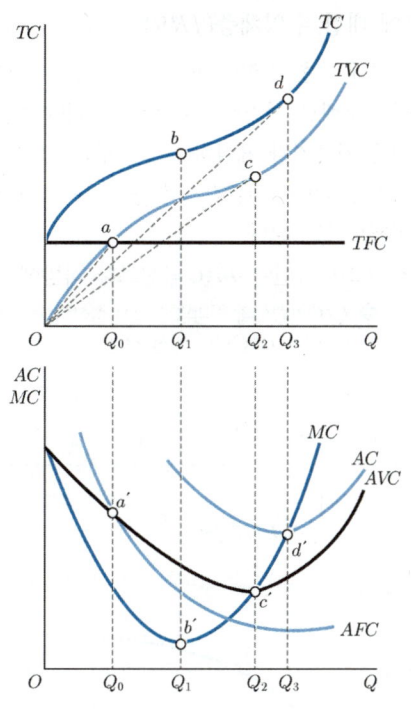

제3절 장기비용함수

1 단기총비용과 장기총비용

① 단기에는 시설규모가 고정되어 있으나, 장기에는 시설규모를 원하는 수준으로 조정하는 것이 가능하다.
  → 단기와 달리 장기에는 모든 생산요소가 가변요소가 된다.
② 그러므로 단기비용은 고정비용과 가변비용으로 구분되는 데 비해, 장기비용은 모든 비용이 가변비용이다.
③ 장기에는 고정비용이 존재하지 않으므로 장기총비용곡선은 원점을 통과한다.
④ 단기비용곡선은 수확체감의 법칙에 따라 도출되나, 장기비용곡선은 규모에 대한 수익에 따라 도출된다.

2 장기비용곡선

(1) 규모에 대한 수익과 장기비용곡선

1) 규모에 대한 수익체증(IRS)

① 규모에 대한 수익이 체증하는 경우, 생산요소를 2배보다 더 적게 투입해도 생산량이 2배로 증가하므로 장기총비용이 체감적으로 증가한다. 그러므로 LTC곡선은 기울기가 체감하는 우상향의 곡선 형태를 띤다.

② 장기총비용이 체감적으로 증가하므로 LAC곡선과 LMC곡선은 우하향의 곡선 형태로 도출된다.
  → LMC곡선이 LAC곡선보다 하방에 위치한다.
    ✚ LTC곡선상의 임의의 점에서 접선의 기울기가 원점을 이은 직선의 기울기보다 작기 때문에 LMC가 LAC보다 항상 작다.

그림 9-8 규모에 대한 수익체증(IRS)

- 규모에 대한 수익이 체증하는 경우, LTC곡선은 기울기가 체감하는 우상향의 곡선 형태를 띤다.
- 장기총비용이 체감적으로 증가하므로 LAC곡선, LMC곡선은 우하향의 곡선 형태로 도출된다.

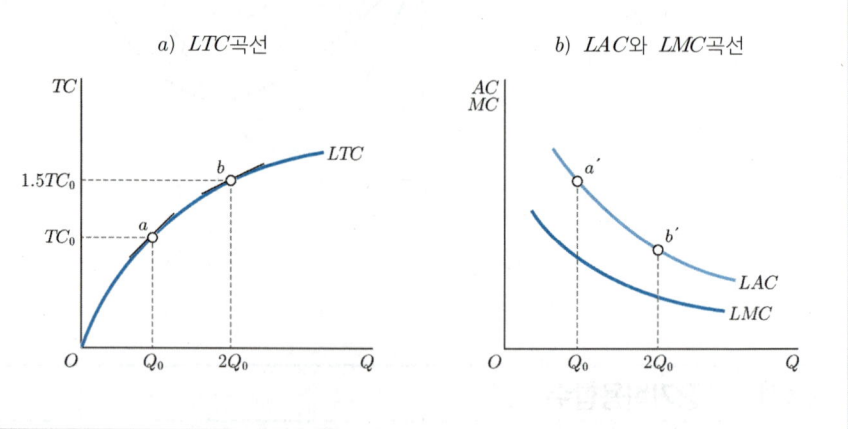

2) 규모에 대한 수익불변(CRS)

① 규모에 대한 수익이 불변인 경우, 생산요소를 2배만큼 투입해야 생산량이 2배로 증가하므로 장기총비용이 비례적으로 증가한다. 그러므로 LTC곡선은 원점을 지나는 우상향의 직선 형태를 띤다.

② 장기총비용이 비례적으로 증가하므로 LAC곡선과 LMC곡선은 수평선의 형태로 도출된다.
  → LMC곡선과 LAC곡선은 수평선으로 서로 일치한다.

규모에 대한 수익불변(CRS) | 그림 9-9

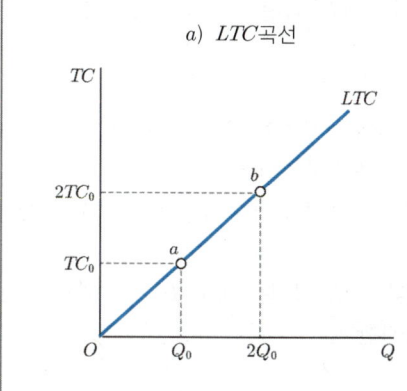

a) LTC곡선

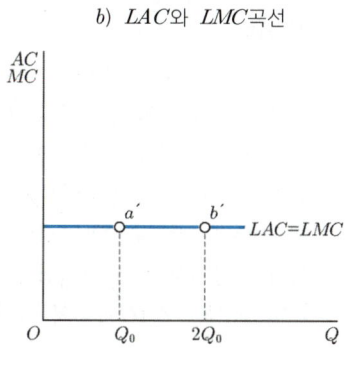

b) LAC와 LMC곡선

- 규모에 대한 수익이 불변인 경우, LTC곡선은 원점을 지나는 우상향의 직선 형태를 띤다.
- 장기총비용이 비례적으로 증가하므로 LAC곡선, LMC곡선은 수평선의 형태로 도출된다.

3) 규모에 대한 수익체감(DRS)

① 규모에 대한 수익이 체감하는 경우, 생산요소를 2배보다 더 많이 투입해야 생산량이 2배로 증가하므로 장기총비용이 체증적으로 증가한다. 그러므로 LTC곡선은 기울기가 체증하는 우상향의 곡선 형태를 띤다.

② 장기총비용이 체증적으로 증가하므로 LAC곡선과 LMC곡선은 우상향의 곡선 형태로 도출된다.
→ LMC곡선이 LAC곡선보다 상방에 위치한다.
   ◆ LTC곡선상의 임의의 점에서 접선의 기울기가 원점을 이은 직선의 기울기보다 크기 때문에 LMC가 LAC보다 항상 크다.

규모에 대한 수익체감(DRS) | 그림 9-10

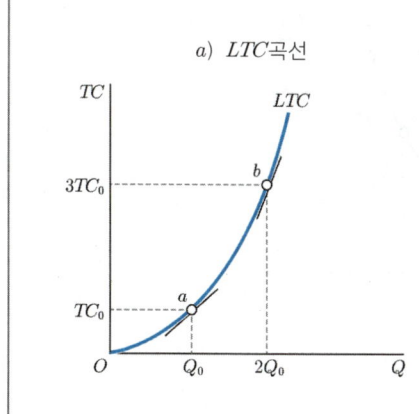

a) LTC곡선

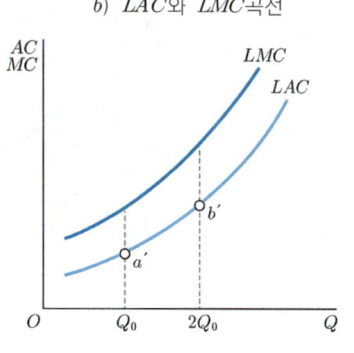

b) LAC와 LMC곡선

- 규모에 대한 수익이 체감하는 경우, LTC곡선은 기울기가 체증하는 우상향의 곡선 형태를 띤다.
- 장기총비용이 체증적으로 증가하므로 LAC곡선, LMC곡선은 우상향의 곡선 형태로 도출된다.

(2) 일반적인 장기비용곡선

① 장기에 '규모에 대한 수익체증 → 규모에 대한 수익불변 → 규모에 대한 수익체감'이 단계적으로 나타나므로 LTC곡선도 STC곡선과 거의 유사한 형태를 띠게 된다.
② 다만, 장기에는 고정비용이 존재하지 않으므로 LTC곡선은 원점을 통과한다.
③ 장기총비용곡선이 주어지면 단기비용이론에서 설명한 것과 동일한 방법으로 장기평균비용곡선과 장기한계비용곡선을 도출할 수 있다.
④ 장기평균비용은 장기총비용곡선과 원점을 이은 직선의 기울기로 측정되고, 장기한계비용은 장기총비용곡선의 접선의 기울기로 측정된다.
⑤ 아래 그림에서 보는 것처럼 LAC곡선과 LMC곡선은 모두 U자 형태를 띠고, LMC곡선은 LAC곡선의 최저점을 통과한다.

 SAC곡선이 U자 형태를 띠는 것은 수확체감의 법칙 때문이나, LAC곡선이 U자 형태를 띠는 것은 규모에 대한 수익 때문이다.

그림 9-11 장기비용곡선

- LTC곡선은 STC곡선과 거의 유사한 형태를 띤다.
- LAC곡선과 LMC곡선은 둘 다 U자 형태를 띠고, LMC곡선은 LAC곡선의 최저점을 통과한다.

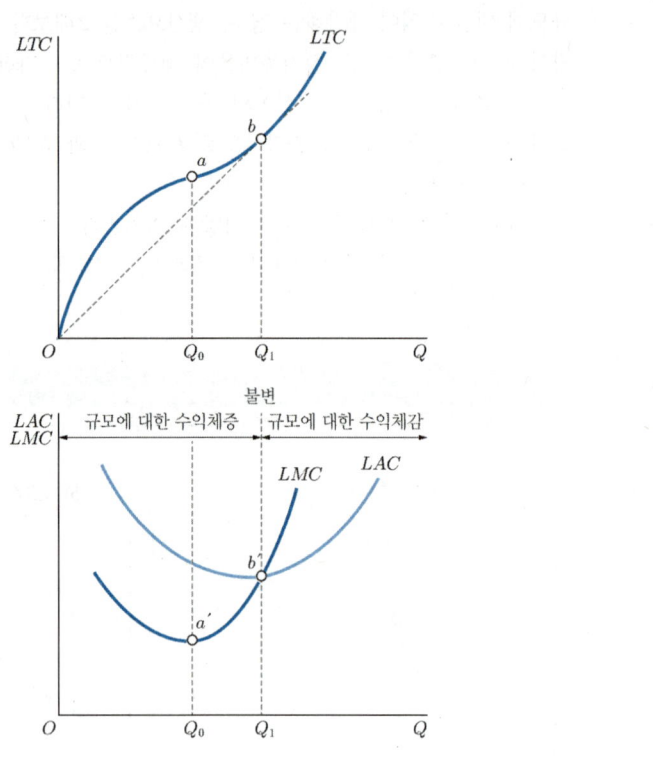

(3) 규모의 경제와 규모의 불경제

① 규모의 경제(economies of scale)란 생산량이 증가할 때 장기평균비용이 점점 하락하는 현상을 말한다. 반면, 규모의 불경제(diseconomies of scale)란 생산량이 증가할 때 장기평균비용이 점점 상승하는 현상을 말한다.

② 장기에 시설규모가 커지면 규모에 대한 수익체증으로 장기평균비용이 하락하는 규모의 경제가 발생한다. 그러나 시설규모가 일정 수준을 넘어서면 규모에 대한 수익이 체감하므로 장기평균비용이 상승하는 규모의 불경제가 발생한다.

③ 그 결과, 전형적인 LAC곡선이 U자 형태로 도출된다.

☑ LAC곡선이 우하향하는 구간에서 규모의 경제가 존재하고, LAC곡선이 우상향하는 구간에서 규모의 불경제가 존재한다.

규모의 경제와 규모의 불경제   그림 9-12

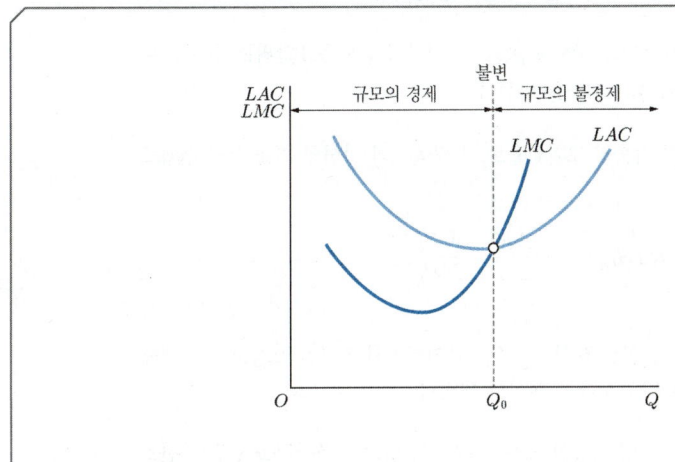

생산량이 Q_0에 도달할 때까지는 장기평균비용이 하락하므로 규모의 경제가 발생하고, 생산량이 Q_0를 넘어서면 장기평균비용이 상승하므로 규모의 불경제가 발생한다.

01. 한계생산(MP_L)은 총생산을 미분한 값이며, 총생산곡선의 접선의 기울기로 측정된다.

$$MP_L = \frac{\Delta Q}{\Delta L}$$

02. 한계생산체감의 법칙(수확체감의 법칙)이란 고정요소가 존재하는 단기에 가변요소의 투입량이 증가함에 따라 그 가변요소의 한계생산이 감소하는 현상을 말한다.

03. 등량곡선이란 동일한 양의 재화를 생산할 수 있는 노동(L)과 자본(K)의 조합점을 연결한 곡선을 말한다. 등량곡선의 성질은 무차별곡선의 성질과 동일하다.

04. 한계기술대체율($MRTS_{LK}$)이란 동일한 생산량수준을 유지하면서 노동 1단위를 추가로 투입하기 위해 감소시켜야 하는 자본의 수량을 말한다.

05. 한계기술대체율은 두 생산요소의 기술적 교환비율로, 등량곡선의 접선의 기울기(절댓값)로 측정된다.

$$MRTS_{LK} = -\frac{\Delta K}{\Delta L} = \frac{MP_L}{MP_K}$$

06. 한계기술대체율체감의 법칙이란 동일한 생산량수준을 유지하면서 자본을 노동으로 대체해 감에 따라 한계기술대체율이 점점 감소하는 현상을 말한다.

07. 등비용선이란 주어진 총비용으로 투입 가능한 노동(L)과 자본(K)의 조합점을 연결한 선을 말한다. 등비용선은 소비자이론의 예산선과 유사한 개념이다.

08. 생산자(기업)가 주어진 비용을 전부 노동(L)과 자본(K) 구입에 사용한다면 생산자의 비용제약식과 등비용선식은 다음과 같이 나타낼 수 있다.

$$TC = wL + rK \rightarrow K = -\frac{w}{r}L + \frac{TC}{r}$$

09. 생산자균형이란 주어진 비용제약하에서 생산량이 극대화된 상태 혹은 주어진 생산량하에서 비용이 극소화된 상태를 말한다.

10. 생산자균형은 등량곡선과 등비용선이 접하는 점에서 달성되므로 생산자균형에서는 등량곡선의 기울기($MRTS_{LK}$)와 등비용선의 기울기$\left(\frac{w}{r}\right)$가 일치한다. 또한, 한계생산균등의 법칙이 성립한다.

$$MRTS_{LK} = \frac{w}{r} \rightarrow \frac{MP_L}{w} = \frac{MP_K}{r}$$

11. 경제적 이윤 = 총수입 − 경제적 비용(명시적 비용 + 암묵적 비용)

12. 평균비용(AC)은 생산량 1단위당 총비용으로, TC곡선과 원점을 이은 직선의 기울기로 측정된다.

$$AC = \frac{TC}{Q} = \frac{TFC}{Q} + \frac{TVC}{Q} = AFC + AVC$$

13. 한계비용(MC)은 생산량을 1단위 추가적으로 증가시킬 때의 총비용(혹은 총가변비용)의 증가분으로, TC곡선(혹은 TVC곡선)의 접선의 기울기로 측정된다.

$$MC = \frac{\Delta TC}{\Delta Q} = \frac{\Delta TFC}{\Delta Q} + \frac{\Delta TVC}{\Delta Q} = \frac{\Delta TVC}{\Delta Q}$$

14. 규모의 경제(economies of scale)란 생산량이 증가할 때 장기평균비용이 점점 하락하는 현상을 말한다.

MEMO

PART

05
시장이론

10 완전경쟁시장
11 독점시장
12 독점적 경쟁시장
13 과점시장
14 게임이론

CHAPTER 10 완전경쟁시장

제1절 시장이론의 개요

1 시장의 개념 및 구분

① 시장(market)이란 재화의 수요와 공급에 관한 정보 교환을 통해 가격이 결정되고, 그 결과 재화의 거래가 이루어지는 추상적인 제도나 기구를 말한다.
② 시장에서는 수요자와 공급자의 상호작용을 통해 재화의 가격과 거래량이 결정되는데, 시장의 형태가 무엇인지, 즉 경쟁적인 시장인지 아니면 독점적인 시장인지에 따라 그 결정 과정이 달라진다.
③ 시장의 형태는 기업의 수, 재화의 동질성 여부, 진입장벽의 존재 여부, 가격지배력 등에 따라 구분되는데, 크게 완전경쟁시장과 불완전경쟁시장으로 구분되고, 불완전경쟁시장은 다시 독점적 경쟁시장, 과점시장, 독점시장으로 구분된다.

	완전경쟁시장	불완전경쟁시장		
		독점적 경쟁시장	과점시장	독점시장
기업의 수	무수히 많음	다수의 기업	소수의 기업	1개
재화의 동질성	동질적	이질적	동질적(순수) 이질적(차별)	동질적
진입장벽	전혀 없음	없음	상당한 진입장벽	완벽한 진입장벽
가격지배력	전혀 없음	어느 정도 있음	상당히 큼	매우 큼
주된 판매방법	경매	가격경쟁 및 비가격경쟁	치열한 비가격경쟁	광고
한국경제의 예	채소, 곡물, 수산물, 주식, 외환 등	미용실, 세탁소, 약국, 주유소, 식당, 극장 등	설탕, 시멘트, 철강, 맥주, 자동차, 냉장고 등	전기, 전화, 수도, 철도, 담배 등

2 기업의 목표 : 이윤극대화

① 현실에서 기업이 추구하는 목표는 다양하게 나타나는데, 경제학에서는 기업의 목표가 이윤극대화에 있다고 가정하는 이윤극대화가설을 일반적으로 받아들인다.
→ 이윤극대화가설에서 기업의 유일한 목표는 이윤극대화이며, 기업의 모든 의사결정은 이윤극대화의 관점에서 이루어진다.

② 이윤(π)은 총수입(Total Revenue ; TR)에서 총비용(Total Cost ; TC)을 차감한 값으로 정의된다.

③ 총수입도 판매량(Q)에 의해 결정되고, 총비용도 생산량(Q)에 의해 결정되므로 이윤함수는 다음과 같이 나타낼 수 있다.

$$\pi = TR(Q) - TC(Q)$$

❖ 분석의 편의상 기업들이 생산한 재화는 시장에서 전부 판매된다고 가정한다. 그러므로 생산량과 판매량은 일치한다.

④ 이윤이 극대화되는 생산량을 구하려면 이윤함수를 Q에 대해 미분한 다음 0으로 두면 된다.

⑤ $\frac{\Delta TR}{\Delta Q}$은 판매량이 1단위 추가로 증가할 때의 총수입의 증가분으로 한계수입(Marginal Revenue ; MR)을 의미하고, $\frac{\Delta TC}{\Delta Q}$는 생산량이 1단위 추가로 증가할 때의 총비용의 증가분으로 한계비용(Marginal Cost ; MC)을 의미한다.

⑥ 그러므로 이윤이 극대화되려면 판매량(=생산량)이 1단위 증가할 때의 한계수입(MR)과 한계비용(MC)이 일치해야 한다는 것을 알 수 있다.

$$\frac{\Delta \pi}{\Delta Q} = \frac{\Delta TR}{\Delta Q} - \frac{\Delta TC}{\Delta Q} = 0$$
$$\to MR - MC = 0$$
$$\therefore MR = MC \cdots \text{이윤극대화 조건}$$

⑦ 이윤극대화 조건 $MR = MC$는 시장 형태에 관계없이 항상 적용된다. 만약 $MR \neq MC$이면 생산량 조정을 통한 이윤 증가가 가능하다.

⑧ 예컨대, $MR > MC$라면 생산량을 1단위 늘릴 때 추가로 얻는 수입이 추가로 소요되는 비용보다 더 크므로 생산량을 증가시키면 이윤이 증가한다. 반대로, $MR < MC$라면 생산량을 1단위 줄일 때 잃게 되는 수입보다 절감되는 비용이 더 크므로 생산량을 감소시키면 이윤이 증가한다.

⑨ 결국, 이윤이 극대화되는 생산량수준에서는 한계수입과 한계비용이 일치하는데, $MR = MC$가 성립한다는 것은 더 이상 생산량 조정을 통해 이윤을 증가시킬 수 없다는 것을 의미한다.

제2절 완전경쟁시장의 개념 및 특징

1 완전경쟁시장의 개념

① 완전경쟁시장(perfect competition market)이란 다수의 수요자와 공급자가 존재하고 자유로운 진입과 퇴출이 보장되는 상황에서 모든 공급자가 동질적인 재화를 생산하는 시장을 말한다.
② 완전경쟁시장에서는 가장 이상적인 상태의 자원배분이 달성되므로 다른 시장들의 자원배분 상태를 평가하는 기준이 된다.

2 완전경쟁시장의 특징

(1) 다수의 수요자와 공급자

① 완전경쟁시장에는 다수의 수요자와 공급자가 존재하므로 개별수요자와 개별공급자는 시장지배력을 전혀 행사할 수 없다.
② 즉, 개별수요자가 수요량을 변화시키거나 개별공급자가 공급량을 변화시키더라도 시장가격에 아무런 영향을 미칠 수 없다.
③ 그러므로 개별수요자와 개별공급자는 시장에서 결정된 가격을 주어진 것으로 받아들이는 가격수용자(price taker)로서 행동한다.

> ✔ 완전경쟁시장에서 개별경제주체는 가격수용자로서 행동한다.

(2) 재화의 동질성

① 완전경쟁시장의 모든 공급자는 동질적인 재화(homogeneous goods)를 생산한다.
② 재화가 동질적이라는 것은 재화의 기술적 특성뿐만 아니라 판매 및 사후 서비스와 관련된 조건 등 모든 것이 동일함을 의미한다.
③ 그러므로 수요자는 공급자가 누구인지에 관계없이 오직 가격에만 신경을 쓴다.

> ✔ 완전경쟁시장의 재화는 모두 동질적이므로 서로 완전대체재 관계이다.

(3) 자유로운 진입과 퇴출 : 장기

① 완전경쟁시장에서는 장기에 진입장벽이 전혀 없고 생산요소의 완전이동성이 보장되므로 기업이 자유롭게 특정 산업에 진입하거나, 특정 산업으로부터 퇴출할 수 있다.
  ➕ 생산요소의 완전이동성은 즉각적인 진입과 퇴출이 가능하다는 의미가 아니라, 한 산업에서 다른 산업으로 이동하는 데 비용이 들지 않는다는 의미이다. 즉, 매몰비용이 존재하지 않는다는 뜻이다.
② 완전경쟁시장에서는 장기에 기업의 자유로운 진입과 퇴출이 보장되므로 개별기업은 장기에 정상이윤만을 얻고 초과이윤은 0이 된다.

> ✔ 완전경쟁시장의 경우에도 단기에는 고정요소가 존재하므로 진입과 퇴출이 불가능하다.

(4) 완전한 정보

① 완전경쟁시장에서 경제주체들은 가격에 관한 완전한 정보를 보유하고 있으며, 미래에 대한 불확실성은 없는 것으로 가정한다.
② 그러므로 완전경쟁시장에서는 한 재화에 대해 단 하나의 가격만이 존재하는 일물일가(一物一價)의 법칙이 성립한다.

제3절 완전경쟁시장의 단기균형

1 총수입, 평균수입, 한계수입

(1) 총수입

① 총수입(Total Revenue ; TR)이란 기업이 재화를 판매하여 벌어들이는 수입의 총량을 말한다.
② 총수입은 재화가격에 판매량을 곱한 값으로 정의된다.

$$TR = P \times Q$$

③ 완전경쟁시장에 참여하는 개별기업은 가격수용자로서 주어진 가격으로 원하는 만큼의 재화를 판매할 수 있기 때문에 판매량이 증가할수록 총수입은 비례적으로 증가한다.
  ✛ 완전경쟁시장에서 개별기업은 가격수용자로서 행동하므로 가격이 고정된 상수($\overline{P}$)가 된다.
④ 그러므로 완전경쟁기업의 총수입곡선은 원점을 통과하는 직선의 형태이다.

(2) 평균수입

① 평균수입(Average Revenue ; AR)이란 재화 1단위당 총수입을 말한다.
② 평균수입은 총수입을 판매량으로 나눈 값으로, TR곡선과 원점을 이은 직선의 기울기로 측정된다.

$$AR = \frac{TR}{Q} = \frac{P \times Q}{Q} = P$$

③ 위 식에서 보듯, 평균수입(AR)은 항상 가격(P)과 일치하므로 수요곡선이 평균수입곡선이 되고, 수요곡선의 높이가 가격(P)이면서 평균수입(AR)이 된다.
④ 완전경쟁기업의 평균수입곡선과 수요곡선은 모두 수평선의 형태로 일치한다.
  ✛ 여기서 말하는 수요곡선은 개별기업이 직면하는 수요곡선이다. 생산물시장이 독점이면 시장에 기업이 1개만 존재하므로 시장수요곡선이 곧 개별기업이 직면하는 수요곡선이 되지만, 그 외에는 시장수요곡선과 개별기업이 직면하는 수요곡선이 일치하지 않는다.

☑ 시장 형태에 관계없이 평균수입(AR)은 항상 가격(P)과 일치한다.

(3) 한계수입

① 한계수입(Marginal Revenue ; MR)이란 판매량이 1단위 추가로 증가할 때의 총수입의 증가분을 말한다.
② 한계수입은 총수입함수를 판매량에 대해 미분한 값으로, TR곡선의 접선의 기울기로 측정된다.

$$MR = \frac{\Delta TR}{\Delta Q} = \frac{P \times \Delta Q}{\Delta Q} = P$$

③ 완전경쟁시장에서 개별기업의 한계수입(MR)은 가격(P)과 일치하므로 한계수입곡선은 수평선의 형태이다.
④ 완전경쟁시장에서는 항상 $P = AR = MR$이 성립하므로 주어진 가격수준에서 수평선이 수요곡선이면서 동시에 평균수입곡선 그리고 한계수입곡선이 된다.

☑ 생산물시장이 불완전경쟁시장이면 한계수입(MR)은 가격(P)보다 작다.

> 그림 10-1　총수입곡선, 평균수입곡선, 한계수입곡선

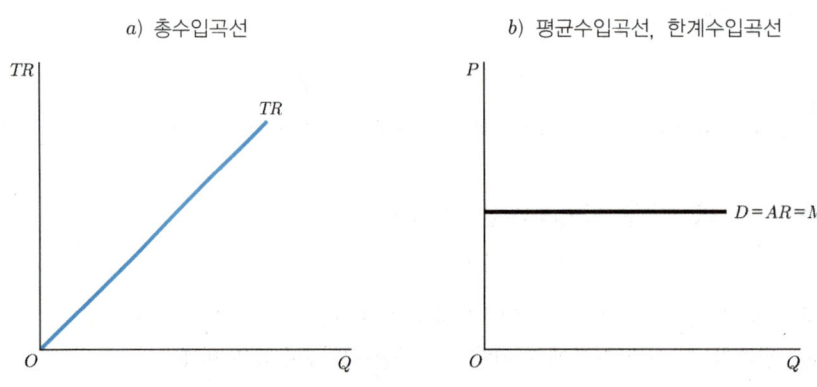

완전경쟁기업의 총수입곡선이 원점을 통과하는 직선의 형태이므로 총수입곡선과 원점을 이은 직선의 기울기로 측정되는 평균수입이 일정하고, 총수입곡선의 접선의 기울기로 측정되는 한계수입도 일정하다. 그러므로 완전경쟁기업의 평균수입곡선과 한계수입곡선은 모두 주어진 가격수준에서 수평선의 형태로 일치한다.

2 수요곡선

(1) 시장전체의 수요곡선

① 시장전체의 수요곡선은 개별소비자의 수요곡선의 수평합으로 도출된다.
② 시장전체의 수요곡선은 수요의 법칙에 따라 우하향한다.

(2) 개별기업의 수요곡선

① 완전경쟁시장에 참여하는 개별기업은 가격수용자로서 시장에서 균형가격이 결정되면 주어진 시장가격으로 원하는 만큼의 재화를 판매할 수 있다.
  → 시장가격보다 가격이 높으면 수요가 0이므로 개별기업은 시장가격보다 높게 가격을 책정할 수 없다.
  → 개별기업은 현재의 시장가격에서 원하는 만큼의 재화를 판매할 수 있으므로 시장가격보다 낮게 가격을 책정할 이유가 없다.
  → 결국, 개별기업은 가격을 시장가격과 동일하게 책정한다. 이것을 개별기업이 시장가격을 주어진 것으로 받아들인다고 표현하는 것이다.
② 개별기업이 아무리 생산량을 변화시켜도 시장가격이 전혀 변하지 않으므로 개별기업이 직면하는 수요곡선은 시장의 균형가격수준에서 수평선의 형태이다(완전탄력적).

그림 10-2 | 시장수요곡선과 개별기업이 직면하는 수요곡선

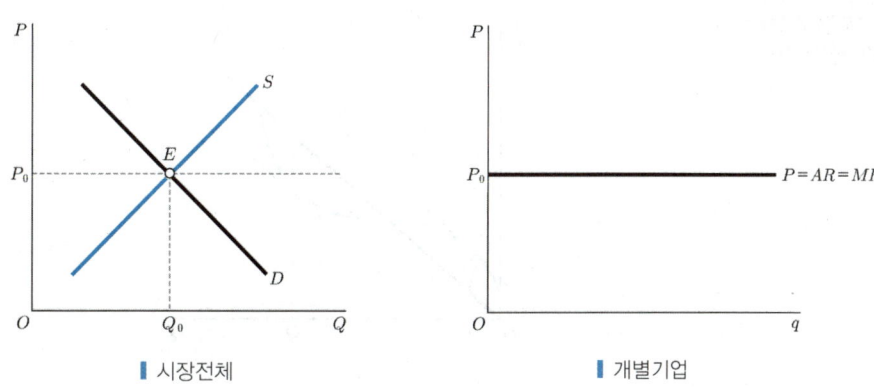

| 시장전체 | 개별기업 |

개별소비자의 수요곡선을 수평으로 합한 시장수요곡선은 우하향의 형태이나, 시장에서 균형가격이 P_0로 결정되면 개별기업은 주어진 시장가격으로 원하는 만큼의 재화를 판매할 수 있으므로 개별기업이 직면하는 수요곡선은 시장의 균형가격수준에서 수평선의 형태이다.

3 완전경쟁기업의 이윤극대화

① 앞에서 살펴본 바와 같이, 기업의 이윤극대화 조건은 $MR = MC$이다.
② 완전경쟁시장에서는 가격(P)과 한계수입(MR)이 일치하므로 항상 다음의 관계가 성립한다.

$$P = AR = MR$$

③ 따라서 완전경쟁기업의 이윤극대화 조건은 다음과 같이 나타낼 수 있다.

$$P = MR = MC$$

④ $MR = MC$는 모든 시장에서 적용되는 이윤극대화 조건이지만, $P = MC$는 완전경쟁시장에서만 적용되는 이윤극대화 조건이다.
⑤ 그런데 $MR = MC$가 성립한다고 해서 항상 이윤극대화가 달성되는 것은 아니다.
⑥ 그림 10-3의 생산량 Q_0 수준에서는 $MR = MC$가 성립하지만 이윤이 극소화되고 있고, 생산량 Q_1 수준에서는 $MR = MC$가 성립하면서 이윤이 극대화되고 있다.

✚ 생산량 Q_0 수준에서는 $TR < TC$이므로 오히려 손실극대화가 달성된다. 이는 이윤극대화의 제2계 조건(MR곡선의 기울기 < MC곡선의 기울기)과 관련된 내용으로 본서의 범위를 넘어서기 때문에, 앞으로는 이윤극대화의 제2계 조건은 충족되는 것으로 가정하고 제1계 조건($MR = MC$)만 논의하기로 한다.

⑦ 결국, 완전경쟁기업의 이윤극대화는 생산량 Q_1 수준에서 달성된다.

그림 10-3 완전경쟁기업의 이윤극대화

완전경쟁기업의 이윤극대화는 $P = MR = MC$를 만족하는 생산량 Q_1 수준에서 달성된다.

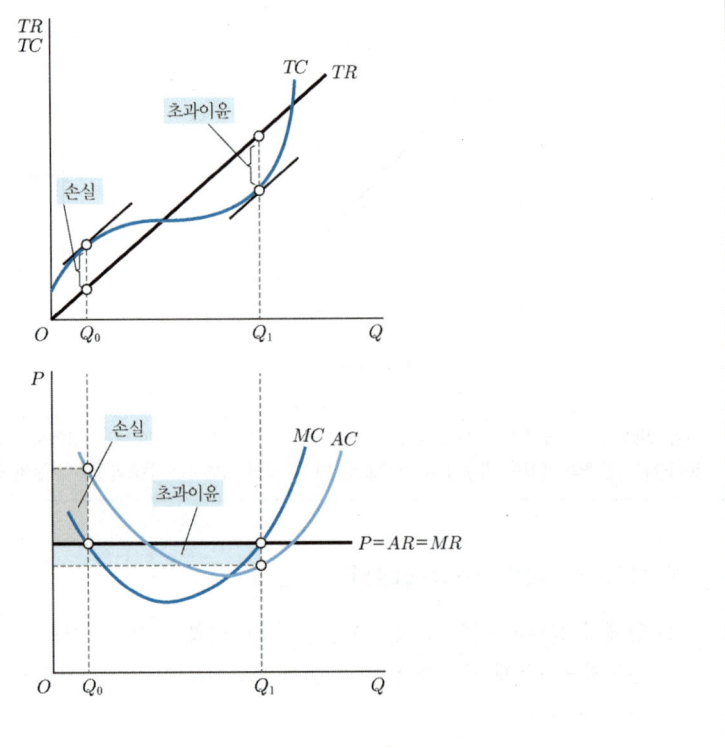

4 완전경쟁기업의 단기공급곡선

① 공급곡선은 특정한 가격수준에서 판매하고자 하는 재화의 수량을 나타내는 선이다.
② 완전경쟁기업의 단기공급곡선은 이윤극대화 조건 $P = MR = MC$로부터 도출된다. 즉, 완전경쟁기업의 이윤극대화 생산량은 $P = MC$인 점에서 결정되므로 가격이 변화하면 판매하고자 하는 재화의 수량은 한계비용곡선을 따라 변화한다.

- 가격이 P_0일 때 $P = MC$인 A점에서는 $P > AC$이므로 초과이윤이 발생한다. 따라서 생산을 한다(q_0만큼 생산).
- 가격이 P_1일 때 $P = MC$인 B점에서는 $P = AC$이므로 정상이윤만 존재한다. 따라서 생산을 한다(q_1만큼 생산).
  - ✚ $P = AC$이면 초과이윤도 손실도 발생하지 않는데, 이를 만족하는 AC곡선의 최저점을 손익분기점(break-even point)이라고 한다.
- 가격이 P_2일 때 $P = MC$인 C점에서는 $AVC < P < AC$이므로 손실이 발생하나, 생산을 하면 가변비용을 전부 회수하고 고정비용도 일부 회수할 수 있다. 따라서 생산을 하는 것이 유리하다(q_2만큼 생산).

- 가격이 P_3일 때 $P=MC$인 D점에서는 $P=AVC$이므로 생산을 할 때와 생산을 하지 않을 때의 손실이 모두 총고정비용(TFC)으로 동일하다. 따라서 생산 여부는 불분명하다.
    - ✚ $P<AVC$이면 기업은 생산을 중단하므로 $P=AVC$를 만족하는 AVC곡선의 최저점을 조업중단점(생산중단점, shut-down point)이라고 한다.
- 가격이 P_3보다 낮을 때는 $P<AVC$이므로 생산을 하더라도 가변비용조차 회수할 수가 없다. 따라서 생산을 중단한다.

③ 위에서 살펴본 바와 같이, 평균가변비용곡선 최저점보다 상방에 위치하는 한계비용곡선이 특정한 가격수준에서 판매하고자 하는 재화의 수량을 나타낸다.

④ 그러므로 완전경쟁기업의 단기공급곡선은 AVC곡선의 최저점을 상회하는 MC곡선이 된다.

✅ **손익분기점과 조업중단점**
- 손익분기점
  $P=AC$
  … AC곡선의 최저점
- 조업중단점
  $P=AVC$
  … AVC곡선의 최저점

완전경쟁기업의 단기공급곡선 그림 10-4

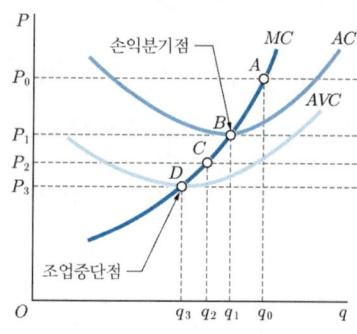
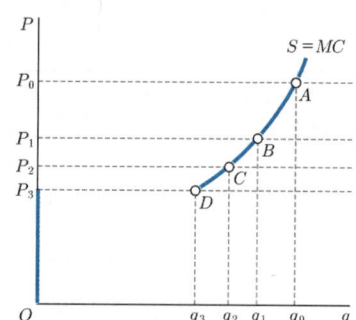

완전경쟁기업의 이윤극대화 생산량은 $P=MC$인 점에서 결정되므로 AVC곡선의 최저점을 상회하는 MC곡선이 완전경쟁기업의 단기공급곡선이 된다.

완전경쟁시장에서 조업하는 어떤 기업이 직면하고 있는 시장가격은 9이고, 이 기업의 평균비용곡선은 $AC(Q) = \frac{7}{Q}+1+Q(Q>0)$으로 주어져 있다. 이윤을 극대화하는 이 기업의 산출량 Q는?

🍀 해설

i) 개별기업의 평균비용함수가 $AC = \frac{7}{Q}+1+Q$이므로 총비용과 한계비용은 각각 다음과 같다.
- $TC = AC \times Q = 7+Q+Q^2$
- $MC = \frac{\Delta TC}{\Delta Q} = 1+2Q$

ii) $P=9$, $MC=1+2Q$를 완전경쟁기업의 이윤극대화 조건 $P=MC$에 대입하면 개별기업의 이윤극대화 생산량은 $Q=4$가 된다.
- $P=MC \rightarrow 9=1+2Q \rightarrow 2Q=8 \therefore Q=4$

5 완전경쟁산업의 단기공급곡선

① 단기에는 기업의 진입과 퇴출이 이루어지지 않으므로 기업의 수가 일정하다.
② 그러므로 산업의 단기공급곡선은 개별기업의 단기공급곡선(MC곡선)의 수평합으로 도출된다.
③ 주어진 가격수준에서 개별기업의 생산량(Q)을 더한 산업의 단기공급곡선이 개별기업의 단기공급곡선보다 훨씬 더 완만한(탄력적인) 형태이다.

그림 10-5 완전경쟁산업의 단기공급곡선

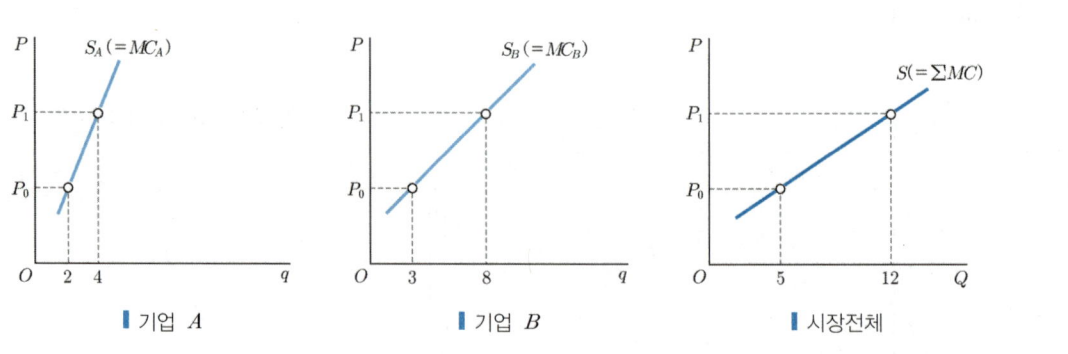

| 기업 A | 기업 B | 시장전체 |

산업, 즉 시장전체의 단기공급곡선은 개별기업의 단기공급곡선(MC곡선)의 수평합으로 도출되며, 개별기업의 단기공급곡선보다 완만한 형태이다.

6 완전경쟁시장의 단기균형

(1) 시장전체의 단기균형

① 시장전체의 수요곡선은 개별소비자의 수요곡선의 수평합으로 도출되고, 시장전체의 공급곡선은 개별기업의 공급곡선(MC곡선)의 수평합으로 도출된다.
② 시장전체의 수요곡선과 공급곡선이 교차하는 점(E점)에서 시장균형이 달성되고, 균형가격(P_0)과 균형거래량(Q_0)이 결정된다.

(2) 개별기업의 단기균형

① 시장전체의 수요곡선과 공급곡선이 교차하는 점에서 균형가격이 P_0로 결정되면 개별기업(가격수용자)은 시장의 균형가격인 P_0에서 수평선인 수요곡선($=AR$곡선$=MR$곡선)에 직면하게 된다.
② 개별기업은 수요곡선($=MR$곡선)과 MC곡선이 교차하는 점에서 이윤극대화 생산량 q_0를 결정한다.
  ✚ 개별기업의 이윤극대화 생산량 q_0를 모두 더하면 시장의 균형거래량 $Q_0(=\Sigma q_0)$가 도출된다.

③ 이때 개별기업은 비용조건에 따라 단기에 초과이윤을 얻을 수도 있고, 손실을 볼 수도 있다.

- $P > AC_0$: 초과이윤
- $P = AC_1$: 정상이윤
- $P < AC_2$: 손   실

✚ 개별기업은 단기에 초과이윤, 정상이윤, 손실이 모두 발생 가능하다.

그림 10-6 완전경쟁시장의 단기균형

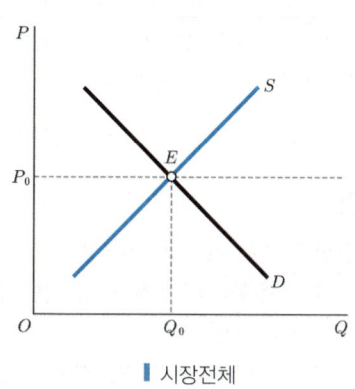
▌시장전체

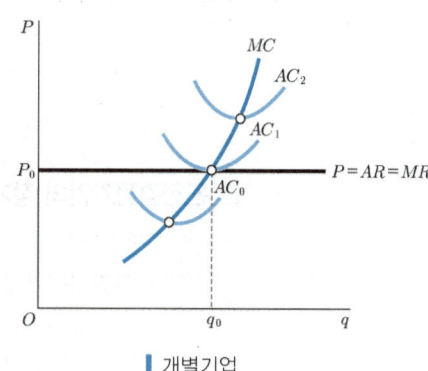
▌개별기업

시장전체의 수요곡선과 공급곡선이 교차하는 점(E점)에서 시장균형이 달성되고, 균형가격(P_0)과 균형거래량(Q_0)이 결정된다. 균형가격이 P_0로 결정되면 개별기업은 시장의 균형가격인 P_0에서 수평선인 수요곡선(= MR곡선)과 MC곡선이 교차하는 점에서 이윤극대화 생산량 q_0를 결정한다.

제4절 완전경쟁시장의 장기균형

1 개요

① 장기에 개별기업은 시설규모를 늘리거나 줄일 수 있고, 진입장벽이 존재하지 않아 기업의 자유로운 진입과 퇴출이 보장된다.
② 즉, 초과이윤이 발생하면 신규기업의 시장진입이 이루어지고, 손실이 발생하면 기존기업의 시장퇴출이 이루어진다.
③ 이러한 조정과정을 거쳐 개별기업의 이윤이 0이 되면 더 이상 기업의 진입과 퇴출이 이루어지지 않게 되는데, 이를 장기균형이라고 한다.
④ 장기균형 상태에서 개별기업은 정상이윤만을 얻는다.

2 개별기업의 장기균형

(1) 장기조정과정

① 장기에는 기업의 진입과 퇴출이 자유로우므로 초과이윤이 발생하면 신규기업의 시장진입이 이루어지고, 손실이 발생하면 기존기업의 시장퇴출이 이루어지는데, 이를 조정과정이라고 한다.
- 초과이윤이 발생하는 경우

> 초과이윤 발생 → 신규기업 진입 → 시장공급 증가 → 시장공급곡선 우측 이동 → 시장가격 하락 → $P = LAC$ ⋯ 장기균형(이윤=0)

- 손실이 발생하는 경우

> 손실 발생 → 기존기업 퇴출 → 시장공급 감소 → 시장공급곡선 좌측 이동 → 시장가격 상승 → $P = LAC$ ⋯ 장기균형(이윤=0)

② 결국, 장기균형은 $P = LAC$인 점에서 달성되고, 개별기업의 이윤은 0이 된다.

(2) 완전경쟁기업의 장기균형 조건

① 개별기업은 장기에 정상이윤만을 얻는다(초과이윤=0).
→ 완전경쟁기업이 장기에 0의 이윤을 얻으면서도 생산을 지속하는 이유는 정상이윤은 여전히 존재하기 때문이다.
② 개별기업은 장기에 장기평균비용(LAC)곡선의 최저점에서 생산을 한다.
→ 개별기업은 장기에 최적시설규모에서 생산을 한다(초과설비=0).
③ 장기균형에서는 다음의 조건이 충족된다.

> $P = AR = MR = SMC = LMC = SAC = LAC$

그림 10-7 완전경쟁시장의 장기균형

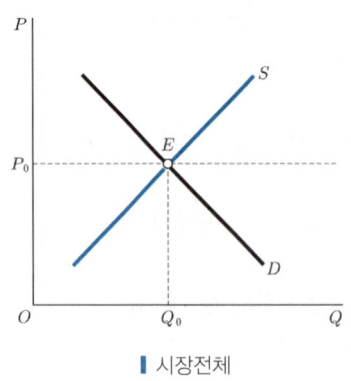
▮ 시장전체

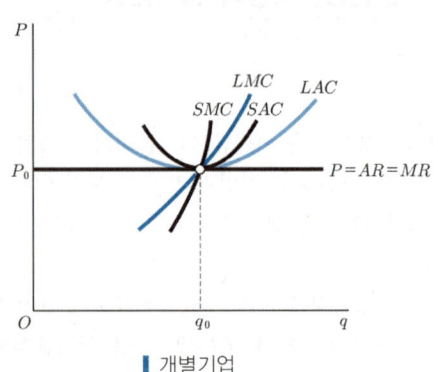
▮ 개별기업

초과이윤이 발생하면 신규기업의 시장진입이 이루어지고, 손실이 발생하면 기존기업의 시장퇴출이 이루어지므로 완전경쟁기업은 장기에 정상이윤만을 얻는다. 그리고 완전경쟁기업은 장기에 최적시설규모에서 최적생산량만큼 생산한다.

완전경쟁시장에서 모든 기업의 비용조건이 $C = Q^3 - 6Q^2 + 18Q$로 동일한 경우, 이 산업의 장기균형가격과 생산량은?

🔆 해설

i) 완전경쟁기업의 장기균형은 LAC곡선의 최저점에서 달성되므로 개별기업의 장기균형 생산량은 장기평균비용이 최소가 되는 생산량이다.

ii) 장기총비용함수가 $LTC = Q^3 - 6Q^2 + 18Q$이므로 장기평균비용은 $LAC = \dfrac{LTC}{Q} = Q^2 - 6Q + 18$이다.

iii) 장기평균비용함수 $LAC = Q^2 - 6Q + 18$을 Q에 대해 미분한 뒤 0으로 두면 $Q = 3$이고, $Q = 3$을 장기평균비용함수에 대입하면 개별기업의 장기평균비용 최솟값은 9가 된다. 따라서 장기균형가격도 $P = LAC = 9$이다.

- $\dfrac{\Delta LAC}{\Delta Q} = 2Q - 6 = 0 \therefore Q = 3$
- $P = LAC = Q^2 - 6Q + 18 = 3^2 - (6 \times 3) + 18 = 9$

3 산업의 장기공급곡선

(1) 개요

① 기업의 진입과 퇴출이 이루어지지 않는 단기에는 시장에 존재하는 기업의 수가 일정하므로 산업의 단기공급곡선은 개별기업의 단기공급곡선(MC곡선)을 수평으로 합하여 도출한다.
② 그러나 장기에는 기업의 진입과 퇴출이 이루어져 시장에 존재하는 기업의 수가 변하므로 개별기업의 공급곡선을 수평으로 합하여 산업의 장기공급곡선을 도출할 수가 없다.
③ 산업의 장기공급곡선은 시장의 장기균형점들을 연결하여 도출하게 된다.
④ 산업의 장기공급곡선은 생산요소가격의 변화(비용 증감)에 따라 그 형태가 달라진다.

(2) 비용불변산업의 장기공급곡선 : 수평선

① 재화에 대한 수요가 증가하여 시장가격이 P_1으로 상승하면 개별기업은 일시적으로 초과이윤을 얻게 된다. 시장에 초과이윤이 발생하면 신규기업의 시장진입이 이루어지므로 시장공급이 증가한다.
② 비용불변산업의 경우 시장공급 증가로 생산요소에 대한 수요가 증가하더라도 생산요소가격이 불변이다. 따라서 개별기업의 비용곡선이 이동하지 않는다.
③ 개별기업의 장기평균비용이 변하지 않으므로 시장공급이 증가하면 시장가격은 최초 수준인 P_0까지 하락하고, 산업의 장기공급(LS)곡선은 수평선의 형태가 된다.

> 시장수요 증가 → 시장가격 상승 → 초과이윤 발생 → 신규기업 진입 → 시장공급 증가 → 생산요소수요 증가 → 생산요소가격 불변 → 비용곡선 불변 → 장기공급곡선 수평선

> 그림 10-8 비용불변산업의 장기공급곡선

- 비용불변산업의 경우 산업 전체의 생산량에 관계없이 생산비용이 일정하므로 산업의 장기공급곡선은 수평선의 형태가 된다.
- 비용불변산업의 경우 생산요소가격이 불변이므로 개별기업의 비용곡선은 이동하지 않는다.

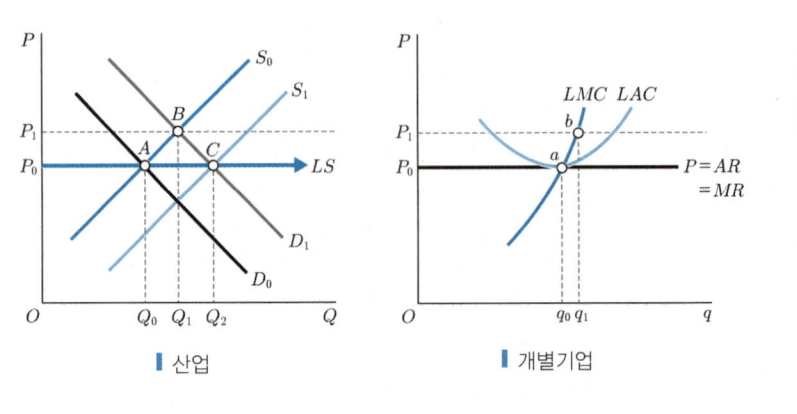

(3) 비용증가산업의 장기공급곡선 : 우상향

① 비용증가산업의 경우 시장공급 증가로 생산요소에 대한 수요가 증가하면 생산요소가격이 상승한다. 따라서 개별기업의 비용곡선이 상방으로 이동한다.
② 개별기업의 장기평균비용이 상승하므로 시장공급이 증가하면 시장가격은 최초 수준보다 높은 P_1까지만 하락하고, 산업의 장기공급(LS)곡선은 우상향의 형태가 된다.

> 시장수요 증가 → 시장가격 상승 → 초과이윤 발생 → 신규기업 진입 → 시장공급 증가 → 생산요소수요 증가 → 생산요소가격 상승 → 비용곡선 상방 이동 → 장기공급곡선 우상향

> 그림 10-9 비용증가산업의 장기공급곡선

- 비용증가산업의 경우 산업 전체의 생산량이 증가하면 생산비용이 증가하므로 산업의 장기공급곡선은 우상향의 형태가 된다.
- 비용증가산업의 경우 생산요소가격이 상승하므로 개별기업의 비용곡선은 상방으로 이동한다.

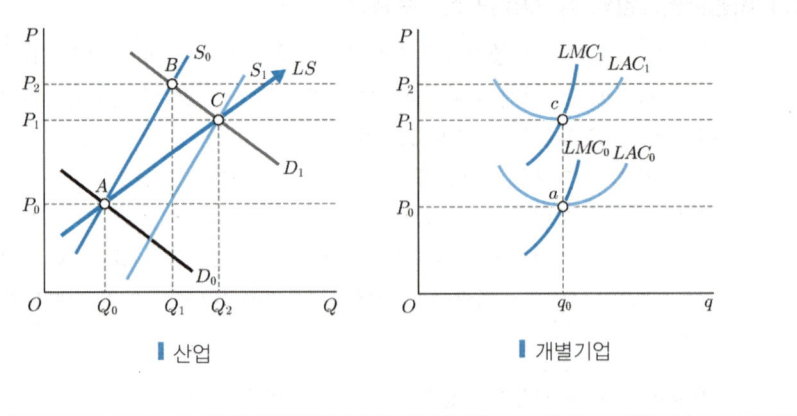

(4) 비용감소산업의 장기공급곡선 : 우하향

① 비용감소산업의 경우 시장공급 증가로 생산요소에 대한 수요가 증가하면 생산요소가격이 오히려 하락한다. 따라서 개별기업의 비용곡선이 하방으로 이동한다.
② 개별기업의 장기평균비용이 하락하므로 시장공급이 증가하면 시장가격은 최초 수준보다 낮은 P_1까지 하락하고, 산업의 장기공급(LS)곡선은 우하향의 형태가 된다.

> 시장수요 증가 → 시장가격 상승 → 초과이윤 발생 → 신규기업 진입 → 시장공급 증가 → 생산요소수요 증가 → 생산요소가격 하락 → 비용곡선 하방 이동 → 장기공급곡선 우하향

비용감소산업의 장기공급곡선 그림 10-10

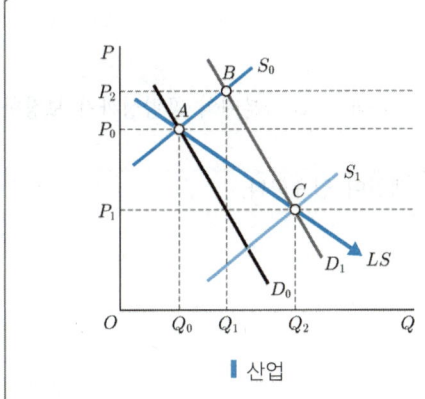
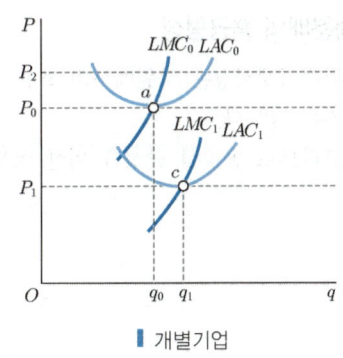

| 산업 | 개별기업 |

- 비용감소산업의 경우 산업 전체의 생산량이 증가하면 생산비용이 감소하므로 산업의 장기공급곡선은 우하향의 형태가 된다.
- 비용감소산업의 경우 생산요소가격이 하락하므로 개별기업의 비용곡선은 하방으로 이동한다.

제5절 완전경쟁시장에 대한 평가

1 장점

(1) 효율적인 자원배분
① 완전경쟁시장에서는 단기와 장기 모두 $P = MC$가 성립하므로 사회적 관점에서 자원배분이 효율적으로 이루어진다.
② 완전경쟁시장에서는 가격(P)과 한계비용(MC)이 일치하므로 사회후생(소비자잉여+생산자잉여)이 극대화된다.
→ 완전경쟁시장에서 사회후생이 극대화되는 이유는 한계편익과 한계비용이 일치하기 때문이다($MB = P = MC$).

(2) 최적시설규모

① 완전경쟁시장에서 개별기업은 장기에 장기평균비용(LAC)곡선의 최저점에서 생산을 한다. 즉, 최적시설규모에서 생산이 이루어진다.
② 완전경쟁시장의 장기균형에서는 $P = LAC$가 성립하므로 개별기업은 장기에 정상이윤만을 얻는다.

2 단점

(1) 가정의 비현실성

① 완전경쟁시장의 조건을 모두 충족하는 시장은 현실에서 존재하지 않는다.
② 그럼에도 불구하고 완전경쟁시장을 분석하는 이유는 완전경쟁시장이 자원배분의 효율성을 충족하는 가장 이상적인 시장 형태로서 다른 시장들의 자원배분 상태를 평가하는 기준이 되기 때문이다.

(2) 소득분배의 불공평성

① 완전경쟁시장은 자원배분의 효율성을 충족하나, 소득분배의 공평성까지 보장하지는 않는다.
② 그러므로 공평성 달성을 위한 정부의 개입이 필요하다.

CHAPTER 11 독점시장

제1절 독점시장의 개념 및 특징

1 독점시장의 개념

① 독점시장(monopoly market)이란 한 재화의 공급이 시장지배력을 가진 1개의 기업에 의해 이루어지는 시장 형태를 말한다.
② 재화의 공급이 유일한 공급자에 의해 이루어지는 경우를 공급독점(monopoly), 재화의 수요가 유일한 수요자에 의해 이루어지는 경우를 수요독점(monopsony) 이라고 하는데 생산물시장에서는 공급독점만을 다룬다.

2 독점시장의 특징

(1) 1개의 기업

① 독점시장에는 오직 1개의 기업만 존재하므로 독점기업의 공급량이 곧 시장전체의 공급량이 된다. 즉, 독점기업 자체가 독점산업이 된다.
② 그러므로 독점기업은 완전경쟁기업과 달리 시장지배력(market power)을 갖고 가격설정자(price setter)로서 행동한다.
③ 독점기업은 가격설정자이므로 가격차별(price discrimination)이 가능하다.

(2) 우하향의 수요곡선

① 독점기업은 재화의 유일한 공급자이므로 시장전체의 수요가 독점기업이 공급하는 재화에 대한 수요가 된다. 그러므로 독점기업은 완전경쟁기업과 달리 우하향하는 시장전체의 수요곡선에 직면한다.
② 수요곡선이 우하향한다는 것은 판매량(생산량)을 증가시키기 위해서는 반드시 가격을 인하해야 한다는 뜻이다. 즉, 독점기업이라 하더라도 가격과 판매량을 동시에 자신이 원하는 수준으로 결정할 수는 없다.

(3) 경쟁압력의 부재

① 독점시장에는 독점기업이 생산하는 재화와 대체 가능한 대체재가 존재하지 않고, 경쟁상대도 존재하지 않는다.
② 그러므로 독점기업은 직접적인 경쟁압력을 받지 않는다.

3 독점의 발생원인 : 진입장벽

(1) 개요
① 독점의 본질은 재화의 공급자가 유일할 뿐 아니라, 이 공급자가 다른 기업의 시장진입을 저지할 수 있는 능력을 갖추고 있어야 한다는 것이다.
② 즉, 독점체제가 유지되기 위해서는 진입장벽(entry barrier)에 의해 새로운 기업의 등장을 막을 수 있는 상황이 조성되어 있어야 한다.

(2) 독점의 발생원인 : 진입장벽

1) 규모의 경제
① 규모의 경제가 존재하면 생산량이 증가할수록 평균비용이 하락하므로 생산량이 많은 기업이 비용 측면에서 이점을 갖는다. 그러므로 한 기업이 생산량을 대폭 늘려 생산단가를 낮추면 경쟁기업을 시장에서 몰아내고 독점적 지위를 차지할 수 있다.
② 이와 같이, 규모의 경제가 존재하면 시장이 자연스럽게 독점화되는 경향을 보이는데, 이러한 경우를 자연독점(natural monopoly)이라고 부른다.
  → 자연독점은 전기, 전화, 수도, 철도산업 등 초기에 대규모 설비투자가 요구되는 산업에서 주로 발생한다.

▼ 규모의 경제가 존재하면 자연독점이 발생한다.

2) 생산요소 및 원재료의 독점적 소유
① 한 기업이 특정 재화를 생산하는 데 핵심적인 역할을 하는 생산요소 및 원재료를 독점적으로 소유하는 경우 독점이 발생한다.
② 드 비어스(De Beers)사의 다이아몬드, 코카콜라(Coca-Cola)사의 코카콜라 등을 예로 들 수 있다.

3) 정부의 특허권, 인·허가 부여
① 정부가 특허권, 저작권, 지적재산권, 인·허가 등을 부여하면 이 권리를 얻은 기업은 일정 기간 동안 독점적 지위를 보장받게 된다.
② 이 경우는 법제도에 의해 진입장벽이 생성된 것이라고 볼 수 있다.

4) 정부에 의한 독점력 행사
① 정부가 특수한 목적을 위해 특정 재화를 독점공급하는 경우이다.
② 과거 우리나라는 재정수입 확보를 목적으로 전매청(Department of Monopoly)이라는 정부기관을 통해 담배와 인삼을 독점공급하였다.
  ✦ 전매청은 이후 한국담배인삼공사로 공사화되었다가 오늘날에는 완전히 민영화되었다.

제2절 독점시장의 단기균형

1 총수입, 평균수입, 한계수입

(1) 총수입

① 총수입(Total Revenue ; TR)이란 기업이 재화를 판매하여 벌어들이는 수입의 총량을 말한다.
② 총수입은 재화가격에 판매량을 곱한 값으로 정의된다.

$$TR = P \times Q$$

③ 독점기업이 직면하는 수요곡선이 우하향하므로 가격하락으로 판매량이 증가할 때 총수입은 수요의 가격탄력성에 따라 '증가 → 극대 → 감소'로 변화한다.
④ 즉, 가격하락으로 판매량이 증가할 때 수요곡선의 중점 위쪽($\varepsilon > 1$)에서는 총수입이 증가하고, 중점($\varepsilon = 1$)에서는 총수입이 극대가 된다. 그리고 중점 아래쪽($\varepsilon < 1$)에서는 총수입이 감소하므로 총수입곡선은 종 모양의 형태가 된다.

(2) 평균수입

① 평균수입(Average Revenue ; AR)이란 재화 1단위당 총수입을 말한다.
② 평균수입은 총수입을 판매량으로 나눈 값으로, TR곡선과 원점을 이은 직선의 기울기로 측정된다.

$$AR = \frac{TR}{Q} = \frac{P \times Q}{Q} = P$$

③ 위 식에서 보듯, 평균수입(AR)은 항상 가격(P)과 일치하므로 수요곡선이 평균수입곡선이 되고, 수요곡선의 높이가 가격(P)이면서 평균수입(AR)이 된다.

(3) 한계수입

① 한계수입(Marginal Revenue ; MR)이란 판매량이 1단위 추가로 증가할 때의 총수입의 증가분을 말한다.
② 한계수입은 총수입함수를 판매량에 대해 미분한 값으로, TR곡선의 접선의 기울기로 측정된다.

$$MR = \frac{\Delta TR}{\Delta Q} = P + \frac{\Delta P}{\Delta Q} \cdot Q < P$$

✦ 독점시장의 경우 완전경쟁시장과 달리 가격(P)이 고정된 상수가 아니라 변수가 된다. 가격이 판매량(생산량, Q)의 함수이므로 미분할 때 이를 감안해야 한다.
$$MR = \frac{\Delta TR}{\Delta Q} = \frac{P \cdot \Delta Q + \Delta P \cdot Q}{\Delta Q} = P + \frac{\Delta P}{\Delta Q} \cdot Q$$
✦ 위 식에서 $\frac{\Delta P}{\Delta Q}$는 수요곡선의 기울기로 음(−)의 값을 갖기 때문에 한계수입(MR)은 가격(P)보다 낮다.

③ 완전경쟁시장의 경우 개별기업은 가격수용자로서 주어진 가격으로 원하는 만큼의 재화를 판매할 수 있기 때문에 한계수입(MR)은 가격(P)과 일치한다. 그러나 독점시장의 경우에는 독점기업이 판매량을 증가시키기 위해서는 가격을 인하해야 하므로 한계수입(MR)은 가격(P)보다 낮다.

✦ 독점기업이 직면하는 수요곡선이 우하향하므로 판매량을 1단위 추가로 증가시키려면 이전보다 더 낮은 가격을 책정해야 한다. 이때 인하된 가격은 추가로 판매하는 재화뿐만 아니라 시장에 이미 내놓은 재화에도 적용되기 때문에 한계수입(MR)이 가격(P)보다 낮아지게 되는 것이다.

☑ **아모로소-로빈슨 공식**

$MR = P\left(1 - \dfrac{1}{\varepsilon}\right)$
$ = AR\left(1 - \dfrac{1}{\varepsilon}\right)$

④ 한계수입은 가격(평균수입) 및 수요의 가격탄력성과의 관계로 나타낼 수 있는데, 이를 아모로소-로빈슨(Amoroso-Robinson) 공식이라고 한다.

$$MR = \frac{\Delta TR}{\Delta Q} = P + \frac{\Delta P}{\Delta Q} \cdot Q = P\left(1 + \frac{\Delta P}{\Delta Q} \cdot \frac{Q}{P}\right)$$
$$= P\left(1 - \frac{1}{-\dfrac{\Delta Q}{\Delta P} \cdot \dfrac{P}{Q}}\right) = P\left(1 - \frac{1}{\varepsilon}\right)$$
$$= P\left(1 - \frac{1}{\varepsilon}\right) = AR\left(1 - \frac{1}{\varepsilon}\right)$$

→ 완전경쟁시장의 경우 수요의 가격탄력성(ε)이 무한대(∞)이므로 한계수입(MR)은 가격(P)과 일치함을 알 수 있다.

그림 11-1 수요곡선과 총수입곡선

- 수요곡선상에서 우하방으로 이동할수록 수요의 가격탄력성이 점점 작아진다.
- 가격하락으로 판매량이 증가할 때 처음에는 총수입이 증가하다가, 가격이 일정 수준보다 낮아지면 총수입이 감소하므로 총수입곡선은 종 모양의 형태가 된다.

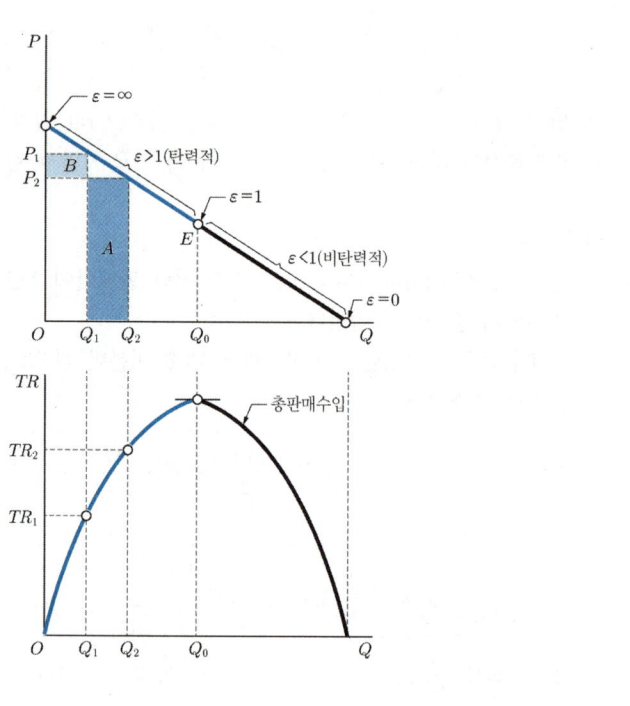

(4) 총수입, 평균수입, 한계수입의 관계

① 수요곡선의 높이가 평균수입을 나타내므로 수요곡선과 평균수입곡선은 일치한다.
② 총수입을 미분하면 한계수입이 되고, 한계수입을 적분하면 총수입이 된다.
③ 독점시장의 경우 수요의 가격탄력성, 한계수입, 총수입 간에는 다음의 관계가 성립한다.

- $\varepsilon > 1$: $MR > 0$ ↔ TR 증가
- $\varepsilon = 1$: $MR = 0$ ↔ TR 극대
- $\varepsilon < 1$: $MR < 0$ ↔ TR 감소

④ 수요곡선이 우하향의 직선이면 한계수입곡선은 수요곡선과 가격축 절편은 같고 기울기는 수요곡선의 2배인 직선이 된다.

총수입곡선, 평균수입곡선, 한계수입곡선 그림 11-2

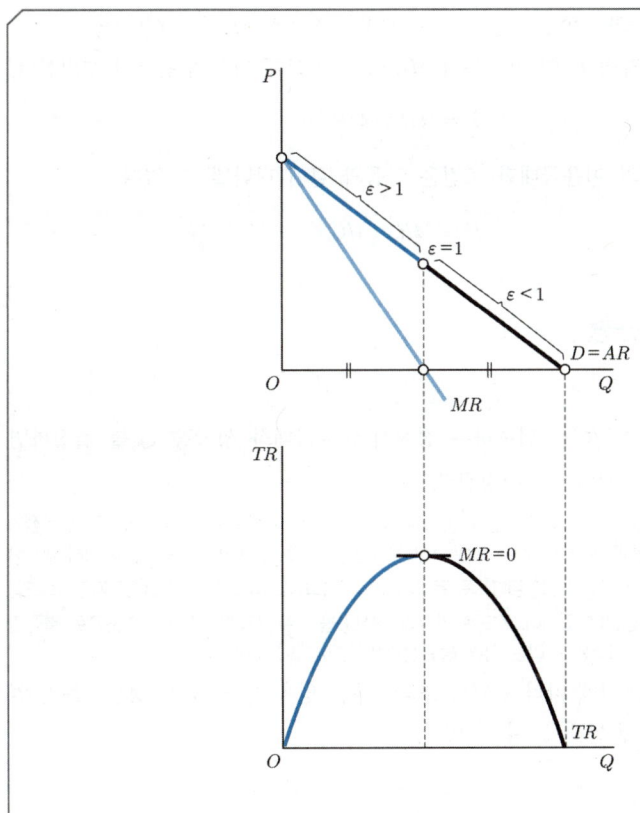

- 수요곡선과 평균수입곡선은 일치한다.
- 수요곡선이 우하향의 직선이면 한계수입곡선은 수요곡선과 가격축 절편은 같고 기울기는 수요곡선의 2배인 직선이 된다.

(5) 예를 통한 이해

① 독점기업의 수요함수가 $P=100-2Q$로 주어져 있을 때의 총수입, 평균수입, 한계수입을 각각 구하면 다음과 같다.

- $TR = P \times Q = (100-2Q) \times Q = 100Q - 2Q^2$
- $AR = \dfrac{TR}{Q} = \dfrac{P \times Q}{Q} = P = 100 - 2Q$
- $MR = \dfrac{\Delta TR}{\Delta Q} = 100 - 4Q$

② 이를 통해, 다음과 같은 사실을 확인할 수 있다.
→ 평균수입곡선과 수요곡선은 일치한다.
→ 한계수입곡선은 수요곡선과 가격축 절편은 같고 기울기는 수요곡선의 2배이다.

2 독점기업의 이윤극대화

① 앞에서 살펴본 바와 같이, 기업의 이윤극대화 조건은 $MR = MC$이다.
② 독점시장에서는 가격(P)이 한계수입(MR)보다 크므로 다음의 관계가 성립한다.

$$P = AR > MR$$

③ 따라서 독점기업의 이윤극대화 조건은 다음과 같이 나타낼 수 있다.

$$P > MR = MC$$

3 독점시장의 단기균형

(1) 단기균형의 도출

① 독점기업이 $MR = MC$를 만족하는 점에서 이윤극대화 생산량 Q_0를 결정하면 수요곡선상에서 가격 P_0가 결정된다.

➕ 독점기업이라 하더라도 가격과 생산량을 동시에 자신이 원하는 수준으로 결정할 수는 없다. 독점기업이 $MR = MC$를 만족하는 점에서 이윤극대화 생산량 Q_0를 결정하면 수요곡선에 의해 생산량 Q_0에 대응되는 가격 P_0가 결정된다. 즉, 독점기업이 가격과 생산량을 동시에 결정하지만 그 조합은 반드시 수요곡선상에 있어야 하므로 가격과 생산량을 모두 자신이 원하는 수준으로 결정할 수는 없는 것이다. 이러한 논리는 다른 불완전경쟁기업에게도 그대로 적용된다.

② 독점기업은 비용조건에 따라 단기에 초과이윤을 얻을 수도 있고, 정상이윤만 얻을 수도 있으며, 손실을 볼 수도 있다.

- $P > AC$: 초과이윤 ⋯ 그림 a)
- $P = AC$: 정상이윤 ⋯ 그림 b)
- $P < AC$: 손　실 ⋯ 그림 c)

➕ 독점기업은 단기에 초과이윤, 정상이윤, 손실이 모두 발생 가능하다.

독점시장의 단기균형 | 그림 11-3

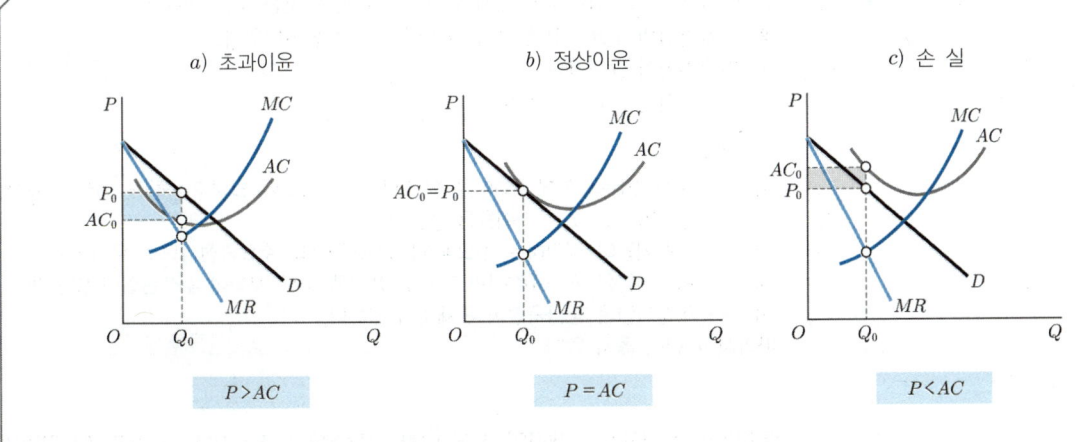

a) 초과이윤 　　　 b) 정상이윤 　　　 c) 손실

$P > AC$ 　　　 $P = AC$ 　　　 $P < AC$

(2) 단기균형의 특징

1) 손실 발생의 가능성

① 독점기업이라 하더라도 단기에 항상 초과이윤을 얻는 것은 아니다.
② 균형에서 $P = AC$이면 정상이윤만을 얻고, $P < AC$이면 단기적으로 손실을 보게 된다.

2) $P > MC$

① 완전경쟁시장의 균형에서는 항상 $P = MC$가 성립하나, 독점시장의 균형에서는 $P > MC$이므로 생산량이 사회적 최적 수준에 미달한다.
② 그러므로 과소 생산에 따른 사회적 후생손실이 초래된다.

3) 수요의 가격탄력성이 1보다 큰 구간에서 생산

① 독점기업은 수요의 가격탄력성이 1보다 큰 구간에서 생산을 한다.
② 수요의 가격탄력성이 1보다 작은 구간에서는 $MR < 0$이 되어 총수입(TR)이 오히려 감소하기 때문이다.
　　✚ 예외적으로, 총비용이 고정비용으로만 구성되어 $MC = 0$인 경우에는 수요의 가격탄력성이 1인 점에서 생산할 수도 있다.

4) 공급곡선이 존재하지 않음

① 공급곡선은 특정한 가격수준에서 판매하고자 하는 재화의 수량을 나타내므로 공급곡선의 개념에는 가격을 주어진 것으로 받아들인다는 것이 전제되어 있다.
② 그런데 독점기업은 완전경쟁기업과 달리 수요곡선이 주어지면 이윤이 극대화되도록 수요곡선상의 한 점에서 가격과 생산량을 결정한다.
③ 그러므로 독점시장에는 공급곡선 자체가 존재하지 않는다.
　　✚ 독점시장에서 한계비용곡선은 한계비용곡선일 뿐 공급곡선이 아니다.

✓ 공급곡선은 기업들이 가격수용자로 행동하는 완전경쟁시장에서만 존재하는 개념이다.

독점에 관한 다음 설명 중 옳지 않은 것은?
① 단기에 독점기업이라고 해서 항상 초과이윤을 얻는 것은 아니다.
② 독점기업의 수요곡선은 그 산업의 수요곡선을 의미한다.
③ 후생손실이 발생한다.
④ 공급곡선은 MC곡선이다.

🔍 해설
① |○| 독점기업은 단기에 초과이윤, 정상이윤, 손실이 모두 발생 가능하다. 그러나 장기에는 일반적으로 초과이윤을 얻는다.
② |○| 독점기업이 직면하는 수요곡선은 시장전체의 수요곡선이므로 우하향한다.
③ |○| 독점기업은 $P > MC$이므로 과소 생산에 따른 사회적 후생손실이 발생한다.
④ |×| 독점기업은 공급곡선이 존재하지 않는다.
따라서 ④번이 옳지 않다.

 독점기업이 생산하는 재화인 X에 대한 시장수요가 $X = 100 - P$이고, 이 기업의 비용함수가 $C = 10X + 5$일 때, 이 기업의 이윤극대화 독점가격과 이윤은 얼마인가?
① 가격 : 15, 이윤 : 1,000   ② 가격 : 30, 이윤 : 1,850
③ 가격 : 55, 이윤 : 2,020   ④ 가격 : 70, 이윤 : 2,460

🔍 해설
ⅰ) 수요함수가 $P = 100 - X$이므로 한계수입은 $MR = 100 - 2X$이고, 총비용함수 $TC = 10X + 5$를 X에 대해 미분하면 한계비용은 $MC = 10$이다.
ⅱ) 한계수입이 $MR = 100 - 2X$이고, 한계비용이 $MC = 10$이므로 이윤극대화 조건 $MR = MC$에 의해 이윤극대화 생산량은 $X = 45$가 된다. $X = 45$를 수요함수에 대입하면 이윤극대화 가격은 $P = 55$로 계산된다.
• $MR = MC \rightarrow 100 - 2X = 10 \therefore X = 45$
ⅲ) $X = 45$, $P = 55$일 때 총수입은 $TR = 2,475$이고, 총비용은 $TC = 455$이므로 이윤은 $\pi = TR - TC = 2,475 - 455 = 2,020$이 된다.
• $TR = P \times X = 55 \times 45 = 2,475$
• $TC = 10X + 5 = (10 \times 45) + 5 = 455$
따라서 ③번이 답이 된다.

제3절 독점시장의 장기균형

1 장기균형의 도출

① 장기에도 독점기업은 이윤극대화를 추구하므로 장기균형은 한계수입(MR)과 장기한계비용(LMC)이 일치하는 점에서 달성된다.
② 장기에 독점기업이 $MR = LMC$를 만족하는 점에서 이윤극대화 생산량 Q_m을 결정하면 수요곡선상에서 가격 P_m이 결정된다. 이때 가격이 장기평균비용보다 높기 때문에 독점기업은 초과이윤을 얻는다.
③ 단기에 독점기업은 손실을 볼 수도 있다. 그러나 장기적으로도 손실이 발생하면 생산을 계속할 이유가 없으므로 장기에는 일반적으로 초과이윤을 얻는다.

2 장기균형의 특징

(1) 초과이윤 획득

① 완전경쟁기업은 장기에 정상이윤만을 얻지만, 독점기업은 장기에 초과이윤을 얻는다.

② 장기에도 손실을 보는 독점기업은 생산을 계속할 이유가 없으므로 시장에서 이탈할 것이다. 그러므로 장기에 시장에 남아있는 독점기업이라면 최소한 0 이상의 경제적 이윤을 얻어야 한다.

③ 장기에는 시설규모를 최적 수준으로 조정하는 것이 가능하므로 독점기업의 장기이윤은 단기이윤보다 더 큰 것이 일반적이다.

(2) $P > MC$

① 장기에도 여전히 $P > MC$이므로 생산량이 사회적 최적 수준에 미달한다.

② 그러므로 과소 생산에 따른 사회적 후생손실이 초래된다.

(3) 초과설비의 보유

① 생산이 최적생산량 수준인 단기평균비용(SAC)곡선의 최저점보다 좌측에서 이루어진다.

② 이는 독점기업이 장기에 초과설비(excess capacity)를 보유하고 있으며, 생산이 비효율적으로 이루어짐을 의미한다.

독점시장의 장기균형 그림 11-4

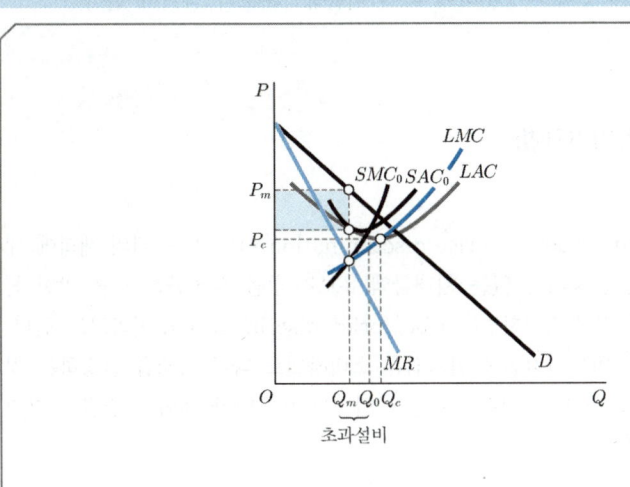

- 독점기업은 장기에 $MR = LMC$를 만족하는 점에서 생산량과 가격을 결정한다.
- 독점기업은 장기에 색칠된 사각형의 면적만큼 초과이윤을 얻는다.

제4절 가격차별

1 가격차별의 개념

① 가격차별(price discrimination)이란 동일한 재화에 대해 서로 다른 가격을 설정하는 것을 말한다.
   ✚ 동일한 재화에 대해 서로 다른 가격이 책정되었다고 해서 무조건 가격차별인 것은 아니다. 동일한 재화라도 산골마을이나 섬마을에서 더 비싼 것은 운송비 등으로 인해 한계비용이 더 높기 때문에 나타나는 당연한 현상이므로 가격차별이 아니다.
② 가격차별은 제1급, 제2급, 제3급 가격차별로 구분된다.

2 가격차별의 성립조건

① 판매자가 시장지배력(독점력)을 가지고 있어야 한다.
   → 시장지배력이 없는 완전경쟁기업은 가격차별을 할 수 없다.
② 서로 다른 집단 또는 시장으로 분리가 가능해야 한다.
   → 목욕탕에서 대인요금과 소인요금이 다른 것은 대인과 소인의 구분이 용이하기 때문이다.
③ 상이한 시장 간 재판매가 불가능해야 한다.
   → 가격차별은 전화, 전기서비스와 같이 소비자가 사자마자 소비할 수밖에 없어 전매가 거의 불가능한 재화에 대해 이루어지는 경우가 많다.
④ 상이한 시장 간 수요의 가격탄력성이 서로 달라야 한다.
⑤ 시장분리에 드는 비용이 시장분리에 따른 이윤증가분보다 작아야 한다.

3 가격차별의 종류

(1) 제1급 가격차별(완전가격차별)

1) 개념

① 제1급 가격차별(first-degree price discrimination)이란 각 단위의 재화에 대해 소비자가 지불할 용의가 있는 최대금액(유보가격)을 설정하는 것을 말한다.
② 제1급 가격차별을 완전가격차별(perfect price discrimination)이라고도 한다.
③ 제1급 가격차별이 이루어지면 독점기업은 소비자별로 다른 가격을 설정하는 것은 물론, 동일한 소비자라도 몇 단위를 구입하느냐에 따라 재화 단위별로 각기 다른 가격을 설정한다.

2) 설명

① 제1급 가격차별이 이루어지면 독점기업은 각 단위의 재화에 대해 수요곡선의 높이만큼의 가격을 설정할 것이므로 수요곡선 자체가 한계수입곡선이 된다.
② 제1급 가격차별이 이루어질 때의 생산량은 한계수입곡선(=수요곡선)과 한계비용곡선(=완전경쟁시장에서의 공급곡선)이 교차하는 E점에서 결정된다.
   ✚ 완전경쟁시장과 독점시장을 비교할 때는 한계비용곡선을 공급곡선으로 볼 수 있다($MC(=S)$).

③ 제1급 가격차별이 이루어지면 생산량이 완전경쟁시장의 경우와 동일해지므로 자원배분의 효율성이 달성($P=MC$)되고, 사회적 후생손실이 발생하지 않는다.
④ 그러나 독점기업이 소비자의 수요곡선을 완벽하게 파악하여 완전경쟁시장일 경우의 소비자잉여에 해당하는 A 부분이 독점기업의 수입으로 귀속된다. 즉, 독점기업의 총수입은 $(A+B+C)$의 면적이 되는 반면, 소비자잉여는 0이 된다.
⑤ 독점기업이 제1급 가격차별을 실시하기 위해서는 모든 소비자의 수요곡선을 알고 있어야 하는데, 이는 사실상 불가능하다. 그러므로 현실에서 제1급 가격차별이 성립하는 경우를 찾기는 어렵다.

제1급 가격차별 그림 11-5

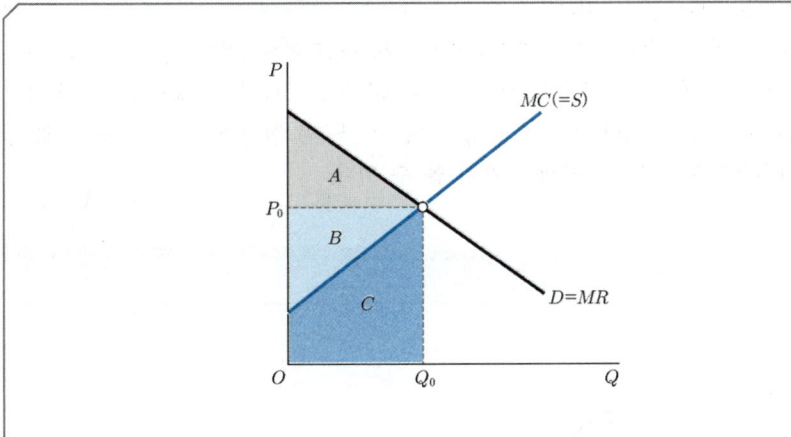

- 제1급 가격차별이 이루어지면 생산량이 완전경쟁시장의 경우와 동일해지므로 자원배분의 효율성이 달성($P=MC$)되고, 사회적 후생손실이 발생하지 않는다.
- 제1급 가격차별이 이루어지면 완전경쟁시장일 경우의 소비자잉여(A)가 독점기업의 수입으로 귀속되므로 소비자잉여는 0이 된다.

(2) 제2급 가격차별(구간가격차별)

1) 개념

① 제2급 가격차별(second-degree price discrimination)이란 재화 구입량을 몇 개의 구간으로 나누고 구간별로 다른 가격을 설정하는 것을 말한다.
② 제2급 가격차별을 구간가격차별이라고도 한다.
③ 전기, 전화, 수도요금 등을 설정할 때 사용량이 많아질수록 점점 낮은 요금을 부과하는 것이 제2급 가격차별의 예이다.
④ 제2급 가격차별의 경우 재화 구입량이 많은 소비자일수록 상대적으로 더 낮은 가격을 지불하므로 다량할인(quantity discount)의 의미를 갖는다. 그리고 소비자가 지불하는 가격이 재화 구입량과 비례하지 않기 때문에 비선형가격설정(non-linear pricing)에 해당한다.

✚ 재화 구입량에 관계없이 평균가격이 항상 일정한 경우를 선형가격체계(단일가격체계), 재화 구입량에 따라 평균가격이 변하는 경우를 비선형가격체계(구간가격체계)라고 한다.
✚ 제1급 가격차별과 제2급 가격차별은 비선형가격체계에 해당한다.

2) 설명

① 아래 그림에서 처음의 OQ_0구간에서는 P_0의 가격을, Q_0Q_1구간에서는 P_1의 가격을, Q_1Q_2구간에서는 P_2의 가격을 설정하는 것이 제2급 가격차별에 해당한다.

② 제2급 가격차별이 이루어질 경우 독점기업의 총수입은 색칠된 부분의 면적에 해당하므로 독점기업이 P_2의 단일가격으로 Q_2만큼의 재화를 판매할 때 얻을 수 있는 총수입보다 $(A+B+C)$의 면적만큼 크다. 이는 가격차별로 인해 소비자잉여의 일부가 독점기업의 수입으로 귀속된 결과이다.

③ 즉, 제2급 가격차별이 이루어지는 경우에도 소비자잉여의 일부가 독점기업에게 귀속된다.

④ 제2급 가격차별이 이루어지면 가격차별을 하기 이전(순수독점)보다 생산량이 증가하는 것이 일반적이다.

⑤ 제2급 가격차별은 제1급 가격차별에 비해 훨씬 현실적이다. 실제로, 대형할인 마트에서 재화를 낱개로 구매할 때보다 묶음으로 구매할 때 재화의 단위당 가격이 낮아지는 것이나, 인터넷 공동 구매 시 가격을 할인해 주는 것 등의 제2급 가격차별의 사례를 주변에서 흔히 볼 수 있다.

그림 11-6 제2급 가격차별

- 제2급 가격차별은 재화 구입량에 따라 각기 다른 가격을 설정하는 것으로, Q_0만큼의 재화를 구입할 때는 P_0, Q_1만큼의 재화를 구입할 때는 P_1, Q_2만큼의 재화를 구입할 때는 P_2의 가격을 설정하는 것이 이에 해당한다.
- 제2급 가격차별이 이루어지는 경우에도 소비자잉여의 일부가 독점기업에게 귀속된다.

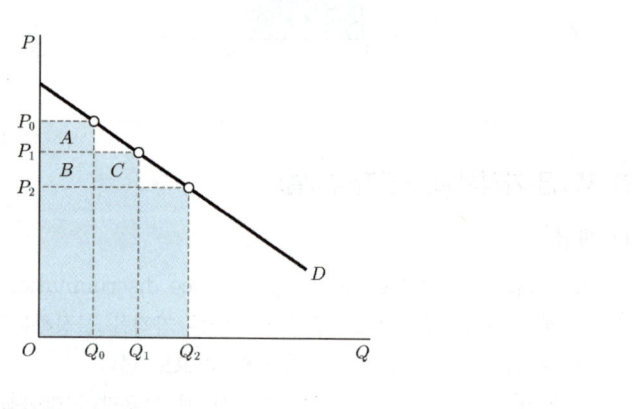

(3) 제3급 가격차별 ··· 일반적인 가격차별

1) 개념

① 제3급 가격차별(third-degree price discrimination)이란 소비자의 특징에 따라 시장을 몇 개로 나누고 시장별로 다른 가격을 설정하는 것을 말한다.

② 일반적으로 가격차별이라고 하면 제3급 가격차별을 의미한다.

③ 제3급 가격차별의 대표적인 사례는 다음과 같다.

> - 극장에서 일반관람료와 심야관람료를 다르게 설정하는 것
> - 목욕탕에서 대인요금과 소인요금을 다르게 설정하는 것
> - 펜션에서 성수기와 비수기의 숙박요금을 다르게 설정하는 것
> - 자동차회사에서 내수용 자동차와 수출용 자동차 가격을 다르게 설정하는 것

2) 가격차별 독점기업의 이윤극대화 조건

① 독점기업이 분리된 두 개의 시장 1과 2에서 동일한 재화를 판매할 때 이윤을 극대화하려면 우선 시장전체의 한계수입(MR)과 재화 생산의 한계비용(MC)이 일치하도록 생산량을 결정해야 한다.

② 다음으로, 각 시장에서의 한계수입이 일치하도록 재화를 배분하여 판매해야 한다.
→ 각 시장에서의 한계수입이 다르다면 한계수입이 낮은 시장에서 판매하던 재화를 한계수입이 높은 시장에서 판매하여 이윤을 증가시킬 수 있기 때문이다.

③ 그러므로 가격차별 독점기업의 이윤극대화 조건은 다음과 같이 나타낼 수 있다.

$$MR_1 = MR_2 = MC$$

제3급 가격차별   그림 11-7

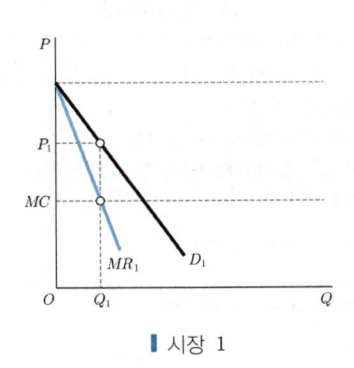
시장 1

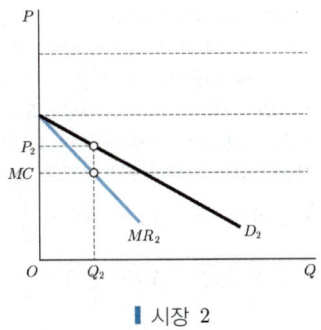
시장 2

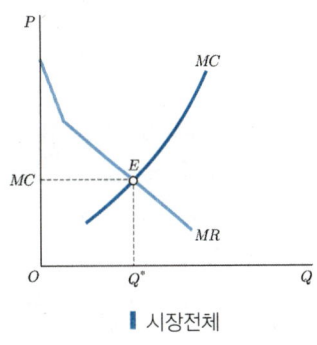
시장전체

- 제3급 가격차별을 하는 독점기업은 $MR_1 = MR_2 = MC$가 성립하는 점에서 각 시장에서의 판매량과 가격을 결정한다.
- 수요의 가격탄력성이 작은 시장(시장 1)에서는 높은 가격을 설정하고, 수요의 가격탄력성이 큰 시장(시장 2)에서는 낮은 가격을 설정한다.

④ 아모로소-로빈슨 공식에 의하면 $MR_1 = P_1\left(1-\dfrac{1}{\varepsilon_1}\right)$, $MR_2 = P_2\left(1-\dfrac{1}{\varepsilon_2}\right)$이고, 이윤극대화 조건은 $MR_1 = MR_2 = MC$이므로 이윤이 극대화된 상태에서는 다음의 관계가 성립한다.

$$P_1\left(1-\dfrac{1}{\varepsilon_1}\right) = P_2\left(1-\dfrac{1}{\varepsilon_2}\right)$$

⑤ $\varepsilon_1 < \varepsilon_2$이면 $P_1 > P_2$이므로 수요의 가격탄력성이 작은 시장(시장 1)에서는 높은 가격을 설정하고, 수요의 가격탄력성이 큰 시장(시장 2)에서는 낮은 가격을 설정함을 알 수 있다.

⑥ 가격차별 독점기업은 수요의 가격탄력성에 반비례하도록 각 시장에서의 가격을 설정하므로 수요가 탄력적인 소비자그룹은 유리해지나, 수요가 비탄력적인 소비자그룹은 불리해진다.

예제

이윤극대화를 추구하는 독점기업 M이 직면한 수요곡선은 $P = 10,000 - 2Q^d$이고 비용곡선은 $TC = 2,000Q$라고 한다(단 P는 가격, Q^d는 수요량, TC는 총비용, Q는 생산량임). 이 기업의 독점가격과 독점공급량, 소비자잉여 및 독점으로 인한 사회적 손실은?

💡 해설

ⅰ) 수요함수가 $P = 10,000 - 2Q$이므로 한계수입은 $MR = 10,000 - 4Q$이고, 총비용함수 $TC = 2,000Q$를 Q에 대해 미분하면 한계비용은 $MC = 2,000$이다.

ⅱ) 한계수입이 $MR = 10,000 - 4Q$이고, 한계비용이 $MC = 2,000$이므로 이윤극대화 조건 $MR = MC$에 의해 이윤극대화 생산량은 $Q = 2,000$이 된다. $Q = 2,000$을 수요함수에 대입하면 이윤극대화 가격은 $P = 6,000$으로 계산된다.
- $MR = MC \rightarrow 10,000 - 4Q = 2,000 \rightarrow 4Q = 8,000 \therefore Q = 2,000$

ⅲ) 아래 그림에서 소비자잉여는 ΔA의 면적이므로 $4,000,000$이고, 독점에 따른 사회적 후생손실은 ΔB의 면적이므로 $4,000,000$이다.
- 소비자잉여 : ΔA의 면적 $= \dfrac{1}{2} \times 2,000 \times 4,000 = 4,000,000$
- 후생손실 : ΔB의 면적 $= \dfrac{1}{2} \times 2,000 \times 4,000 = 4,000,000$

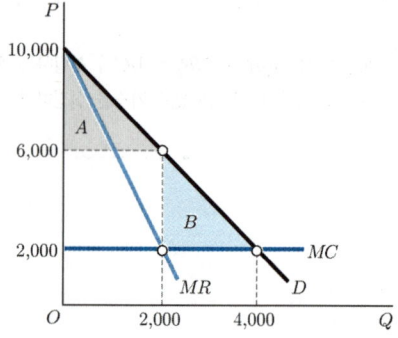

4 가격차별에 대한 평가

① 일반적으로 가격차별이 이루어지면 가격차별을 하기 이전(순수독점)보다 생산량이 증가하므로 독점시장의 과소 생산 문제가 어느 정도 완화된다.
  ✚ 엄밀히 말하면, 생산량이 순수독점의 경우와 최소한 같거나 더 많아진다.
② 가격차별로 인해 수요의 가격탄력성이 큰 빈곤층이 낮은 가격의 혜택을 누릴 수 있다면 분배 측면에서도 긍정적인 효과를 갖는다.
③ 그러나 가격차별로 인해 소비자에 따라 동일한 재화 소비에서 얻는 한계편익이 달라지는 것은 효율성 측면에서 볼 때 바람직하지 않다.
④ 이와 같이, 가격차별은 긍정적인 측면과 부정적인 측면을 모두 갖고 있으나, 일반적인 평가는 가격차별이 이루어질 때의 후생수준이 순수독점의 경우보다 높을 가능성이 크다는 것이다.

5 이부가격설정

(1) 개념

① 이부가격설정(two-part tariff)이란 재화를 구입할 권리에 대해 1차로 가격(first tariff)을 부과하고, 재화 구입량에 따라 다시 2차로 가격(second tariff)을 부과하는 것을 말한다.
② 이부가격설정의 가격체계는 재화 구입량에 관계없이 부과되는 기본요금(가입비)과 재화 구입량에 따라 상승하는 사용요금(이용료)으로 구성된다.
③ 이부가격설정의 대표적인 사례는 다음과 같다.

> - 입장료를 부과하고 시설 이용 시에 이용료를 다시 부과하는 경우
>   예 놀이공원 등
> - 회원권을 판매하고 시설 이용 시에 이용료를 다시 부과하는 경우
>   예 골프장, 콘도미니엄 등
> - 기본요금을 부과하고 사용량에 따라 요금을 다시 부과하는 경우
>   예 전화, 전기 등

(2) 설명

① 그림 11-8과 같이 독점기업이 공급하는 재화의 수요곡선이 주어져 있고, 재화 생산의 한계비용은 일정하다고 가정하자.
② 독점기업은 한계수입과 한계비용이 일치하는 점에서 이윤극대화 생산량 Q_0와 가격 P_0를 결정하고, □B의 면적만큼의 이윤을 얻는다.
③ 이제, 독점기업이 이부가격제를 실시하기 위해 사용요금(이용료)을 한계비용과 일치하는 P_1수준으로 낮추면 생산량은 Q_1으로 완전경쟁시장의 경우와 동일해진다.

④ Q_1만큼의 재화를 구입할 때 소비자가 지불할 용의가 있는 최대금액은 수요곡선 하방의 면적으로 측정된다. 따라서 독점기업이 사용요금을 P_1으로 설정하면 소비자잉여의 크기에 해당하는 $(A+B+C)$의 면적만큼의 기본요금(가입비)을 부과하는 것이 가능해진다.

⑤ 독점기업이 사용요금을 P_1으로 설정하고, 기본요금을 $(A+B+C)$의 면적으로 설정하면 $(A+B+C)$의 면적만큼의 이윤을 얻게 되므로 순수독점의 경우에 비해 $(A+C)$의 면적만큼의 이윤이 추가로 발생한다.

그림 11-8 **이부가격설정**

- 사용요금(이용료)
  : $P = MC$ (P_1)
- 기본요금(가입비)
  : 소비자잉여$(A+B+C)$
- 이부가격제를 실시하면 생산량이 완전경쟁시장과 동일해지므로 자원배분의 효율성이 달성$(P = MC)$되나, 소비자잉여가 전부 독점기업의 이윤으로 귀속된다(= 제1급 가격차별).

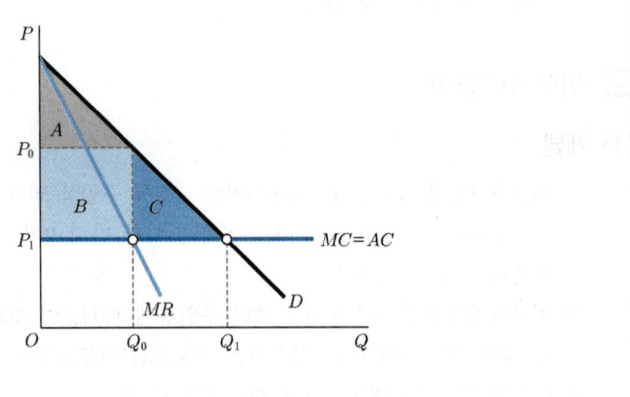

(3) 평가

① 이부가격제를 실시하면 생산량이 완전경쟁시장의 경우와 동일해지므로 자원배분의 효율성이 달성$(P = MC)$되나, 소비자잉여가 전부 독점기업의 이윤으로 귀속된다.
   ✚ 이부가격설정의 효과는 제1급 가격차별의 효과와 사실상 동일하다.

② 기본요금이 너무 높게 설정될 경우 일부 소비자가 구입을 포기할 가능성이 있다. 그리고 실제로는 이부가격제를 실시하더라도 소비자잉여를 전부 독점기업의 이윤으로 전환하는 것은 불가능하다.

제5절 독점시장에 대한 평가

1 자원배분의 효율성 측면

① 시장구조가 완전경쟁시장이면 시장전체의 수요곡선과 공급곡선(한계비용곡선)이 교차하는 점에서 시장균형이 달성되고, 균형가격 P_c와 균형거래량 Q_c가 결정된다.

② 시장구조가 독점시장이면 $MR = MC$를 만족하는 점에서 이윤극대화 생산량 Q_m이 결정되고, 수요곡선상에서 가격 P_m이 결정된다.

③ 완전경쟁시장이 독점화되면 생산량은 감소($Q_m < Q_c$)하고 가격은 상승($P_m > P_c$)하므로 사회적 후생손실이 발생한다.

❖ 독점에 따른 사회적 후생손실 $\Delta(F+G)$를 후생삼각형(welfare triangle) 혹은 하버거의 삼각형(Harberger's triangle)이라고 한다.

완전경쟁과 독점의 비교 그림 11-9

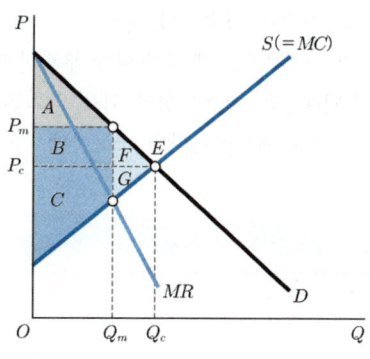

	완전경쟁시장	독점시장	변화분
소비자잉여	$A+B+F$	A	$-(B+F)$
생산자잉여	$C+G$	$B+C$	$B-G$
총잉여	$A+B+C+F+G$	$A+B+C$	$-(F+G)$

2 소득분배 측면

① 완전경쟁시장이 독점화되면 소비자잉여의 일부가 독점기업에게 이전되므로 소비자로부터 생산자에게로 부와 소득이 재분배된다.

② 사회후생의 증감 여부를 평가하기 위해서는 가치판단의 개입이 필요하다. 그러나 독점이윤을 통해 한 사회 내의 부와 소득이 소수에게 편중되므로 독점체제가 소득분배에 미치는 영향은 부정적으로 평가된다.

제6절 독점의 규제

1 개요

① 독점체제는 자원배분의 효율성 측면뿐만 아니라 여러 측면에서 바람직하지 않은 결과를 초래한다.
② 독점에서 비롯되는 문제들을 해결하기 위해 정부는 독점의 규제에 나서는데, 독점규제의 방식으로는 조세규제, 가격규제, 경쟁촉진정책 등이 있다.
  ✤ 여기서는 조세규제만을 다루고, 자연독점에서 가격규제에 대해 논의한다.

2 조세를 통한 규제

(1) 종량세

① 종량세(unit tax)란 재화 1단위당 부과되는 일정액의 조세를 말한다. 정부가 독점기업에게 종량세를 부과하면, 독점기업은 이를 가변비용의 증가로 인식한다. 그에 따라 한계비용(MC)과 평균비용(AC)이 모두 증가한다.
② 단위당 T의 종량세 부과로 MC곡선이 T만큼 상방으로 이동하면 생산량이 감소하고 가격은 상승한다.
③ 정부가 독점기업에게 종량세를 부과하면 조세부과 이전보다 생산량이 감소하므로 자원배분의 비효율성이 더욱 악화된다.
④ 조세수입을 재분배한다면 소득분배 측면에서 긍정적인 효과는 있다.

그림 11-10 종량세 부과의 효과

● 종량세를 부과하면, 독점기업은 이를 가변비용의 증가로 인식하므로 MC곡선과 AC곡선(그림에서 생략)이 모두 상방으로 이동한다. MC곡선이 상방으로 이동하므로 생산량이 감소하고 가격은 상승한다.

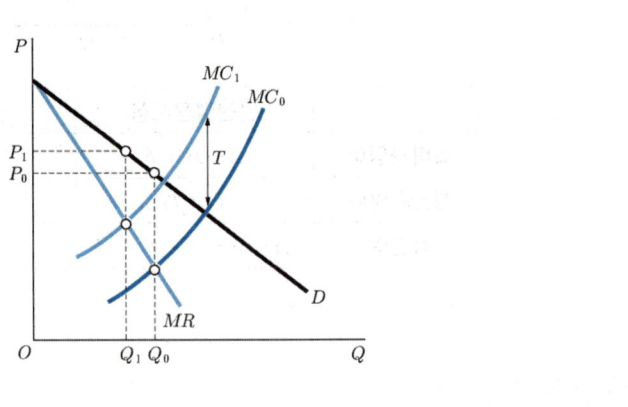

(2) 정액세와 이윤세

① 정액세(lump-sum tax)란 생산량에 관계없이 부과되는 일정액의 조세를 말한다. 정부가 독점기업에게 정액세를 부과하면, 독점기업은 이를 고정비용의 증가로 인식한다. 그에 따라 한계비용(MC)은 변하지 않고 평균비용(AC)만 증가한다.

② T의 정액세가 부과되더라도 MC곡선이 이동하지 않으므로 생산량과 가격은 조세부과 이전과 동일하다.

③ 한편, 이윤세(profit tax)란 기업의 이윤에 대해 부과되는 조세를 말한다. 그런데 이윤의 크기는 한 기간이 종료된 이후에 확정되고, 이윤의 크기가 확정된 이후에 이윤세가 부과되므로 이윤세가 부과되는 경우에도 독점기업은 이를 고정비용의 증가로 인식한다. 그에 따라 한계비용(MC)은 변하지 않고 평균비용(AC)만 증가한다.

④ 이윤세가 부과되더라도 MC곡선이 이동하지 않으므로 생산량과 가격은 조세부과 이전과 동일하다.

➕ 이윤세는 정액세와 마찬가지로 생산량과 가격 결정에 영향을 미치지 않는다. 즉, 이윤세 부과의 효과는 정액세 부과의 효과와 동일하다.

⑤ 정부가 독점기업에게 정액세(혹은 이윤세)를 부과하더라도 생산량이 전혀 변하지 않으므로 자원배분의 비효율성이 개선되지 않는다.

➕ 자원배분의 비효율성을 더 악화시키는 것도 아니므로 자원배분의 효율성 측면에서는 정액세(혹은 이윤세)를 부과하는 것이 종량세를 부과하는 것보다 바람직하다.

⑥ 소득분배 측면에서 어느 정도 긍정적인 효과는 있다.

정액세(혹은 이윤세) 부과의 효과 그림 11-11

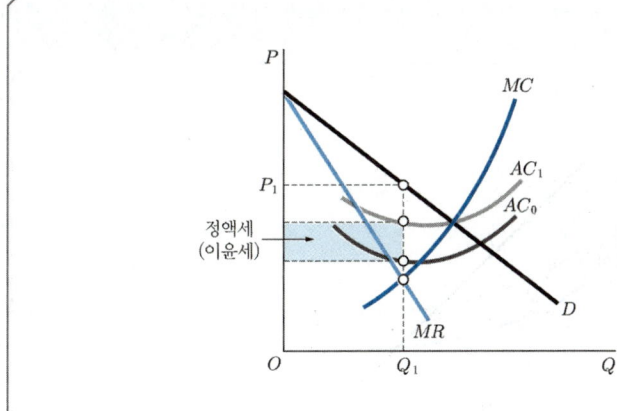

정액세(혹은 이윤세)를 부과하면, 독점기업은 이를 고정비용의 증가로 인식하므로 MC곡선은 이동하지 않고 AC곡선만 상방으로 이동한다. MC곡선이 이동하지 않으므로 생산량과 가격은 조세부과 이전과 동일하다.

제7절 자연독점

1 개념 및 발생원인

① 자연독점(natural monopoly)이란 규모의 경제라는 산업의 특수성이 다른 기업의 시장진입을 막아 자연스럽게 형성된 독점시장을 말한다.
② 전기, 전화, 수도, 철도산업과 같이 초기에는 막대한 설비투자비용(고정비용)이 발생하나, 추가적으로 드는 비용(가변비용)이 매우 작아 생산량이 증가함에 따라 평균비용이 하락하는 규모의 경제가 존재하는 경우 자연독점이 발생한다.

2 설명

① 아래 그림에서 보는 것처럼 정부의 규제가 없다면 자연독점기업은 이윤극대화를 위해 $MR = MC$를 만족하는 점에서 생산량과 가격을 결정할 것이다.
② 자연독점의 균형에서는 가격이 한계비용보다 높기 때문에 과소 생산에 따른 자원배분의 비효율성이 초래된다.
③ 이 경우, 시장에 경쟁체제를 도입하기 위해 자연독점기업을 몇 개의 기업으로 분할하면 개별기업의 생산량이 감소하여 평균비용이 급격히 상승하는 문제가 발생한다. 이는 규모의 경제가 현저한 산업에서는 경쟁촉진정책이 오히려 비효율을 야기할 수 있음을 의미한다.
④ 그러므로 자연독점의 경우에는 정책당국이 기업을 인위적으로 분할하기보다는 직접적으로 가격을 규제하는 정책을 사용하게 된다.

> 자연독점은 경쟁체제를 만들기 위해 기업을 분할하면 평균비용이 상승하여 오히려 비효율적이 된다.

그림 11-12 자연독점

> 규모의 경제가 존재하면 자연독점이 발생한다. 자연독점의 균형에서는 가격이 한계비용보다 높기 때문에 과소 생산에 따른 자원배분의 비효율성이 초래된다.

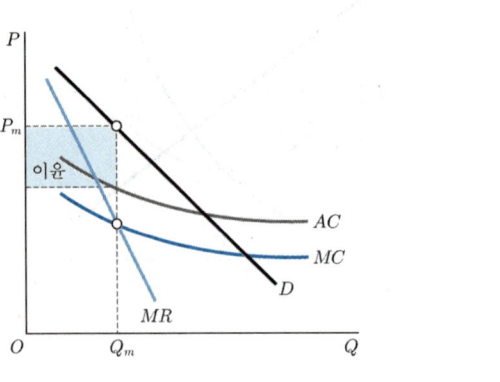

3 자연독점의 가격규제

(1) 한계비용가격설정($P = MC$)

① 한계비용가격설정(MC-pricing)이란 수요곡선과 한계비용곡선이 교차하는 점에서 가격을 설정하는 것을 말한다.

② 한계비용가격설정을 하면 가격이 P_{MC}, 생산량이 Q_{MC}로 결정된다. 따라서 가격과 생산량이 완전경쟁시장의 경우와 동일하다.

③ 가격이 한계비용과 일치하므로($P = MC$) 자원배분이 효율적으로 이루어지나, 생산량이 Q_{MC}일 때 가격이 평균비용보다 낮으므로($P < AC$) 적자(손실)가 발생한다.

④ 독점기업이라 하더라도 장기적으로 손실이 발생한다면 시장에서 퇴출할 것이다. 따라서 기업이 생산을 계속하게 하려면 손실을 보전하기 위한 정부의 지속적인 보조금 지급이 필요하다.

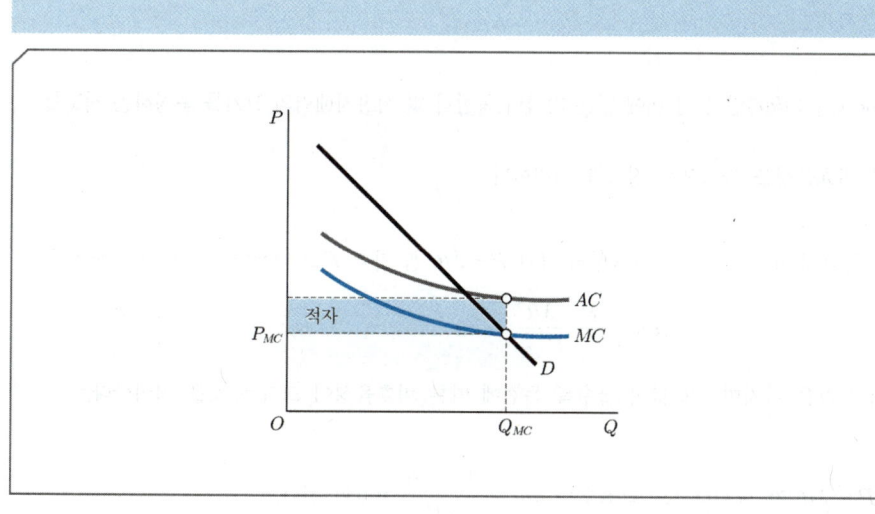

한계비용가격설정 그림 11-13

한계비용가격설정을 하면 $P = MC$가 성립하므로 자원배분의 효율성이 달성되나, $P < AC$이므로 적자가 발생한다.

(2) 평균비용가격설정($P = AC$)

① 평균비용가격설정(AC-pricing)이란 수요곡선과 평균비용곡선이 교차하는 점에서 가격을 설정하는 것을 말한다.

② 평균비용가격설정을 하면 가격이 P_{AC}, 생산량이 Q_{AC}로 결정된다. 따라서 가격은 완전경쟁시장의 경우보다 높고, 생산량은 완전경쟁시장의 경우보다 적다.

③ 가격이 평균비용과 일치하므로($P = AC$) 적자(손실)가 발생하지 않지만, 가격이 한계비용보다 높으므로($P > MC$) 자원배분이 비효율적으로 이루어진다.

④ 평균비용이 상승하면 가격을 인상하면 되므로 독점기업이 생산비를 절감하기 위해 노력할 유인이 사라진다.

그림 11-14 평균비용가격설정

평균비용가격설정을 하면 $P = AC$가 성립하므로 적자가 발생하지 않지만, $P > MC$이 므로 자원배분의 효율성이 달 성되지 못한다(과소 생산).

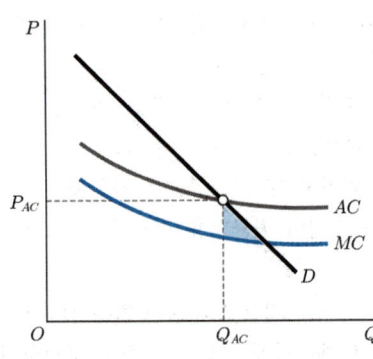

참고 ▶ 독점도

1. 개념
   ① 독점도(degree of monopoly ; dm)란 산업 내에 있는 기업의 독점력 및 시장지배력의 크기를 측정하는 척도를 말한다.
   ② 독점도는 독점에 따른 비효율성을 가져오는 정도를 의미한다.

2. 측정
   ① 러너(A. P. Lerner)는 독점에 따른 단위당 비효율성의 크기 $P-MC$를 가격 P로 나누어 독점도를 구하였다.

   $$dm = \frac{P-MC}{P}$$

   ② 독점도는 0과 1 사이의 값을 가지며, 그 값이 클수록 독점에 따른 비효율성이 크다는 것을 의미한다.

3. 시장별 독점도
   ① 완전경쟁시장에서는 $P = MC$가 성립하므로 독점도는 $dm = \frac{P-MC}{P} = 0$이 된다.
   ② 불완전경쟁시장에서는 $P > MC$가 성립하므로 독점도는 $dm = \frac{P-MC}{P} > 0$이 된다.

CHAPTER 12 독점적 경쟁시장

제1절 독점적 경쟁시장의 개념 및 특징

1 독점적 경쟁시장의 개념

① 독점적 경쟁시장(monopolistic competition market)이란 진입과 퇴출이 자유로운 상황에서 다수의 기업이 대체성이 높지만 차별화된 재화를 생산하는 시장형태를 말한다.
② 독점적 경쟁시장에는 독점시장과 완전경쟁시장의 성격이 공존한다.
③ 독점적 경쟁시장의 예로는 약국, 세탁소, 미용실, 주유소, 커피전문점, 식당 등을 들 수 있다.

2 독점적 경쟁시장의 특징

(1) 다수의 수요자와 공급자

① 독점적 경쟁시장에는 다수의 수요자와 공급자가 존재한다.
② 독점적 경쟁시장에는 다수의 기업이 존재하므로 개별기업은 다른 기업들의 행동 및 전략을 고려하지 않고 독립적으로 행동한다. 즉, 기업 간 상호의존성이 없다.
   ✚ 독점적 경쟁기업의 수는 완전경쟁기업의 수보다는 현저히 적다.

(2) 자유로운 진입과 퇴출 : 장기

① 독점적 경쟁시장에는 장기에 진입장벽이 없으므로 기업이 자유롭게 특정 산업에 진입하거나, 특정 산업으로부터 퇴출할 수 있다.
② 독점적 경쟁시장에서는 장기에 기업의 자유로운 진입과 퇴출이 보장되므로 독점적 경쟁기업은 완전경쟁기업과 마찬가지로 장기에 정상이윤만을 얻는다.

(3) 제품차별화

① 독점적 경쟁기업은 상표, 품질, 기능, 포장, 디자인 등에서 조금씩 다른 차별화된 재화를 생산한다.
② 독점적 경쟁기업은 차별화된 재화를 생산하므로 다소의 시장지배력을 보유하고, 그에 따라 우하향의 수요곡선에 직면하게 된다.
   ✚ 독점적 경쟁기업들은 대체성이 상당히 높은 재화를 생산하므로 독점기업보다 훨씬 탄력적인 수요곡선에 직면한다.
③ 일반적으로 제품차별화의 정도(독점력)가 클수록 수요곡선이 비탄력적이 된다.

(4) 비가격경쟁

① 독점적 경쟁기업들은 대체성이 상당히 높은 재화를 생산하므로 판매량 증대를 위해 광고, 판매서비스, 디자인 등 여러 측면에서 비가격경쟁을 한다.
② 비가격경쟁은 독점적 경쟁시장보다 과점시장의 경우가 훨씬 치열하다.

제2절 독점적 경쟁시장의 단기균형

1 단기균형의 도출

☑ 독점적 경쟁시장의 단기균형에서는 독점시장의 성격이 강하게 나타난다.

① 독점적 경쟁기업이 $MR=MC$를 만족하는 점에서 이윤극대화 생산량 Q_0를 결정하면 수요곡선상에서 가격 P_0가 결정된다.

➕ 독점적 경쟁시장의 단기균형의 특징은 독점시장의 경우와 거의 동일하다. 다만, 개별기업이 직면하는 수요곡선이 독점시장의 경우보다 훨씬 완만하다는 점에서 차이가 생길 뿐이다.

② 독점적 경쟁기업은 비용조건에 따라 단기에 초과이윤을 얻을 수도 있고, 정상이윤만 얻을 수도 있으며, 손실을 볼 수도 있다.

- $P > AC$: 초과이윤 … 그림 a)
- $P = AC$: 정상이윤 … 그림 b)
- $P < AC$: 손   실 … 그림 c)

➕ 독점적 경쟁기업은 단기에 초과이윤, 정상이윤, 손실이 모두 발생 가능하다.

그림 12-1 독점적 경쟁시장의 단기균형

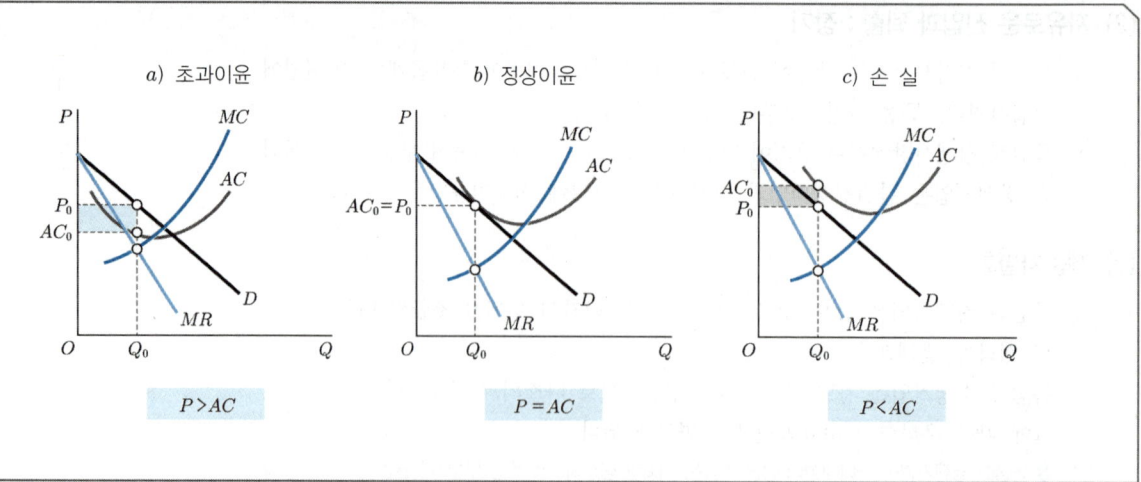

2 단기균형의 특징

① 독점적 경쟁기업이라 하더라도 단기에 항상 초과이윤을 얻는 것은 아니다. 균형에서 $P=AC$이면 정상이윤만을 얻고, $P<AC$이면 단기적으로 손실을 보게 된다.
② 독점적 경쟁시장의 균형에서는 $P>MC$가 성립하므로 생산량이 사회적 최적수준에 미달한다. 그러므로 과소 생산에 따른 사회적 후생손실이 초래된다.
③ 독점적 경쟁기업은 수요의 가격탄력성이 1보다 큰 구간에서 생산을 한다.
④ 독점적 경쟁시장에는 공급곡선 자체가 존재하지 않는다.

제3절 독점적 경쟁시장의 장기균형

1 장기조정과정

① 장기에는 기업의 진입과 퇴출이 자유로우므로 초과이윤이 발생하면 신규기업의 시장진입이 이루어지고, 손실이 발생하면 기존기업의 시장퇴출이 이루어진다.

- 초과이윤이 발생하는 경우

  > 초과이윤 발생 → 신규기업 진입 → 수요 감소 → 수요곡선 좌측 이동 → 가격 하락 → $P=LAC$ ⋯ 장기균형(이윤=0)

- 손실이 발생하는 경우

  > 손실 발생 → 기존기업 퇴출 → 수요 증가 → 수요곡선 우측 이동 → 가격 상승 → $P=LAC$ ⋯ 장기균형(이윤=0)

② 결국, 장기균형은 $P=LAC$인 점에서 달성되고, 개별기업의 이윤은 0이 된다.
　✚ 독점적 경쟁시장의 장기조정과정은 완전경쟁시장의 경우와 유사하다.

☑ 독점적 경쟁시장의 장기균형에서는 완전경쟁시장의 성격이 강하게 나타난다.

2 독점적 경쟁기업의 장기균형 조건

① 독점적 경쟁기업의 장기균형은 $MR=LMC$를 만족하는 점에서 달성되고, 균형생산량은 Q_0, 균형가격은 P_0로 결정된다.
② 독점적 경쟁기업은 장기에 정상이윤만을 얻으므로 생산량 Q_0 수준에서 수요곡선과 LAC곡선이 접한다($P=LAC$).
③ 그러므로 장기균형에서는 다음의 조건이 충족된다.

$$P=AR=SAC=LAC>MR=SMC=LMC$$

그림 12-2 독점적 경쟁시장의 장기균형

초과이윤이 발생하면 신규기업의 시장진입이 이루어지고, 손실이 발생하면 기존기업의 시장퇴출이 이루어지므로 독점적 경쟁기업은 장기에 정상이윤만을 얻는다.

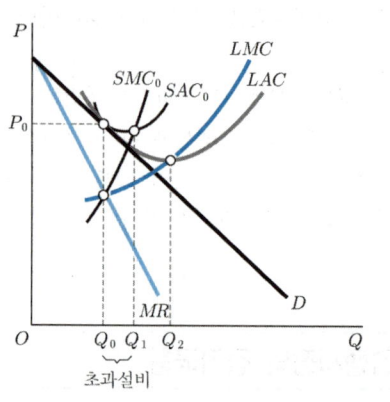

독점기업과 달리 독점적 경쟁기업이 보유하는 초과설비는 다양한 재화의 공급이 이루어지는 것에 대한 대가로 평가할 수 있으므로 반드시 낭비로 보지는 않는다.

3 장기균형의 특징

① 독점적 경쟁기업은 완전경쟁기업과 마찬가지로 장기에 정상이윤만을 얻는다.
② 장기에도 여전히 $P > MC$이므로 생산량이 사회적 최적 수준에 미달한다. 그러므로 과소 생산에 따른 사회적 후생손실이 초래된다.
③ 생산이 최적생산량 수준인 SAC곡선의 최저점보다 좌측에서 이루어지므로 독점적 경쟁기업은 장기에 초과설비를 보유한다.
④ 독점적 경쟁기업은 장기에 규모의 경제가 발생하는 구간(LAC곡선 최저점보다 좌측)에서 생산을 한다.

제4절 독점적 경쟁시장에 대한 평가

1 장점

① 독점적 경쟁시장에서는 제품차별화를 통해 다양한 재화의 생산이 이루어지므로 소비자의 후생이 증가한다.
② 장기에 진입장벽의 부재로 기업의 자유로운 진입과 퇴출이 보장되므로 개별기업들이 장기에 정상이윤만을 얻고, 시장이 자연독점화되지 않는다.

2 단점

① 독점적 경쟁시장의 균형에서 항상 $P > MC$이므로 생산량이 사회적 최적 수준에 미달하고, 과소 생산에 따른 사회적 후생손실이 초래된다.
② 광고 등을 통한 비가격경쟁, 초과설비의 존재는 자원의 낭비를 가져온다.

CHAPTER 13 과점시장

제1절 과점시장의 개념 및 특징

1 과점시장의 개념

① 과점시장(oligopoly market)이란 소수의 기업이 시장을 장악하고 시장수요의 대부분을 공급하는 시장 형태를 말한다.
② 과점시장의 예로는 설탕, 시멘트, 철강, 맥주, 자동차, 냉장고 등을 들 수 있다.
③ 과점시장의 한 극단적 형태로서 시장에 단 두 개의 기업만 존재하는 경우를 복점시장(duopoly market)이라고 부른다.
④ 과점시장에서 공급되는 재화가 동질적인 경우를 순수과점(pure oligopoly), 이질적인 경우를 차별과점(differentiated oligopoly)이라고 부른다.

2 과점시장의 특징

(1) 기업 간 상호의존성

① 과점시장은 소수의 기업이 경쟁하는 체제이므로 기업 간 상호의존성이 크다.
② 한 기업의 가격과 생산량의 변화는 다른 기업에게 상당한 영향을 미치기 때문에 과점기업은 항상 상대기업이 어떤 반응을 보일 것인지를 예상하여 신중하게 가격과 생산량을 결정해야 한다.
③ 이처럼 과점기업은 경쟁기업이 어떤 반응을 보일 것이라고 예상하는지에 따라 선택을 달리 해야 하는 전략적 상황(strategic situation)에 처해 있기 때문에 게임이론(game theory)을 활용하여 과점시장을 분석하게 된다.
④ 그리고 이와 같은 전략적 상황은 과점기업들로 하여금 무모한 경쟁을 피하고 담합 등을 통해 공동의 이익을 추구하게 하는 유인을 갖게 한다.

(2) 비가격경쟁

① 과점기업들이 가격경쟁을 할 경우 모두의 이윤이 감소한다. 그러므로 과점기업들은 광고, 제품차별화 등을 통한 치열한 비가격경쟁을 한다.
    ➕ 비가격경쟁은 과점시장이 가장 치열하다.
② 치열한 비가격경쟁으로 인해 과점시장에서는 재화가격이 경직적이 된다.

(3) 비경쟁행위

① 과점기업들은 담합(collusion)이나 카르텔(cartel) 등을 통해 기업 간 경쟁을 제한함으로써 비경쟁행위를 하려는 경향을 보인다.
② 과점기업들은 그들 공동의 이익을 극대화하기 위하여 가격을 협정하고, 나아가 여러 가지 공동행위를 하기도 한다.

(4) 상당한 진입장벽

① 독점시장보다는 낮지만 과점시장의 경우에도 상당한 정도의 진입장벽이 존재한다.
② 진입장벽과 관련된 내용은 독점시장의 경우와 거의 유사하다. 다만, 과점시장의 경우에는 광고도 일종의 진입장벽으로 작용할 수 있다.

제2절 과점이론

1 과점이론의 구분

① 다른 시장과 달리 과점시장은 기업들이 어떤 환경에서 어떤 방식으로 경쟁하느냐에 따라서 다양한 이론이 존재한다.
② 즉, 과점시장 전체를 포괄할 수 있는 하나의 이론체계는 존재하지 않는다.
③ 여기서는 재정학을 공부하는 데 필요한 비용할증가격설정에 대한 내용만을 살펴보기로 한다.

2 비용할증가격설정

(1) 개념

① 비용할증가격설정이란 기업들이 재화가격을 설정할 때 평균비용에 일정률의 이윤, 즉 일정한 마진율을 부가하여 가격을 설정하는 것을 말한다.
② 비용할증가격설정을 풀코스트원리(full-cost pricing) 혹은 마크업가격설정(mark-up pricing)이라고도 한다.

(2) 가격설정방법

① 비용할증가격설정의 경우 먼저 기업이 정상적이라고 생각하는 생산량 수준인 목표생산량을 결정하고, 목표생산량 수준에서의 평균비용을 계산한다. 그리고 이 평균비용에 적절하다고 판단되는 마진율을 부가하여 가격을 설정한다.

$$P = AC(1+m) \quad (단, \ m : 마진율)$$

② 예컨대, 목표생산량 수준에서의 평균비용이 1,000원이고, 마진율이 30%라면 가격은 1,300원으로 설정된다.

$$P = AC(1+m) \quad (단, \ m : 마진율)$$
$$= 1,000(1+0.3)$$
$$= 1,300$$

③ 이와 같이, 평균비용(AC)에 일정한 할증률(m)을 곱하여 가격을 설정하기 때문에 비용할증가격설정이라고 한다.

(3) 특징

① 기업들이 통상적인 이윤극대화 조건인 $MR = MC$에 따라 가격을 설정하지 않고 비용할증가격설정을 따르는 이유는 한계수입과 한계비용을 정확히 측정하기 어렵거나, 적정 수준의 이윤만을 부가하여 신규기업의 진입을 막기 위해서이다.
② 비용할증가격설정에서는 목표생산량 수준에서의 평균비용을 기준으로 가격이 산정되기 때문에 시장수요가 변화하더라도 기업들이 가격을 잘 조정하지 않는다. 즉, 이 방식은 과점시장에서 가격이 경직성을 띠는 이유를 잘 설명해준다.

CHAPTER 14 게임이론

제1절 게임이론의 개요

1 게임이론

① 과점시장의 가장 큰 특징은 기업 간 상호의존성이다. 그리고 이러한 상호의존성 때문에 과점기업은 어떤 선택을 할 때 상대기업의 반응을 감안해야 하는 전략적 상황(strategic situation)에 처하게 된다.
② 게임이론(game theory)은 전략적 상황에 처해 있는 기업들의 행태를 분석하는 분석도구이다. 게임이론은 과점기업이 자신의 이익을 위해 취하는 행동과 그에 따른 결과를 게임이라는 틀을 통해 체계적으로 분석한다.
③ 오늘날 게임이론은 경제학뿐만 아니라 경영학, 사회학, 정치학, 군사학 등 거의 모든 분야로 그 활용 영역이 확대되고 있다.

☑ 게임이론은 이제 과점시장의 이론뿐만 아니라 산업조직의 이론 전반에 걸쳐 핵심적인 분석도구로 자리를 굳혀 가고 있다.

2 게임의 구성요소

(1) 경기자
① 경기자(player)란 게임에 참여하는 경제주체로서 게임의 기본적인 의사결정단위를 말한다.
② 개인, 기업, 국가 등이 경기자가 될 수 있다.

(2) 전략
① 전략(strategy)이란 게임 내에서 경기자가 취할 수 있는 행동에 대한 계획을 말한다.
② 경기자는 전략에 따라 구체적인 상황에서의 행동을 선택하게 된다.

(3) 보수
① 보수(payoff)란 각 경기자가 전략을 선택하였을 때 게임의 결과로서 얻게 되는 대가(효용, 이윤 등)를 말한다.
② 보수는 서수적 효용이나 화폐단위로 나타낸다.

(4) 보수행렬
① 보수행렬(payoff matrix)이란 게임의 모든 정보와 게임의 결과로서 나타나는 모든 보수의 수치를 하나의 표에 정리해놓은 것을 말한다.
② 보수행렬에는 게임의 3대 요소는 경기자, 전략, 보수가 명시되어 있다.

제2절 게임의 균형

1 개념

① 게임의 균형이란 외부여건의 변화가 없는 한 모든 경기자가 전략을 변경할 유인이 없는 상태를 말한다.
② 즉, 각 경기자가 선택한 전략에 의해 하나의 결과가 나타났을 때 모든 경기자가 이 결과에 만족하여 더 이상 자신의 전략을 바꿀 유인이 없는 상태를 게임의 균형이라고 한다.

2 우월전략균형

(1) 개념

① 우월전략(지배전략, dominant strategy)이란 상대방의 전략에 관계없이 자신의 보수를 가장 크게 만드는 전략을 말한다.
② 모든 경기자가 우월전략을 선택할 때 달성되는 균형을 우월전략균형(dominant strategy equilibrium)이라고 한다.

(2) 설명

① 기업 A는 전략 a_1과 a_2, 기업 B는 전략 b_1과 b_2를 가지고 있고, 각 기업의 전략 선택에 따른 이윤은 아래와 같은 보수행렬(기업 A의 이윤, 기업 B의 이윤)로 주어져 있다고 가정하자.

(단위 : 억원)

		기업 B	
		b_1	b_2
기업 A	a_1	(6, 12)	(10, 5)
	a_2	(4, 15)	(8, 14)

② 기업 A는 기업 B의 전략에 관계없이 전략 a_1을 선택하면 자신의 보수가 가장 커지므로 전략 a_1이 우월전략이다.
③ 기업 B는 기업 A의 전략에 관계없이 전략 b_1을 선택하면 자신의 보수가 가장 커지므로 전략 b_1이 우월전략이다.
④ 기업 A는 항상 자신의 우월전략인 전략 a_1을 선택하고, 기업 B도 항상 자신의 우월전략인 전략 b_1을 선택하므로 우월전략균형은 (a_1, b_1)이 된다.

(3) 성격

① 우월전략균형이 반드시 파레토 효율적인 것은 아니다.
→ (a_2, b_2)에서 두 기업 모두 더 큰 보수를 얻을 수 있다.

② 우월전략균형이 존재하지 않을 수도 있다.
③ 우월전략균형은 내쉬균형의 특수한 형태로서 내쉬균형에 포함된다.
➕ 우월전략균형은 내쉬균형이지만, 내쉬균형이라고 해서 우월전략균형인 것은 아니다.

3 내쉬균형

(1) 개념

① 내쉬전략(Nash strategy)이란 상대방의 전략이 주어졌을 때 자신의 보수를 가장 크게 만드는 전략을 말한다.
➕ 내쉬전략은 우월전략을 약화시킨 개념이다.
② 상대방의 전략을 주어진 것으로 보고 자신에게 가장 유리한 전략을 선택할 때 달성되는 균형을 내쉬균형(Nash equilibrium)이라고 한다. 즉, 모든 경기자가 내쉬전략을 선택할 때 달성되는 균형이 내쉬균형이다.
③ 게임이론에서 가장 일반적으로 사용하는 균형 개념이 내쉬균형이다.

(2) 설명

① 기업 A는 전략 a_1과 a_2, 기업 B는 전략 b_1과 b_2를 가지고 있고, 각 기업의 전략 선택에 따른 이윤은 아래와 같은 보수행렬(기업 A의 이윤, 기업 B의 이윤)로 주어져 있다고 가정하자.

(단위 : 억원)

		기업 B	
		b_1	b_2
기업 A	a_1	(10, 5)	(3, 2)
	a_2	(3, 3)	(5, 10)

② 기업 A는 기업 B가 전략 b_1을 선택하면 전략 a_1을, 기업 B가 전략 b_2를 선택하면 전략 a_2를 선택하는 것이 최적이다.
③ 기업 B는 기업 A가 전략 a_1을 선택하면 전략 b_1을, 기업 A가 전략 a_2를 선택하면 전략 b_2를 선택하는 것이 최적이다.
④ 따라서 이 게임의 내쉬균형은 (a_1, b_1), (a_2, b_2)가 된다.

(3) 성격

① 내쉬균형도 우월전략균형과 마찬가지로 반드시 파레토 효율적인 것은 아니다.
② 복수의 내쉬균형이 존재할 수도 있다.
③ 내쉬균형 상태에서 각 경기자는 더 이상 자신의 전략을 변경할 유인이 없으므로 내쉬균형은 안정적이다.
➕ 현재 내쉬균형 상태에 있다면 전략을 바꾸더라도 이득을 얻을 수가 없다.

제3절 게임이론의 응용

1 용의자의 딜레마

(1) 상황

① 어떤 범죄의 공범 혐의로 두 명의 용의자 A와 B가 검거되었다.
② 두 명의 용의자는 서로 다른 취조실에서 격리된 채 심문을 받고 있으며, 두 용의자 간 의사소통은 불가능하다.
③ 담당검사는 범행의 자백 여부에 따라 다음과 같은 형량을 구형할 수 있음을 제안한다(보수행렬에서 형량은 음(-)의 보수로 표현하였다).

(단위 : 년)

		용의자 B	
		자 백	부 인
용의자 A	자 백	(-5, -5)	(0, -10)
	부 인	(-10, 0)	(-1, -1)

(2) 균형

① 용의자 A는 용의자 B의 자백 여부에 관계없이 범행을 자백할 때 자신의 형량이 가장 낮아지므로 자백하는 것이 우월전략이다.
② 마찬가지로, 용의자 B도 용의자 A의 자백 여부에 관계없이 범행을 자백할 때 자신의 형량이 가장 낮아지므로 자백하는 것이 우월전략이다.
③ 따라서 (자백, 자백)이 이 게임의 우월전략균형이자 내쉬균형이 된다.
④ 우월전략균형(내쉬균형)이 파레토 효율성을 달성하지 못하고 있다.
　✚ 용의자의 딜레마 게임에서 우월전략균형은 파레토 비효율적이지만, 모든 우월전략균형이 파레토 비효율적인 것은 아니다.

(3) 시사점

① 만약 두 용의자가 격리되지 않고 의사소통이 가능했다면 끝까지 범행을 부인함으로써 형량을 줄일 수 있다.
② 그러나 상호 협조가 불가능한 상황에서는 상대방만 범행을 자백하고 자신은 부인할 경우 자신의 형량만 대폭 늘어나기 때문에 우월전략인 자백을 선택할 수밖에 없다.
③ 이는 역설적이게도 두 용의자가 모두 최적의 선택을 했기 때문에 나타난 결과이다. 즉, 용의자의 딜레마 게임은 개인적 합리성이 집단적 합리성을 보장하는 것은 아님을 보여준다.

2 공공재 공급

(1) 상황

① 개인 A와 B에게 화단은 순수공공재이다. 화단으로부터 각자 10만원에 상응하는 만족을 얻을 수 있고, 화단을 만드는 데는 12만원이 든다.
② 두 사람은 화단 제작에 찬성할 것인지 혹은 반대할 것인지를 독립적으로 동시에 결정한다. 한 사람이라도 찬성하면 화단이 만들어지고, 그 비용은 찬성한 사람이 균등하게 부담한다.
③ 즉, 화단 제작에 한 사람만 찬성하면 혼자 12만원을 지불하고, 두 사람 모두 찬성하면 각각 6만원씩 지불한다. 모두 반대하면 화단은 만들어지지 않는다.
④ 두 사람이 각각의 전략을 선택했을 때의 순편익을 보수행렬로 나타내면 다음과 같다.

(단위 : 만원)

		개인 B	
		찬 성	반 대
개인 A	찬 성	(4, 4)	(−2, 10)
	반 대	(10, −2)	(0, 0)

(2) 균형

① 개인 A는 개인 B의 찬성 여부에 관계없이 화단 제작에 반대할 때 자신의 순편익이 가장 커지므로 반대하는 것이 우월전략이다.
② 마찬가지로, 개인 B도 개인 A의 찬성 여부에 관계없이 화단 제작에 반대할 때 자신의 순편익이 가장 커지므로 반대하는 것이 우월전략이다.
③ 따라서 (반대, 반대)가 이 게임의 우월전략균형이자 내쉬균형이 된다.
④ 우월전략균형(내쉬균형)이 파레토 효율성을 달성하지 못하고 있다.

(3) 공공재 공급 여부

① 두 사람이 모두 화단 제작에 반대하면 화단 제작 비용을 아무도 부담하지 않으므로 화단이 만들어지지 않는다.
② 이와 같이, 공공재 공급이 이루어지지 않는 것은 모두가 화단 제작(공공재 공급)에 따른 비용은 부담하지 않고, 화단(공공재)으로부터 얻을 수 있는 편익만 누리려는 무임승차자(free rider)가 되려고 하기 때문이다.

다음 보수행렬(payoff matrix)을 갖는 게임에 대한 설명으로 옳은 것은? (단, 경기자 갑은 A와 B, 경기자 을은 C와 D라는 전략을 가지고 있으며, 각 전략조합에서 첫 번째 숫자는 경기자 갑, 두 번째 숫자는 경기자 을의 보수이다.)

갑 \ 을	C	D
A	(5, 15)	(10, 12)
B	(−2, 10)	(8, 5)

① 우월전략을 갖지 못한 경기자가 있지만, 내쉬균형은 1개 존재한다.
② 각 경기자 모두 우월전략을 가지므로 죄수의 딜레마 게임이다.
③ 다른 경기자의 선택을 미리 알 경우, 모르고 선택하는 경우와 다른 선택을 하는 경기자가 있다.
④ 내쉬균형은 파레토 효율적이다.

해설
ⅰ) 갑이 A전략을 선택하면 을은 C전략을 선택하고, 갑이 B전략을 선택해도 을은 C전략을 선택한다. 따라서 을의 우월전략은 C이다.
ⅱ) 을이 C전략을 선택하면 갑은 A전략을 선택하고, 을이 D전략을 선택해도 갑은 A전략을 선택한다. 따라서 갑의 우월전략은 A이다.
ⅲ) 그러므로 (A, C)가 이 게임의 우월전략균형이자 내쉬균형이 된다.
① |×| 갑과 을 모두 우월전략을 가지고 있으며, (A, C)의 1개의 내쉬균형이 존재한다.
② |×|, ④ |○| 용의자의 딜레마(죄수의 딜레마) 게임에서는 두 경기자 모두의 보수를 증가시킬 수 있는 전략조합이 존재함에도 두 경기자 간 협조가 이루어지지 않아 두 경기자 모두의 보수를 감소시키는 전략조합이 선택된다. 즉, 용의자의 딜레마 게임에서의 우월전략균형은 파레토 비효율적이다. 그런데 이 게임의 우월전략균형인 (A, C)에서의 보수조합은 (5, 15)로 다른 어떤 보수조합으로 이동하더라도 최소한 한 사람의 보수가 작아지기 때문에 더 이상의 파레토 개선이 불가능하다. 그러므로 이 게임의 우월전략균형(내쉬균형)은 파레토 효율적이며, 용의자의 딜레마 게임에 해당하지 않는다.
③ |×| 갑과 을 모두 우월전략을 가지고 있으므로 상대방의 전략을 고려할 필요가 없다. 따라서 상대방의 선택을 알든 모르든 자신의 선택은 달라지지 않는다.
따라서 ④번이 답이 된다.

갑 \ 을	C	D
A	(5, 15)	(10, 12)
B	(−2, 10)	(8, 5)

다음 보수행렬(payoff matrix)을 갖는 게임에 대한 설명으로 옳은 것은? (단, A와 B는 각 경기자의 전략이며, 괄호 안의 첫 번째 숫자는 경기자 1의 보수를, 두 번째 숫자는 경기자 2의 보수를 나타낸다.)

		경기자 2	
		A	B
경기자 1	A	(7, 7)	(4, 10)
	B	(10, 4)	(3, 3)

① 모든 경기자에게 우월전략(dominant strategy)이 존재한다.
② 내쉬균형이 존재하지 않는다.
③ 내쉬균형은 두 경기자가 모두 A전략을 선택하는 것이다.
④ 내쉬균형에서 두 경기자는 서로 다른 전략을 선택한다.

🔦 해설

ⅰ) 경기자 1이 전략 A를 선택하면 경기자 2는 전략 B를 선택하고, 경기자 1이 전략 B를 선택하면 경기자 2는 전략 A를 선택한다.
ⅱ) 경기자 2가 전략 A를 선택하면 경기자 1은 전략 B를 선택하고, 경기자 2가 전략 B를 선택하면 경기자 1은 전략 A를 선택한다.
ⅲ) 따라서 이 게임에는 (A, B), (B, A)의 2개의 내쉬균형이 존재하고, 내쉬균형에서 두 경기자는 서로 다른 전략을 선택한다. 그리고 두 경기자 모두에게 우월전략은 존재하지 않는다.

따라서 ④번이 답이 된다.

		경기자 2	
		A	B
경기자 1	A	(7, 7)	(4, 10)
	B	(10, 4)	(3, 3)

SUMMARY

01. 시장 형태에 관계없이 이윤극대화 조건은 $MR = MC$이고, 평균수입은 가격과 일치($P = AR$)한다.

02. 완전경쟁시장에서 개별기업은 가격수용자(price taker)로서 행동하고, 모든 경제주체가 완전한 정보를 보유하고 있으므로 일물일가의 법칙(law of one price)이 성립한다.

03. 완전경쟁시장에서 한계수입은 가격과 일치하므로($P = MR$) 완전경쟁기업의 이윤극대화 조건은 $P = MR = MC$이다.

04. 완전경쟁기업의 (단기)공급곡선은 AVC곡선의 최저점을 상회하는 MC곡선으로, 공급곡선은 완전경쟁시장에만 존재한다.

05. 완전경쟁시장의 단기에 개별기업은 초과이윤, 정상이윤, 손실이 모두 발생 가능하다.

06. 완전경쟁시장의 장기에는 기업의 진입과 퇴출이 자유로우므로 개별기업은 정상이윤만을 얻는다.

07. 완전경쟁산업의 장기공급곡선은 생산요소가격의 변화(비용 증감)에 따라 그 형태가 달라진다. 구체적으로, 비용증가산업의 장기공급곡선은 우상향, 비용불변산업의 장기공급곡선은 수평선, 비용감소산업의 장기공급곡선은 우하향한다.

08. 완전경쟁시장에서는 단기와 장기 모두 $P = MC$가 성립하므로 자원배분의 효율성이 달성된다.

09. 독점기업은 시장지배력을 가진 가격설정자(price setter)로서 우하향하는 수요곡선에 직면한다.

10. 수요곡선이 우하향의 직선이면 한계수입곡선은 수요곡선과 가격축 절편은 같고 기울기는 수요곡선의 2배인 직선이 된다.
예 $P = 100 - 2Q \rightarrow MR = 100 - 4Q$

11. 독점기업은 단기에 초과이윤, 정상이윤, 손실이 모두 발생 가능하다.

12. 독점기업은 장기에 초과이윤을 얻는다.

13. 독점시장에서는 단기와 장기 모두 $P > MC$이므로 생산량이 사회적 최적 수준에 미달하고, 과소 생산에 따른 사회적 후생손실이 발생한다.

14. 제1급 가격차별(완전가격차별)은 각 단위의 재화에 대해 소비자가 지불할 용의가 있는 최대 금액을 설정하는 것이다. 따라서 소비자잉여는 0이 되나, $P = MC$이므로 자원배분의 효율성을 만족한다.

15. 제2급 가격차별(구간가격차별)은 재화 구입량에 반비례하도록 가격을 설정하는 것이다.

16. 제3급 가격차별은 수요의 가격탄력성에 반비례하도록 가격을 설정하는 것이다. 즉, 비탄력적인 시장에서는 높은 가격을 설정하고, 탄력적인 시장에서는 낮은 가격을 설정하는 것이다.

17. 이부가격설정은 사용요금은 한계비용과 일치시키고, 기본요금은 소비자잉여만큼 부과하는 것이다.

18. 독점을 규제하기 위해 종량세를 부과하면, 독점기업은 이를 가변비용의 증가로 인식하므로 MC곡선이 상방으로 이동한다. 따라서 생산량이 감소하고 가격은 상승한다.

19. 독점을 규제하기 위해 정액세(혹은 이윤세)를 부과하면, 독점기업은 이를 고정비용의 증가로 인식하므로 MC곡선이 이동하지 않는다. 따라서 생산량과 가격은 조세부과 이전과 동일하다.

20. 러너의 독점도는 $\dfrac{P-MC}{P}$로, 그 값이 클수록 독점에 따른 비효율성이 크다는 것을 의미한다.

21. 우월전략이란 상대방의 전략에 관계없이 자신의 보수를 가장 크게 만드는 전략을 말한다.

22. 우월전략균형이 반드시 파레토 효율적인 자원배분을 보장하는 것은 아니며, 균형해가 존재하지 않을 수도 있다.

23. 내쉬균형이란 상대방의 전략을 주어진 것으로 보고 자신에게 가장 유리한 전략을 선택할 때 달성되는 균형을 말한다. 우월전략균형은 내쉬균형의 특수한 형태로서 내쉬균형에 포함된다.

24. 내쉬균형도 우월전략균형과 마찬가지로 반드시 파레토 효율적인 자원배분을 보장하는 것은 아니며, 균형해가 하나 이상 존재할 수도 있다.

PART

06
생산요소
시장이론

15 생산요소시장이론

CHAPTER 15 생산요소시장이론

제1절 생산요소시장이론의 개요

1 생산요소시장의 개념

① 생산요소시장이란 생산 과정에 투입되는 노동, 자본, 토지 등의 생산요소가 거래되는 시장을 말한다.
② 생산요소시장에는 노동시장, 자본시장, 토지시장 등이 있는데, 여기서는 노동시장(labor market)만을 다루기로 한다.

2 생산요소시장의 특징

(1) 소득분배의 결정

① 생산물시장과 반대로 생산요소시장에서는 가계가 생산요소의 공급자, 기업이 생산요소의 수요자가 된다.
② 가계의 효용극대화 원리에 의해 생산요소(노동) 공급이 결정되고, 기업의 이윤극대화 원리에 의해 생산요소(노동) 수요가 결정된다.
③ 생산물시장과 마찬가지로 생산요소시장에서는 생산요소의 수요와 공급에 의해 생산요소의 가격과 고용량이 결정된다.
④ 생산요소의 가격(임금)과 고용량에 따라 생산요소가 얻는 소득의 크기가 결정되므로 생산요소시장을 분석하면 소득분배에 대해서도 알 수 있게 된다.
　➕ 생산요소의 가격과 고용량은 생산요소시장이 완전경쟁인지, 아니면 불완전경쟁인지에 따라 달라질 수 있는데, 여기서는 생산요소시장이 완전경쟁인 경우만 고려하기로 한다.

그림 15-1 생산요소시장

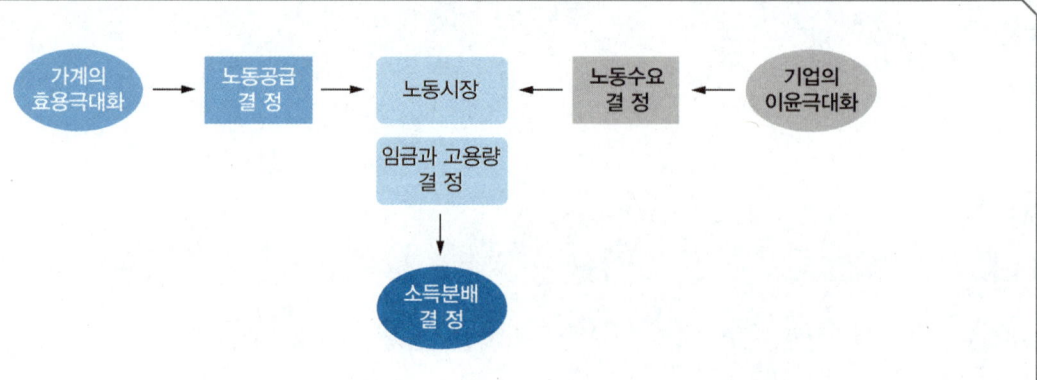

(2) 파생수요

① 생산물시장에서 이윤극대화 원리에 의해 생산량이 결정되면 그에 따라 생산요소시장에서 생산요소에 대한 수요가 결정된다.
② 그러므로 생산요소에 대한 수요는 생산물에 대한 수요로부터 파생되는 파생수요(derived demand)의 성격을 갖는다.
③ 생산요소에 대한 수요가 파생수요이므로 생산물에 대한 수요가 증가하면 생산요소에 대한 수요도 증가하고, 생산물에 대한 수요가 감소하면 생산요소에 대한 수요도 감소한다.

제2절 노동시장의 행동원리

1 노동수요곡선

(1) 개요

① 생산물시장과 마찬가지로 노동시장에서도 기업의 목적은 이윤극대화이다.
② 따라서 기업이 노동을 고용할 것인지의 여부는 노동자 1명을 추가로 고용할 때 얻는 수입과 노동자 1명을 추가로 고용할 때 소요되는 비용(임금)을 비교하여 결정하게 된다.

(2) 한계생산물가치

① 한계생산물가치(Value of Marginal Product ; VMP_L)란 노동자 1명을 추가로 고용할 때의 총수입의 증가분으로, 다음과 같이 나타낼 수 있다.

$$VMP_L = MP_L \times P$$

✚ 엄밀히 말하면, VMP_L은 노동의 한계생산물가치를 의미한다. 동일한 논리로, VMP_K는 자본의 한계생산물가치를 의미한다.
✚ 한계생산물가치가 노동자 1명을 추가로 고용할 때의 총수입의 증가분이 되는 것은 생산물시장이 완전경쟁인 경우에 한해서이다. 여기서도 생산물시장이 완전경쟁인 경우만 고려하기로 한다.

② 예를 들어, 노동자 1명을 추가로 고용할 때의 노동의 한계생산이 $MP_L = 5$이고, 재화가격이 $P = 1{,}000$원이라면 이 노동자를 추가로 고용할 때의 총수입의 증가분인 한계생산물가치는 $VMP_L = MP_L \times P = 5 \times 1{,}000 = 5{,}000$원이 된다.
③ 수확체감의 법칙에 의해 노동투입량이 증가하면 노동의 한계생산이 감소하므로 한계생산물가치곡선은 우하향의 형태로 도출된다.

그림 15-2 한계생산물가치곡선

수확체감의 법칙에 의해 노동 투입량이 증가하면 노동의 한계생산이 감소하므로 VMP_L 곡선은 우하향의 형태이다.

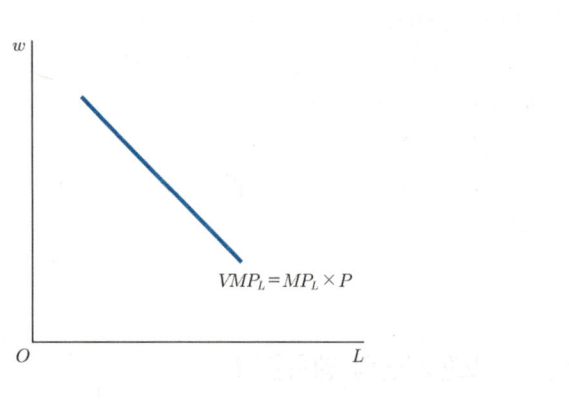

(3) 이윤극대화 요소고용량의 결정

① 기업이 노동을 고용할 것인지의 여부는 노동자 1명을 추가로 고용할 때 얻는 수입인 한계생산물가치(VMP_L)와 노동자 1명을 추가로 고용할 때 소요되는 비용인 임금(w)을 비교하여 결정하게 된다.

② 임금이 w_0일 때 L_1만큼의 노동을 고용하고 있다면 $VMP_L > w$이므로 노동자 1명을 추가로 고용할 때 얻는 수입이 노동자 1명을 추가로 고용할 때 소요되는 비용보다 크다. 그러므로 고용량을 늘리면 이윤이 증가한다.

③ 임금이 w_0일 때 L_2만큼의 노동을 고용하고 있다면 $VMP_L < w$이므로 노동자 1명을 추가로 고용할 때 소요되는 비용이 노동자 1명을 추가로 고용할 때 얻는 수입보다 크다. 그러므로 고용량을 줄이면 이윤이 증가한다.

④ 결국, 기업의 이윤극대화는 $VMP_L = w$가 성립하는 점에서 달성된다.

이윤극대화 요소고용조건

$VMP_L = w$
$\rightarrow MP_L \times P = w$
$\rightarrow MP_L = \dfrac{w}{P}$

그림 15-3 이윤극대화 요소고용량의 결정

 $VMP_L \neq w$이면 고용량 조정을 통한 이윤 증가가 가능하다.

- $VMP_L > w$: 고용량 ↑
- $VMP_L < w$: 고용량 ↓

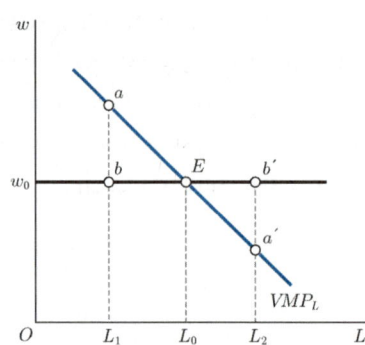

(4) 개별기업의 노동수요곡선

① 기업은 이윤극대화를 위해 $VMP_L = w$를 만족하는 수준에서 고용량을 결정할 것이므로 임금이 w_0이면 L_0만큼, 임금이 w_1이면 L_1만큼의 노동을 고용한다.

② 그러므로 한계생산물가치곡선은 각각의 임금수준에서 기업이 고용하고자 하는 노동의 수량을 나타낸다. 즉, VMP_L곡선이 개별기업의 노동수요곡선이 된다.

개별기업의 노동수요곡선 　그림 15-4

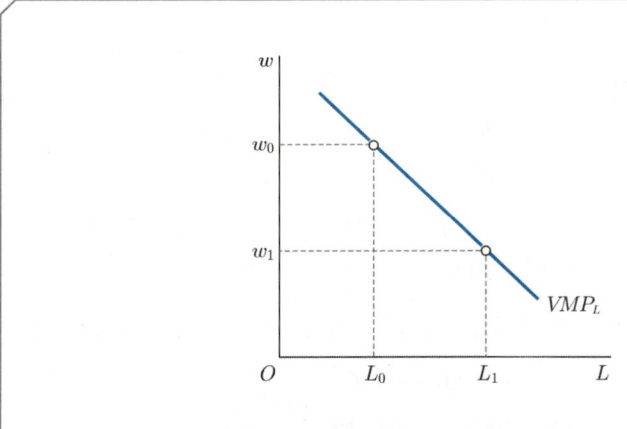

- 개별기업은 이윤극대화를 위해 $VMP_L = w$를 만족하는 수준에서 고용량을 결정한다.
- 우하향의 VMP_L곡선이 개별기업의 노동수요곡선이 된다.

(5) 시장전체의 노동수요곡선

① 시장전체의 노동수요곡선은 개별기업의 노동수요곡선(VMP_L곡선)의 수평합으로 도출된다.

② 시장전체의 노동수요곡선은 개별기업의 노동수요곡선보다 훨씬 완만한(탄력적인) 형태이다.

시장전체의 노동수요곡선 　그림 15-5

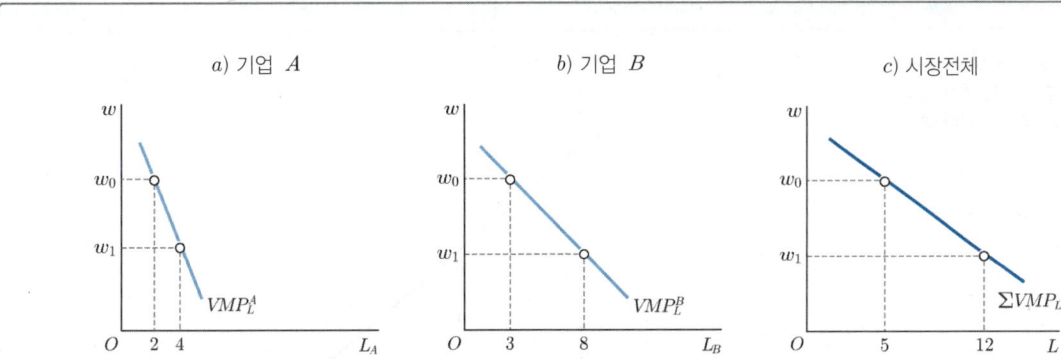

시장수요곡선은 개별수요곡선의 수평합으로 도출되며, 시장수요곡선은 개별수요곡선보다 완만하다.

2 노동공급곡선

(1) 개요
① 노동공급의 주체인 가계는 효용극대화 원리에 의해 노동공급을 결정한다.
② 즉, 노동자는 자신에게 주어진 총가용시간 중 얼마만큼을 노동과 여가에 각각 배분할 것인가를 선택해야 한다.
③ 가계의 효용극대화 원리에 의한 노동공급의 결정은 소득과 여가 사이의 무차별곡선과 예산선을 이용하여 분석하게 된다.

(2) 개별노동공급곡선

1) 예산제약식과 예산선
① 노동자의 총가용시간을 T, 노동시간을 L, 여가시간을 H라고 할 때 총가용시간은 다음과 같이 나타낼 수 있다.

$$T = L + H$$
(T: 총가용시간, L: 노동, H: 여가)

② 노동자의 임금소득(M)은 시간당 임금(w)과 노동시간(L)의 곱으로 정의된다.

$$M = w \times L$$
(M: 소득, w: 시간당 임금, L: 노동)

③ 위의 두 식을 이용하여 예산제약식을 도출하면 다음과 같다.

$$wT = wL + wH = M + wH$$
$$\rightarrow M = w(T - H)$$

④ 예산제약식을 이용하여 예산선을 그리면 소득(M)축 절편이 wT이고, 기울기가 $-w$인 우하향의 직선 형태의 예산선이 도출된다.
   ◆ 예산선의 기울기(절댓값)는 시간당 임금(w)과 일치한다.

그림 15-6 예산선

- 예산선은 소득(M)축 절편이 wT이고, 기울기가 $-w$인 우하향의 직선 형태이다.
- 시간당 임금(w)이 상승하면 예산선이 소득(M)축 바깥쪽으로 회전 이동한다.

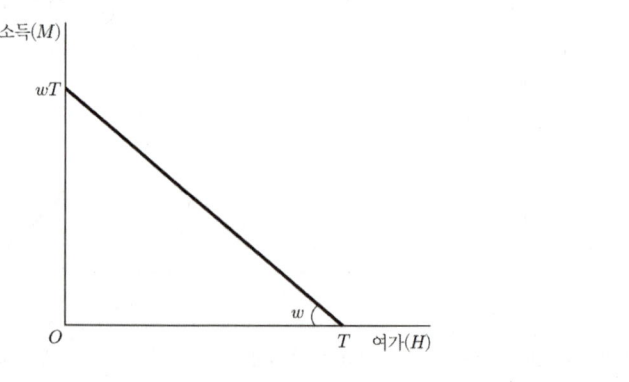

2) 효용함수와 무차별곡선

① 노동자는 여가시간(H)과 임금소득(M)을 통해 효용을 얻으므로 효용함수는 다음과 같이 나타낼 수 있다.

$$U = U(H, M)$$

(H : 여가, M : 소득)

② 여가시간(H)과 임금소득(M)의 한계효용이 모두 0보다 크므로 무차별곡선은 우하향하면서 원점에 대해 볼록한 형태이다. 원점에서 멀수록 더욱 높은 효용수준을 나타낸다.

③ 무차별곡선의 기울기(절댓값)는 여가시간(H)과 임금소득(M)의 한계대체율로, 여가시간 1단위를 추가로 증가시키기 위해 포기할 용의가 있는 임금소득의 수준을 의미한다.

$$MRS_{HM} = -\frac{\Delta M}{\Delta H} = \frac{MU_H}{MU_M}$$

무차별곡선 | 그림 15-7

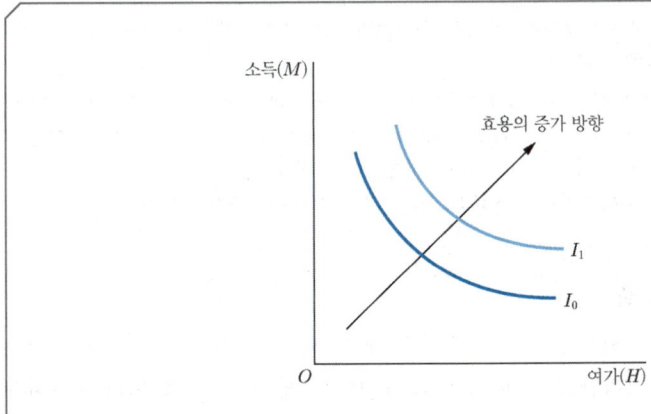

여가(H)와 소득(M)의 한계효용이 모두 0보다 크므로 무차별곡선은 우하향하면서 원점에 대해 볼록하고, 원점에서 멀수록 더욱 높은 효용수준을 나타낸다.

3) 효용극대화 노동공급량의 결정

① 그림 15-8에서 보는 것처럼, 노동자 개인의 효용극대화는 무차별곡선과 예산선이 접하는 E점에서 달성된다.

② 소비자균형에서는 무차별곡선과 예산선이 접하므로 한계대체율(MRS_{HM})과 시간당 임금(w)이 일치한다.

$$MRS_{HM} = \frac{MU_H}{MU_M} = w$$

③ 총가용시간 T 중에서 여가시간이 H^*이므로 노동시간은 $L^* = T - H^*$이고, 임금소득은 $M^* = w \times L^*$가 된다.

그림 15-8 효용극대화 노동공급량의 결정

노동자 개인의 효용극대화는 여가-소득 평면에서 무차별곡선과 예산선이 접하는 E점에서 달성되고, 그에 따라 노동시간과 여가시간이 결정된다.

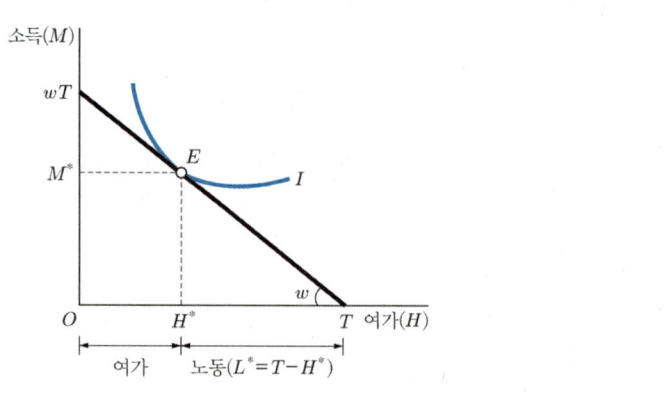

 어떤 경쟁적 기업의 단기생산함수가 $Q=524L-4L^2$이다. 생산물의 가격이 3만원이고, 임금은 12만원이다. 이윤극대화 고용량 L은 얼마인가?

🔆 해설

i) 생산물시장과 생산요소시장이 모두 완전경쟁일 때 기업의 이윤극대화 요소고용조건은 $VMP_L = MP_L \times P = w$이다.

ii) 생산함수 $Q=524L-4L^2$을 L에 대해 미분하면 노동의 한계생산은 $MP_L = 524-8L$이고, 재화의 가격이 $P=3$, 임금이 $w=12$이므로 이윤극대화 요소고용조건 $VMP_L = MP_L \times P = w$에 의해 이윤극대화 고용량은 $L=65$로 계산된다.
- $VMP_L = MP_L \times P = w \rightarrow (524-8L) \times 3 = 12 \rightarrow 8L = 520$ ∴ $L=65$

4) 노동공급곡선의 도출

① 시간당 임금이 w_0에서 w_1으로 상승하면 예산선이 소득(M)축 바깥쪽으로 회전이동하고 최적 소비점도 a점에서 b점으로 변화하게 된다. 그에 따라 여가시간은 감소하고 노동시간은 증가한다.
② 시간당 임금이 w_1에서 w_2로 더욱 상승하면 최적 소비점도 b점에서 c점으로 변화하게 되는데, 이때는 여가시간이 오히려 증가하고 노동시간은 감소한다.
③ 즉, 임금이 낮은 수준에서는 임금상승 시에 노동시간이 증가하나, 임금이 매우 높은 수준이 되면 오히려 노동시간이 감소한다.
④ 따라서 노동공급곡선은 후방으로 굴절하는 형태로 도출된다.
⑤ 임금상승 시 노동시간의 증감 여부는 대체효과와 소득효과의 상대적 크기에 의해 결정된다.

노동공급곡선의 도출 그림 15-9

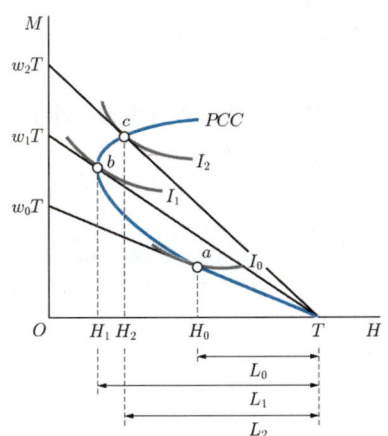
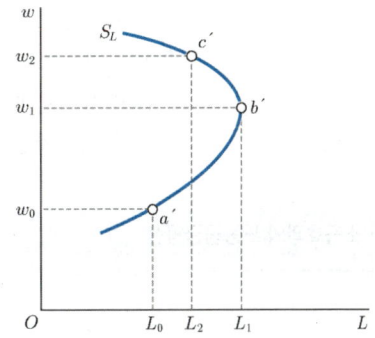

a) 임금상승과 균형점의 변화   b) 후방굴절 노동공급곡선

임금이 낮은 수준에서는 임금상승 시에 노동공급이 증가하나, 임금이 매우 높은 수준이 되면 임금상승 시에 오히려 노동공급이 감소한다. 따라서 노동공급곡선은 후방으로 굴절하는 형태로 도출된다.

5) 임금상승 시의 대체효과와 소득효과

① 임금이 상승하면 대체효과와 소득효과가 동시에 발생한다.
② 임금상승에 따른 대체효과란 임금상승으로 여가의 상대가격이 상승하여 여가소비가 감소하고 노동공급이 증가하는 효과를 말한다.
③ 임금상승에 따른 소득효과란 임금상승으로 실질소득이 증가하여 여가소비가 증가하고 노동공급이 감소하는 효과를 말한다.
  ✢ 실질소득이 증가할 때 여가소비가 증가하므로 여가가 정상재임을 가정하였다.
④ 여가가 정상재일 경우 임금상승 시 대체효과에 의해서는 노동공급이 증가하나, 소득효과에 의해서는 노동공급이 감소한다. 이때 대체효과가 소득효과보다 크다면 노동공급곡선은 우상향의 형태로 도출되나, 소득효과가 대체효과보다 크다면 노동공급곡선은 좌상향의 형태로 도출된다.
⑤ 앞에서는 여가가 정상재임을 가정하였으나, 만약 여가가 열등재라면 임금상승으로 실질소득이 증가할 때 열등재인 여가소비가 감소할 것이므로 소득효과에 의해서도 노동공급이 증가한다.
⑥ 여가가 열등재일 경우 임금상승 시 대체효과와 소득효과 모두에 의해 노동공급이 증가하므로 노동공급곡선은 반드시 우상향의 형태로 도출된다.
  ✢ 여가가 열등재라면 후방굴절 노동공급곡선은 도출될 수 없다. 다시 말해, 노동공급곡선이 후방굴절하는 형태라면 여가는 반드시 정상재이다.

▼ 일반적으로 임금이 낮을 때는 대체효과가 더 크게 나타나 노동공급곡선이 우상향하고, 임금이 매우 높을 때는 소득효과가 더 크게 나타나 노동공급곡선이 좌상향함으로써 노동공급곡선은 후방굴절하는 형태를 띠게 된다.

대체효과 : $w\uparrow \to P_{여가}\uparrow \to$ 여가소비↓, 노동공급↑
소득효과 : $w\uparrow \to$ 실질소득↑ ┌ 정상재 : 여가소비↑, 노동공급↓
                                    └ 열등재 : 여가소비↓, 노동공급↑

6) 여가와 소득이 완전보완재 관계일 때

① 노동자의 효용함수가 $U=\min[H, M]$과 같은 레온티에프 효용함수일 경우 여가(H)와 소득(M)은 완전보완재 관계이다.
② 두 재화가 완전보완재 관계이면 대체효과가 0이므로 임금상승 시 실질소득 증가로 여가소비가 증가하는 소득효과만 발생한다.
  ✚ 레온티에프 효용함수에서 여가는 반드시 정상재이다.
③ 임금이 상승할 때 여가소비가 증가하므로 노동공급은 감소한다. 그에 따라 노동공급곡선은 좌상향(우하향)의 형태로 도출된다.

그림 15-10 대체·소득효과와 노동공급곡선

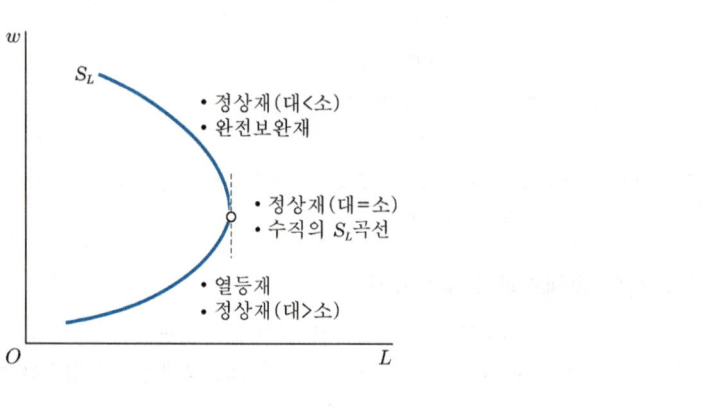

(3) 시장노동공급곡선

① 시장전체의 노동공급곡선은 개별노동자의 노동공급곡선의 수평합으로 도출된다.
② 개별노동자의 노동공급곡선은 후방굴절하는 경우가 발생할 수 있으나, 시장전체의 노동공급곡선은 일반적으로 우상향한다.
③ 시장전체의 노동공급곡선은 개별노동자의 노동공급곡선보다 훨씬 완만한(탄력적인) 형태이다.

시장전체의 노동공급곡선 그림 15-11

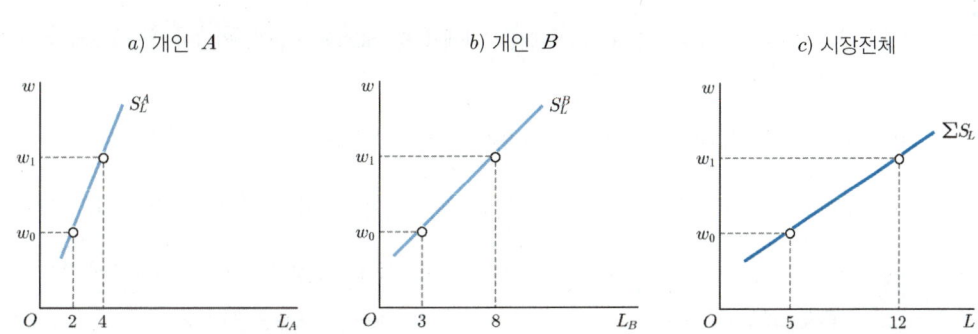

시장전체의 노동공급곡선은 개별노동자의 노동공급곡선의 수평합으로 도출되며, 개별노동자의 노동공급곡선보다 훨씬 완만한(탄력적인) 형태이다.

3 노동시장의 균형 : 균형임금과 균형고용량의 결정

시장노동수요곡선과 시장노동공급곡선이 교차하는 점(E점)에서 시장균형이 달성되고, 균형임금(w_0)과 균형고용량(L_0)이 결정된다.

균형임금과 균형고용량의 결정 그림 15-12

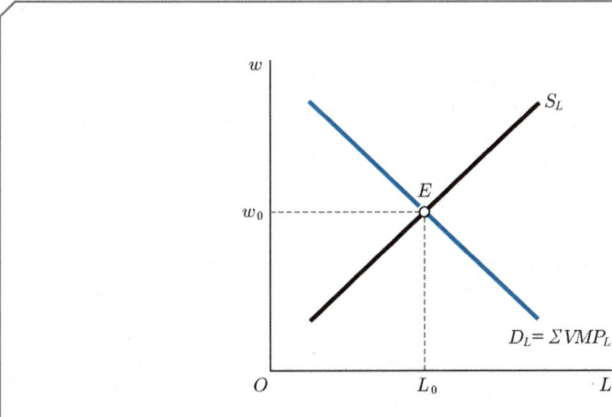

시장노동수요곡선과 시장노동공급곡선이 교차하는 점(E점)에서 시장균형이 달성되고, 균형임금(w_0)과 균형고용량(L_0)이 결정된다.

SUMMARY

01. 생산물시장과 반대로 생산요소시장에서는 가계가 생산요소의 공급자, 기업이 생산요소의 수요자가 된다.

02. 노동시장에서 이윤극대화 요소고용조건은 $VMP_L = w$이다.

03. 한계생산물가치는 $VMP_L = MP_L \times P$로, VMP_L곡선이 개별기업의 노동수요곡선이 된다.

04. 임금상승 시 노동공급의 증감 여부는 대체효과와 소득효과의 상대적 크기에 의해 결정된다.

   대체효과 : $w\uparrow \rightarrow P_{여가}\uparrow \rightarrow$ 여가소비↓, 노동공급↑

   소득효과 : $w\uparrow \rightarrow$ 실질소득↑ ┌ 정상재 : 여가소비↑, 노동공급↓

   　　　　　　　　　　　　　　　　　└ 열등재 : 여가소비↓, 노동공급↑

05. 여가가 정상재일 경우 임금상승 시 대체효과가 소득효과보다 크다면 노동공급곡선은 우상향의 형태로 도출되나, 소득효과가 대체효과보다 크다면 노동공급곡선은 좌상향의 형태로 도출된다.

06. 여가가 열등재일 경우 임금상승 시 대체효과와 소득효과 모두에 의해 노동공급이 증가하므로 노동공급곡선은 반드시 우상향의 형태로 도출된다.

07. 여가와 소득이 완전보완재 관계일 경우 임금이 상승하면 노동공급이 감소하므로 노동공급곡선은 좌상향(우하향)의 형태로 도출된다.

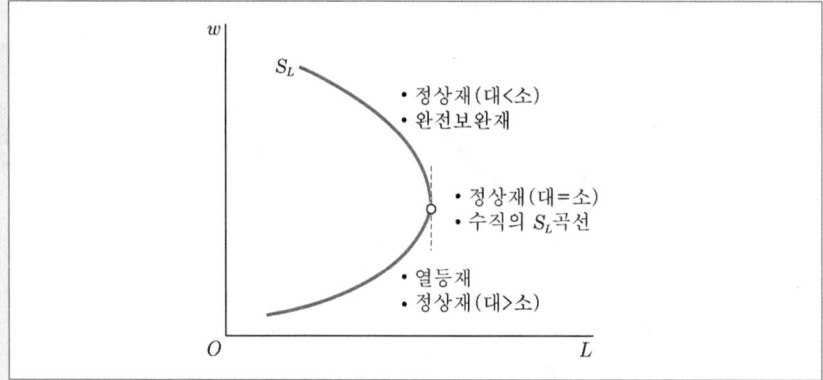

PART

07
거시경제학

16 거시경제학의 기초
17 국민소득
18 케인즈의 국민소득결정이론
19 총수요-총공급이론
20 환율이론

CHAPTER 16 거시경제학의 기초

제1절 거시경제학의 양대 조류

1 개요

① 미시경제학이 통일된 이론체계를 구축하고 있는 것과 달리 거시경제학은 여러 이론이 대립하고 있는데, 이는 거시경제현상을 설명하는 데 있어 학파 간 견해의 차이가 존재하기 때문이다.
  ➕ 거시경제학은 다양한 학파 간 대립과 논쟁을 통해 발전되었다고 볼 수 있다.
② 학파 간 견해의 차이가 존재하는 것은 각 학파가 형성되었던 시대의 경제상황 및 경제문제들에 의해 영향을 받았기 때문이다. 그리고 가장 중요한 차이는 시장의 자율적 조정기능에 대한 견해차라 할 수 있다.
③ 거시경제학은 시장의 자율적 조정기능을 신뢰하는 고전학파 경제학과 정부의 적극적인 개입을 주장하는 케인즈학파 경제학의 이원화된 이론체계로 구성되어 있다.

2 거시경제학의 양대 조류

(1) 고전학파 계통

① 고전학파는 18세기 중엽 아담 스미스(A. Smith)가 『국부론』(1776)을 출간하면서 시작되었다. 이후 1920년대까지 시장의 자율적 조정기능을 신뢰하는 고전학파 경제학이 경제학의 주류가 되었다.
  ➕ 당시는 산업혁명이 진행되던 시기여서 경기호황을 배경으로 하고 있다.
② 국부론에서 가장 유명한 문구는 '보이지 않는 손(invisible hand)'이다. 고전학파 경제학자들은 가격변수의 신축성을 전제로 자본주의 경제체제는 기본적으로 안정적이며, 보이지 않는 손에 의해 항상 완전고용이 달성될 것으로 보았다.
③ 따라서 정부의 최선의 정책은 시장개입이 아니라 자유방임이며, 시장의 원활한 움직임을 통제하려는 정부의 자의적이고 의도적인 개입이 오히려 비효율을 초래한다고 주장하였다.
④ 이와 같은 고전학파의 사상은 1950년대에 등장한 통화주의학파 이론으로 부활하였고, 1970년대 이후 새고전학파 이론과 공급중시 경제학으로 계승되었다.

(2) 케인즈학파 계통

① 1930년대 이전의 거시경제학은 고전학파 경제학이었다. 그런데 1930년대 발생한 대공황으로 각국이 만성적 경기침체와 실업의 장기화 현상을 겪게 되자 상시적으로 완전고용이 달성된다고 보는 고전학파 이론에 대한 의문이 제기되었다.

② 대공황을 배경으로 등장한 케인즈(J. M. Keynes)는 『고용, 이자 및 화폐에 관한 일반이론』(1936)을 통해 고전학파 이론을 비판하고, 거시경제학을 미시경제학과는 구분되는 별도의 학문으로 독립시켰다.

　◆ 케인즈 경제학의 본질은 1930년대의 경기불황을 타개하는 데 있다고 볼 수 있으므로 케인즈 경제학을 불황의 경제학(economics of depression)이라 부르기도 한다.

③ 일반이론에서 케인즈는 가격변수는 고전학파의 주장처럼 신축적인 것이 아니라 경직적이어서 경기침체와 실업이 발생할 수 있으며, 시장의 불완전성으로 인해 대규모 실업이 발생하는 경우에는 정부가 적극적으로 시장에 개입해야 한다고 주장하였다.

④ 이와 같은 케인즈의 사상은 케인즈학파에 의해 본격적으로 체계화되었고, 최근에는 새케인즈학파로 계승되고 있다.

거시경제학의 양대 조류

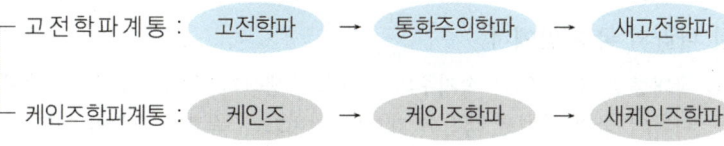

- 고전학파계통 : 고전학파 → 통화주의학파 → 새고전학파
- 케인즈학파계통 : 케인즈 → 케인즈학파 → 새케인즈학파

CHAPTER 17 국민소득

제1절 국내총생산

1 국내총생산

(1) 개념

국내총생산(Gross Domestic Product ; GDP)이란 일정 기간 동안 한 나라의 국경 안에서 생산된 모든 최종생산물의 시장가치의 합을 말한다.

(2) 개념의 구체적 설명

1) 일정 기간 동안
   ① 국내총생산(GDP)은 일정 기간에 걸쳐 측정되는 유량(flow) 개념이다.
   ② 우리나라의 경우 보통 3개월, 반년, 1년을 단위로 한국은행에서 측정한다.

2) 한 나라의 국경 안에서
   ① 국내총생산(GDP)은 속지주의 개념으로 생산의 주체가 누구인지에 관계없이 한 나라의 국경 안에서 생산된 재화와 서비스가 측정의 대상이 된다.
   ② 즉, 그 나라 국민이 생산한 것이든 외국인 및 외국인 소유의 생산요소에 의해 생산된 것이든 그 나라의 국경 안에서 생산된 것은 모두 국적에 관계없이 국내총생산(GDP)에 포함된다.

3) 생산된
   ① 국내총생산(GDP)에는 그해에 생산된 재화와 서비스만 포함되며, 과거에 생산된 물건의 거래는 포함되지 않는다.
   ② 따라서 중고차 거래금액, 골동품 판매수입 등은 국내총생산(GDP)에 포함되지 않는다.
   ③ 주식이나 채권과 같은 금융자산의 매매차익은 생산 활동에 의한 소득이 아니고 단지 소유권을 이전한 것에 불과하므로 국내총생산(GDP)에 포함되지 않는다.

4) 최종생산물의
   ① 최종재만이 국내총생산(GDP)에 포함되고, 중간재는 포함되지 않는다.
   ➕ 최종재(final goods)란 본래의 형태 그대로 수명이 다할 때까지 최종적인 용도로 사용되는 생산물을 말한다.
   ② 중간재의 가치는 최종재의 가격에 이미 포함되어 있으므로 중간재의 가치를 국내총생산(GDP)에 포함하면 이중계산이 되기 때문이다.

5) 시장가치의 합
   ① 원칙적으로 시장에서 거래되는 생산물의 가치만이 국내총생산(GDP)에 포함된다.
   ② 파출부의 가사노동은 국내총생산(GDP)에 포함되나, 가정주부의 가사노동은 포함되지 않는다.

2 국내총생산의 구분

(1) 명목GDP와 실질GDP

1) 명목GDP
   ① 명목GDP(nominal GDP)란 해당 연도의 생산량에 해당 연도의 가격을 곱하여 계산한 국민소득을 말한다.

   $$명목GDP = P_t \times Q_t \quad (t : 비교연도)$$

   ② 명목GDP는 물가변동에 영향을 받으며, 해당 연도의 경제활동 규모나 산업구조 변동 등을 분석할 때 사용된다.
   → 물가가 상승하면 명목GDP는 증가한다.

2) 실질GDP
   ① 실질GDP(real GDP)란 해당 연도의 생산량에 기준연도의 가격을 곱하여 계산한 국민소득을 말한다.

   $$실질GDP = P_0 \times Q_t \quad (0 : 기준연도)$$

   ② 실질GDP는 물가변동에 영향을 받지 않고 실제 생산량의 변동만을 나타내며, 경제성장, 경기변동과 같은 실질적인 생산 활동 동향 등을 분석할 때 사용된다.
   → 물가가 상승하더라도 실질GDP는 불변이다.

3) GDP 디플레이터
   ① GDP디플레이터(GDP deflator)란 명목GDP를 실질GDP로 나눈 값으로 일종의 물가지수이다.

   $$GDP디플레이터 = \frac{명목GDP}{실질GDP} \times 100$$

   ✚ 기준연도에는 명목GDP와 실질GDP가 동일하므로 GDP디플레이터는 항상 100이다.
   ② GDP디플레이터는 GDP 통계로부터 사후적으로 산출되는 물가지수(파셰 방식)로, 명목GDP를 실질GDP로 환산하거나 실질GDP를 명목GDP로 환산할 때 사용된다.

☑ GDP는 한 나라의 경제활동 규모를 통해 전반적으로 경제가 얼마나 잘 운용되는지를 파악하기 위한 지표이므로 명목GDP보다 실질GDP가 우월한 경제후생지표이고, GDP라 하면 대개 실질GDP를 의미한다.

(2) 실제 GDP와 잠재 GDP

1) 실제 GDP

실제 GDP(actual GDP)란 해당 연도에 실제로 생산된 모든 최종생산물의 시장가치의 합을 말한다.

2) 잠재 GDP

① 잠재 GDP(potential GDP)란 한 나라에 존재하는 모든 생산자원을 정상적으로 고용했을 때 생산할 수 있는 모든 최종생산물의 시장가치의 합을 말한다.
② 잠재 GDP와 완전고용 GDP, 자연산출량은 동일한 개념으로 사용된다.

- 잠재 GDP(Y_P) : 모든 생산자원을 정상적으로 고용했을 때의 GDP
- 완전고용 GDP(Y_F) : 모든 생산자원이 완전고용된 상태에서의 GDP
- 자연산출량(Y_N) : 자연실업률하에서의 산출량(GDP)

☑ 잠재 GDP(Y_P)
 = 완전고용 GDP(Y_F)
 = 자연산출량(Y_N)

3) GDP 갭

① 잠재 GDP와 실제 GDP의 차이를 GDP 갭(GDP gap)이라고 한다.

$$GDP\ 갭 = 잠재 GDP - 실제 GDP$$

② 실제 GDP가 잠재 GDP에 미달(GDP 갭 > 0)하면 생산자원이 정상적으로 고용되지 못한 상태이므로 경기가 침체된 상태이고, 실제 GDP가 잠재 GDP를 초과(GDP 갭 < 0)하면 생산자원이 과잉 고용된 상태이므로 경기가 과열된 상태라고 판단할 수 있다.

- 잠재 GDP > 실제 GDP → GDP 갭 > 0 ⋯ 경기침체
- 잠재 GDP < 실제 GDP → GDP 갭 < 0 ⋯ 경기과열

3 국내총생산의 측정

(1) 개요

① GDP는 일정 기간 동안의 생산액이므로 생산 측면에서 측정할 수도 있고, 생산된 것은 생산에 참여한 생산요소의 소득으로 분배되므로 분배 측면에서 측정할 수도 있다.
② 그리고 분배된 소득은 다시 재화와 서비스의 구입을 위해 지출되므로 지출 측면에서 GDP를 측정하는 것도 가능하다.
③ 이와 같이, GDP는 세 가지 측면에서 측정할 수 있는데, 이렇게 측정한 GDP를 각각 생산 GDP, 분배 GDP, 지출 GDP라고 부른다.

(2) 생산 GDP (국내총생산)

① 생산 GDP는 모든 최종생산물의 시장가치를 합하여 계산할 수도 있고, 각 생산단계에서의 부가가치와 고정자본소모를 합하여 계산할 수 있다.

$$\text{생산}\,GDP = \text{최종생산물의 시장가치의 합} \\ = \text{부가가치} + \text{고정자본소모}$$

② 부가가치(value added)란 생산자가 각 생산단계에서 새로이 창출한 가치를 말하고, 고정자본소모(fixed capital consumption)란 생산 활동에 사용되는 기계설비와 같은 자본재가 마모되어 가치가 감소한 부분을 말한다.
　✤ 고정자본소모는 생산 과정에서 자본재가 닳아 없어진 부분이므로 기업회계에서 사용하는 감가상각과 유사한 개념이다.

③ 최종생산물로 추계하면 산업별 경제 기여도를 파악할 수 없기 때문에 실제로는 부가가치를 중심으로 추계한다.

④ 예를 통한 이해

	농부 (밀)	제분업자 (밀가루)	제빵업자 (빵)	합 계
생산액	3,400	5,600	10,000	–
고정자본소모	400	200	400	1,000
부가가치	3,000	2,000	4,000	9,000

- 생산 GDP는 최종생산물인 빵의 시장가치(10,000원)로 계산할 수도 있고, 각 생산단계에서의 부가가치(9,000원)와 고정자본소모(1,000원)를 합하여 계산할 수도 있다.
- 현재 GDP는 10,000원이지만 생산 과정에서 자본재가 닳아 없어진 부분이 1,000원이므로 순수하게 생산된 생산액은 9,000원이 되는데, 이를 국내순생산(Net Domestic Product ; NDP)이라고 한다.
- 국내순생산(NDP)은 국내총생산(GDP)에서 고정자본소모를 차감하여 측정한다.

$$NDP = GDP - \text{고정자본소모}$$

(3) 분배 GDP (국내총소득)

① 생산된 것은 생산에 참여한 생산요소의 소득으로 분배되므로 요소소득을 합하여 GDP를 계산할 수도 있다.

② 생산액 중에서 고정자본소모와 순간접세는 요소소득으로 분배될 수 없다. 따라서 분배 GDP를 계산할 때는 이 두 가지를 더해 주어야 한다.

$$\text{분배}\,GDP = \text{임금} + \text{이자} + \text{지대} + \text{이윤} + \text{고정자본소모} + \text{순간접세} \\ = \text{요소소득} + \text{고정자본소모} + \text{순간접세}$$

(4) 지출 GDP(국내총지출)

1) **지출 GDP의 구성**
   ① 국내에서 생산된 재화와 서비스는 누군가에 의해 사용되므로 지출 측면에서 GDP를 계산할 수도 있다.
   → 가계의 소비지출, 기업의 투자지출, 정부의 정부지출, 외국의 순수출을 합한 것은 그 나라에서 생산된 최종재의 총가치와 같아진다.
   ② 따라서 지출 GDP는 민간소비지출(C), 국내총투자(I), 정부소비지출(G), 순수출($X-M$)의 합으로 나타낼 수 있다.

   > 지출 GDP = 민간소비지출 + 국내총투자 + 정부소비지출 + 순수출

2) **민간소비지출**
   ① 민간소비지출이란 가계가 구입한 재화와 서비스의 시장가치를 말한다.
   ② 가계가 지출한 금액 중 신축주택 구입금액은 민간소비지출이 아니라 국내총투자에 포함된다.

3) **국내총투자**
   ① 국내총투자란 기업 및 정부가 구입한 자본재의 시장가치를 말한다.
   ② 국내총투자에는 기업에 의한 민간투자뿐만 아니라 정부투자도 포함된다.
   ✚ 정부가 정부기업 등을 통해 자본재를 구입하는 것을 정부투자라고 하는데, 이는 정부지출이 아니라 국내총투자로 분류된다.
   ✚ 앞으로는 정부투자는 없는 것으로 가정하고 논의를 진행한다.

4) **정부소비지출**
   ① 정부가 공공서비스를 생산하기 위해 지출한 금액을 정부소비지출이라고 한다.
   ② 정부소비지출은 인건비와 물건비로 구성되는데, 공무원들의 보수에 해당하는 인건비는 정부가 공무원들이 생산한 서비스(공공재)를 구입한 것으로 간주한다.
   ③ 정부의 이전지출(예 연금, 실업급여 등)은 재화나 서비스를 구입한 것이 아니라 단순히 구매력을 이전한 것에 불과하므로 정부소비지출에 포함되지 않는다.

5) **순수출**
   ① 수출은 우리나라의 최종생산물을 외국인들이 구입한 것이므로 국내총지출에 포함된다. 그러나 수입은 해외에서 생산된 생산물을 우리나라 국민이 구입한 것이므로 국내총지출에서 제외된다.
   ② 국내에서 생산된 최종생산물에 대한 해외 수요인 수출에서 해외의 생산물에 대한 국내 수요인 수입을 차감한 것을 순수출이라고 한다.

(5) 삼면 등가의 법칙

① 생산, 분배, 지출이라는 세 가지 측면에서 측정한 GDP가 모두 동일한 값을 갖는 것을 삼면 등가의 법칙이라고 한다.

> 생산 GDP = 분배 GDP = 지출 GDP

② 삼면 등가의 법칙에서 생산, 분배, 지출 사이에 시차가 존재한다면 이 법칙이 성립한다는 보장이 없다. 그러나 시차와 부정확을 통계오차로 인정하면 생산, 분배, 지출이라는 세 가지 측면에서 측정한 GDP는 모두 동일하게 계산된다.

> **참고 ▶ 지출 측면에서의 GDP항등식**
>
> ① 삼면 등가의 법칙에 의하면 국내총생산과 국내총지출은 일치해야 한다.
> ② 그런데 가계, 기업, 정부가 구입한 재화와 서비스에는 해외에서 생산된 것도 포함되어 있으므로 국내에서 생산된 최종재에 대한 지출을 구하려면 이들을 제외해야 한다.
> ③ 소비(C), 투자(I), 정부지출(G) 중 해외에서 생산된 수입품에 대한 지출을 각각 C_m, I_m, G_m이라고 하면 국내총지출은 다음과 같다(단, 국내총지출에는 외국의 지출에 해당하는 수출(X)도 포함된다).
> $$\text{국내총지출} = (C - C_m) + (I - I_m) + (G - G_m) + X$$
> $$= C + I + G + X - (C_m + I_m + G_m)$$
> ④ 가계, 기업, 정부의 지출 중 해외에서 생산된 수입품에 대한 지출을 모두 더하면 수입(M)과 일치하므로 지출 측면에서의 GDP항등식은 다음과 같이 나타낼 수 있다.
> $$Y = C + I + G + (X - M)$$
> ⑤ 각 경제주체(가계, 기업, 정부, 외국)의 총구입액이 반드시 총생산액과 일치한다는 보장은 없다.
> ⑥ 총구입액이 총생산액에 미달할 경우 팔리지 않은 부분은 기업의 재고로 남게 되는데, 재고의 증가는 재고투자 항목에 포함되므로 사후적으로 국내총생산과 국내총지출은 언제나 일치하게 된다.
> ⑦ 즉, 사후적으로 볼 때 위의 GDP항등식이 성립하게 되는 것이다.

제2절 저축과 투자

1 저축

① 저축(saving)이란 소득 중에서 현재의 소비에 사용되지 않은 부분을 말하는데, 경제전체의 총저축(National Saving ; S_N)은 민간저축과 정부저축의 합으로 구성된다.

② 민간저축(Private Saving ; S_P)이란 민간의 처분가능소득 중에서 현재의 소비에 사용되지 않은 부분을 말한다.
→ 처분가능소득은 소득에서 조세를 납부하고 남은 소득($Y_d = Y - T$)을 의미하므로 민간저축은 $S_P = Y_d - C = Y - T - C$가 된다.

③ 정부저축(Government Saving ; S_G)이란 정부의 조세수입 중에서 현재의 지출(정부소비지출)에 사용되지 않은 부분을 말한다.
→ 조세(T)는 정부의 소득이고, 정부소비지출(G)은 정부가 현재의 소비에 지출한 금액이므로 정부저축은 $S_G = T - G$가 된다.

☑ **총저축(국민저축)**
= 민간저축 + 정부저축
… $S_N = S_P + S_G$

☑ 조세수입이 지출보다 많으면 정부저축($T - G$)은 양(+)의 값을 갖고, 조세수입보다 지출이 많으면 정부저축($T - G$)은 음(-)의 값을 갖는다.

④ 결국, 민간저축과 정부저축을 합한 경제전체의 총저축은 $S_N = Y - C - G$가 된다.

$$\text{총저축}(S_N) = \text{민간저축}(S_P) + \text{정부저축}(S_G)$$
$$(Y - C - G) = (Y - T - C) + (T - G)$$

⑤ 저축은 대부자금시장에서 대부자금의 공급으로 나타난다.

2 투자

① 투자(Investment ; I)란 기업이 구입한 자본재의 시장가치를 말한다. 투자는 건설투자, 설비투자(생산자내구재), 재고투자의 세 부분으로 구성되어 있다.
- 건설투자 : 주택, 공장, 철도, 항만 등의 건설
- 설비투자 : 기계설비, 운수설비 등의 구입
- 재고투자 : 재고의 변동

✦ 주식투자, 채권투자, 부동산투자(부동산 가격변동)는 투자로 보지 않는다.

② 투자는 대부자금시장에서 대부자금의 수요로 나타난다.

제3절 고전학파의 대부자금시장

1 개요

① 고전학파는 대부자금시장에서 대부자금의 수요와 공급에 의해 (실질)이자율이 결정된다고 보았는데, 이를 대부자금설(loanable fund theory)이라고 한다.
② 대부자금시장(loanable fund market)이란 저축자와 차입자 간에 이자를 매개로 자금이 거래되는 시장을 말한다.

✦ 대부자금시장은 저축자와 차입자 간에 자금이 거래되는 하나의 가상적인 시장을 의미한다.

2 대부자금의 수요

① 대부자금의 주요 수요자는 기업으로, 기업은 대부분 투자를 위한 자금을 대부자금시장에서 조달하려고 하기 때문에 투자는 대부자금의 수요로 나타난다.
② 이자율 상승으로 자금조달비용이 증가하면 기업은 투자를 감소시키므로 투자는 이자율의 감소함수이다.
③ 따라서 대부자금의 수요곡선(투자곡선)은 우하향의 형태로 도출된다.

3 대부자금의 공급

① 대부자금의 공급은 민간저축과 정부저축으로 구성된다.
② 이자율 상승으로 현재소비의 기회비용이 증가하면 가계는 현재소비를 감소시키고 저축을 증가시키므로 민간저축은 이자율의 증가함수이다.
③ 정부저축($T - G$)은 재정수지에 의해 결정될 뿐 이자율의 영향을 받지 않는다.

④ 정부저축은 이자율과 무관하나, 민간저축은 이자율의 증가함수이므로 (총)저축도 이자율의 증가함수이다.
⑤ 따라서 대부자금의 공급곡선(저축곡선)은 우상향의 형태로 도출된다.

4 균형이자율의 결정 : 대부자금시장의 균형

대부자금의 수요(투자)와 공급(저축)이 일치하는 점(E점)에서 대부자금시장의 균형이 달성되고, 균형이자율 r_0가 결정된다.

$$I = S_P + (T - G)$$

대부자금시장의 균형 그림 17-1

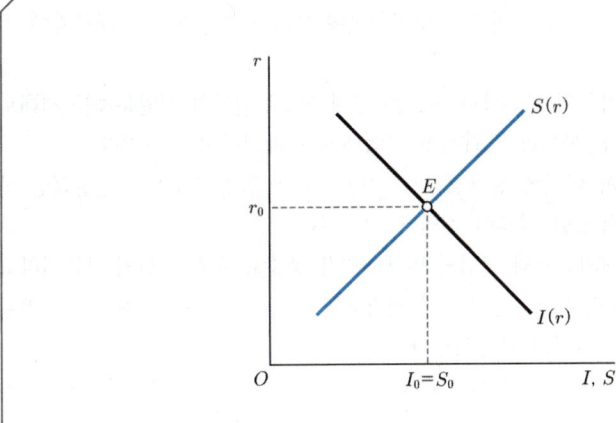

대부자금의 수요(투자)와 공급(저축)이 일치하는 점(E점)에서 대부자금시장의 균형이 달성되고, 균형이자율 r_0가 결정된다.

5 균형이자율의 변화

① 균형이자율은 대부자금의 수요와 공급에 의해 결정되므로 대부자금의 수요곡선이나 공급곡선이 이동하면 균형이자율이 변하게 된다.
② 예컨대, 정부가 기업들의 투자를 촉진하기 위해 투자세액공제 정책을 실시하면 민간의 투자가 증가하므로 대부자금의 수요곡선이 우측으로 이동한다. 대부자금의 수요곡선이 우측으로 이동하면 균형이자율은 상승한다.
③ 반면, 정부가 저축을 촉진하기 위해 이자소득세 인하 정책을 실시하면 민간의 저축이 증가하므로 대부자금의 공급곡선이 우측으로 이동한다. 대부자금의 공급곡선이 우측으로 이동하면 균형이자율은 하락한다.

CHAPTER 18 케인즈의 국민소득결정이론

제1절 케인즈의 국민소득결정이론

1 개요

(1) 케인즈 이론의 등장 배경

① 케인즈 이론이 등장한 1930년대는 세계경제가 극심한 불황에 시달리고 있던 시기였다. 미국의 경우 1929년에 약 3%였던 실업률이 1933년에는 25%까지 상승하였고, 유럽의 선진국들도 만성적 경기침체와 대규모 실업이라는 대공황에 직면해 있었다.

② 이러한 상황에서 기존의 고전학파 이론은 세계적으로 심각한 실업문제를 제대로 설명하지 못했을 뿐 아니라 효과적인 실업대책도 제시하지 못하였다.

③ 이와 같은 고전학파 이론의 한계를 비판하면서 대공황의 타개라는 실천적인 목표의식을 가지고 등장한 이론이 케인즈 이론이다.

④ 케인즈는 만성적 경기침체와 실업의 발생원인을 총수요(유효수요)의 부족이라고 보고, 이를 해결하기 위해서는 정부가 재량적인 재정정책을 통해 총수요를 인위적으로 확대시켜야 한다고 주장하였다.

  ✚ 유효수요(effective demand)란 구매력이 뒷받침된 수요로 생산과 고용을 창출할 수 있는 수요를 말한다.

(2) 케인즈의 국민소득결정이론의 개요

$$Y_F > Y_E = Y^S = Y^D(AE) = F(C + I + G + X - M)$$

① 고전학파는 모든 가격변수가 신축적이라고 보는 데 반해, 케인즈는 가격변수가 경직적이라고 본다.

② 경제에 잉여생산능력이 존재하므로 총수요(유효수요)만 있으면 얼마든지 공급이 가능하다. 그러므로 총수요가 균형국민소득을 결정한다.

③ 그러나 총수요에 의해 결정된 균형국민소득(Y_E)은 완전고용국민소득(Y_F)에 미달한다.

④ 완전고용수준에 도달하기 위해서는 총수요를 증가시켜야 하고, 이를 위해서는 정부의 시장개입을 통한 유효수요의 창출이 필요하다.

⑤ 케인즈의 국민소득결정이론은 경제의 공급능력은 충분하나 수요가 없어 생산시설이 충분히 활용되지 못하는 불황기를 전제로 단기적 관점에서 가격변수의 경직성을 가정하는 단기모형이다.

2 기본가정

(1) 유효수요의 원리

① 유효수요의 원리(the principle of effective demand)란 '수요가 공급을 창출한다'라는 명제이다.
  → 케인즈 이론에서는 경제에 잉여생산능력이 존재하므로 총수요(유효수요)만 있으면 얼마든지 공급이 가능하다.
② 유효수요의 원리는 고전학파가 주장하는 세이의 법칙을 부정하는 것이다.
  ✚ 세이의 법칙(Say's law)이란 '공급은 스스로 수요를 창출한다'라는 명제이다. 세이의 법칙에 의하면 공급이 국민소득을 결정하고 수요는 국민소득의 결정에 아무런 영향을 미치지 않는다.

(2) 가격변수의 경직성

가격변수는 여러 제도적 요인으로 인해 신축적이지 않고 경직적이다.

(3) 잉여생산능력

① 경제에 잉여생산능력이 존재한다.
② 이 경우 총수요(유효수요)만 있으면 얼마든지 공급이 가능하므로 총수요가 총공급과 총고용량을 결정한다.

3 총수요(유효수요)

(1) 총수요(유효수요)

① 총수요(aggregate demand ; Y^D)란 경제전체의 재화와 서비스에 대한 수요를 의미한다.
  ✚ 총수요(Y^D)를 총지출(Aggregate Expenditure ; AE)이라고도 한다.
② 총수요(유효수요)는 가계의 소비지출(C), 기업의 투자수요(I^D), 정부지출(G), 그리고 순수출($X-M$)의 합으로 구성된다.

$$Y^D(AE) = C + I^D + G + (X - M)$$

(2) 소비지출

1) 소비수요와 소비지출

① 소비수요(consumption demand ; C^D)는 사전적으로 계획된 소비를, 소비지출(consumption expenditure ; C)은 사후적으로 실현된 소비를 의미한다.
② 구매력이 뒷받침되어 있는 경우 가계는 스스로 계획하고 의도한 대로 소비 활동을 할 수 있기 때문에 소비수요와 소비지출은 같다고 할 수 있다.
  ✚ 소비수요와 소비지출이 동일하므로 위에서 총수요의 구성요소를 소비수요가 아닌 소비지출로 표기하였다.

2) 케인즈의 소비함수

① 케인즈에 의하면 소비지출을 결정하는 여러 요인들 중에서 가장 중요한 것은 현재소득의 절대적인 수준이다.

② 소비지출이 처분가능소득($Y_d = Y - T$)에 의해 결정된다고 가정하면 케인즈의 소비함수는 다음과 같이 나타낼 수 있다.

$$C = C_0 + cY_d \text{ 혹은 } C = C_0 + c(Y - T)$$

(C_0 : 기초소비, c : 한계소비성향($0 < MPC < 1$))

③ 위 식에서 C_0는 소득이 전혀 없어도 생존을 위해 필요한 최소한의 소비수준으로 기초소비(혹은 절대소비)라고 한다.

④ 한편, c는 처분가능소득이 1단위 추가로 증가할 때의 소비의 증가분으로 한계소비성향(Marginal Propensity to Consume ; MPC)이라고 한다.

$$MPC = \frac{\Delta C}{\Delta Y_d} = c$$

⑤ 한계소비성향은 소비곡선의 기울기로 측정되며, 0과 1 사이의 값을 갖는다. 이는 소득이 증가하면 소비가 반드시 증가하지만, 소득의 증가분을 전부 소비하지는 않고 일부는 저축한다는 의미이다.

(2) 투자수요

1) 투자수요와 투자지출

① 투자수요(investment demand ; I^D)는 사전적으로 계획된 투자를, 투자지출(investment expenditure ; I)은 사후적으로 실현된 투자를 의미한다.

② 투자지출에는 기업의 자본재 구입액과 의도된 재고변화뿐 아니라 의도하지 않은 재고변화도 포함되지만, 투자수요에는 의도하지 않은 재고변화는 포함되지 않는다.

2) 케인즈의 투자수요함수

① 독립투자수요(autonomous investment demand)란 국민소득이나 이자율에 관계없이 이루어지는 투자수요이다. 예컨대, 생산능력을 향상시키기 위해 장기적으로 계획된 투자수요, 새로운 상품개발을 위한 투자수요, 새로운 생산기술 도입을 위한 투자수요 등이다.

② 독립투자수요만 존재하는 것으로 가정하면 케인즈의 투자수요함수는 다음과 같이 나타낼 수 있다.

$$I^D = I_0$$

(3) 정부지출

① 정부지출(government expenditure ; G)이란 정부의 재화와 서비스에 대한 지출을 말한다.
② 거시경제학에서는 정부지출을 하나의 정책변수로 간주하기 때문에 정부지출은 국민소득에 관계없이 주어진 것으로 가정한다.

$$G = G_0$$

(4) 순수출

① 순수출(net export ; $X-M$)이란 수출에서 수입을 차감한 것을 말한다.

$$순수출 = 수출 - 수입$$

② 수출(export ; X)은 외국인의 소비성향에 의해 결정되므로 국민소득에 관계없이 주어진 것으로 가정하는 것이 일반적이다.

$$X = X_0$$

③ 수입(import ; M)은 국민소득에 의해 결정된다고 가정한다. 국민소득이 증가하면 소비뿐만 아니라 수입도 증가하기 때문이다.

$$M = M_0 + mY$$

(M_0 : 기초수입, m : 한계수입성향($0 < m < 1$))

❖ 위 식에서 m은 국민소득이 1단위 추가로 증가할 때의 수입의 증가분으로 한계수입성향을 의미하며, 한계소비성향과 마찬가지로 0과 1 사이의 값을 갖는다.

④ 총수요의 다른 구성요소들과 달리 순수출은 음(−)의 값을 가질 수도 있다.

4 균형국민소득의 결정

(1) 총수요와 총공급

1) 총수요

① 논의를 단순화하기 위해 가계와 기업만 존재한다고 가정하면 총수요는 다음과 같이 나타낼 수 있다.

$$Y^D(AE) = C + I^D$$
$$= C_0 + cY + I_0$$
$$= C_0 + I_0 + cY$$

② 총수요는 소비지출과 투자수요의 합으로, 케인즈는 이를 구매력이 뒷받침된 수요, 즉 유효수요라고 불렀다.

2) 총공급

삼면 등가의 법칙에 의해 총공급=총소득이 되므로 $Y^S = Y$이다.

(2) 총수요 = 총공급에 의한 균형국민소득의 결정

① 총수요(Y^D)와 총공급($Y^S = Y$)이 일치할 때 생산물시장의 균형이 달성된다. 즉, 총수요와 총공급이 일치하는 점에서 균형국민소득(Y_E)이 결정된다.

$$Y^D = Y \cdots \text{생산물시장의 균형조건}$$

② 그러므로 균형국민소득은 경제전체의 생산물에 대한 수요를 나타내는 총수요(유효수요)에 의해 결정된다.
   → 총공급 측면은 전혀 고려하지 않고 총수요에 의해서만 균형국민소득이 결정되므로 케인즈의 국민소득결정모형에서 결정되는 균형국민소득은 진정한 의미에서의 균형국민소득이라고 할 수 없다.

③ 상기의 논의를 바탕으로 균형국민소득식을 도출하면 다음과 같다.

$$Y^D = C + I^D$$
$$= C_0 + I_0 + cY$$
$$Y_E = \frac{1}{1-c}(C_0 + I_0)$$

제2절 케인즈의 승수이론

1 승수의 개념

① 승수(multiplier)란 독립지출이 변할 때 국민소득이 얼마나 변화하는지를 나타내는 척도이다.

$$\text{승수} = \frac{\text{균형국민소득 변화분}}{\text{독립지출 변화분}}$$

✚ 독립지출(autonomous expenditure)은 국민소득이나 이자율에 관계없이 이루어지는 지출로서 독립투자, 정부지출, 기초소비 등이 이에 해당한다.

② 독립지출이 변할 때 국민소득은 독립지출 변화분의 몇 배 이상으로 변화하게 되는데 이를 승수효과(multiplier effect)라고 한다.

2 승수효과의 발생과정

① 단순한 예를 통해 승수효과의 발생과정을 살펴보도록 하자. 정부가 댐 공사를 위해 5,000만원을 지출하였고, 사회 구성원들의 한계소비성향은 0.8로 일정하다고 가정하자.

② 정부가 댐 공사를 위해 5,000만원을 지출하면 댐 공사에 참여한 사람들의 소득이 5,000만원 증가한다.

③ 소득이 증가하면 사람들의 소비가 증가하게 되는데, 한계소비성향이 0.8이므로 소비는 4,000만원(=5,000만원×0.8) 증가하고, 나머지 1,000만원은 저축된다.
④ 증가한 4,000만원의 소비는 소비재의 판매자 입장에서는 또 다른 소득에 해당하므로 4,000만원의 추가소득이 발생한다.
> ✚ 경제에 잉여생산능력(유휴설비)이 존재하므로 소비가 4,000만원 증가하면 즉각적으로 4,000만원 어치의 재화가 생산된다.

⑤ 소비재의 판매자는 4,000만원의 소득 중 3,200만원(=4,000만원×0.8)을 소비하고, 나머지 800만원은 저축한다.
⑥ 이러한 과정이 무한히 반복된다면 정부가 댐 공사를 위해 5,000만원을 지출한 결과 사회전체적으로 증가하는 소득은 초항이 5,000만원, 공비가 0.8인 무한등비급수의 합으로 계산된다.

단 계	소득증가분	소득증가 계산식
1단계	5,000만원	5,000만원
2단계	4,000만원	5,000만원×0.8
3단계	3,200만원	5,000만원×0.8^2
⋮	⋮	⋮
n단계		5,000만원×0.8^{n-1}
⋮	⋮	⋮
총 계	2억 5,000만원	ΔY = 5,000만원×$\dfrac{1}{1-0.8}$ = 5,000만원×5 = 2억 5,000만원

⑦ 정부지출과 같은 독립지출이 약간만 증가하더라도 '소득증가 → 소비증가 → 소득증가 …'의 연쇄적인 파급 과정을 거쳐 최종적으로 국민소득이 독립지출 증가분의 몇 배 이상으로 증가하는 것이 승수효과이다.
⑧ 한계소비성향이 c로 주어져 있고, 정부지출이 ΔG만큼 증가할 때의 국민소득 증가분 ΔY는 다음과 같이 계산된다.

$$\Delta Y = \Delta G + c \cdot \Delta G + c^2 \cdot \Delta G + c^3 \cdot \Delta G + \cdots$$
$$= (1 + c + c^2 + c^3 + \cdots)\Delta G$$
$$= \frac{1}{1-c}\Delta G$$

⑨ 정부지출이 증가할 때 국민소득이 몇 배 증가하는지를 나타내는 $\dfrac{1}{1-c}$을 정부지출승수라고 한다.

3 각종 승수

① 정부부문과 해외부문을 포함할 경우 총수요는 $Y^D = C + I^D + G + (X-M)$이므로 거시경제모형은 다음과 같이 나타낼 수 있다.

$$Y^D = C + I^D + G + (X-M)$$

- 소비함수 : $C = C_0 + c(Y-T)$ (c : 한계소비성향, $0 < c < 1$)
- 조세함수 : $T = T_0 + tY$ (t : 세율, $0 < t < 1$)
- 투자함수 : $I^D = I_0$
- 정부지출함수 : $G = G_0$
- 수출함수 : $X = X_0$
- 수입함수 : $M = M_0 + mY$ (m : 한계수입성향, $0 < m < 1$)

✚ 조세함수 $T = T_0 + tY$에서 T_0는 정액세, tY는 비례세를 의미한다.

② 균형조건식($Y^D = Y$)을 이용하여 균형국민소득식을 도출하면 다음과 같다.

$$Y^D = C + I^D + G + (X-M)$$
$$= C_0 + c(Y - T_0 - tY) + I_0 + G_0 + X_0 - M_0 - mY$$
$$Y_E = \frac{1}{1 - c(1-t) + m}(C_0 - cT_0 + I_0 + G_0 + X_0 - M_0)$$

③ 균형국민소득식을 이용하여 승수를 구하면 다음과 같다.

- 정부지출승수 : $\dfrac{\Delta Y}{\Delta G} = \dfrac{1}{1 - c(1-t) + m}$
- 투 자 승 수 : $\dfrac{\Delta Y}{\Delta I} = \dfrac{1}{1 - c(1-t) + m}$
- 조 세 승 수 : $\dfrac{\Delta Y}{\Delta T} = \dfrac{-c}{1 - c(1-t) + m}$
- 감 세 승 수 : $\dfrac{\Delta Y}{\nabla T} = \dfrac{c}{1 - c(1-t) + m}$
- 수 출 승 수 : $\dfrac{\Delta Y}{\Delta X} = \dfrac{1}{1 - c(1-t) + m}$
- 수 입 승 수 : $\dfrac{\Delta Y}{\Delta M} = \dfrac{-1}{1 - c(1-t) + m}$

✚ 승수에서는 균형국민소득을 Y_E가 아닌 Y로 표기하기로 한다.

4 승수의 특징

① 정부지출(투자)이 증가하거나 조세가 감면되면 국민소득은 정부지출(투자) 증가액이나 조세감면액보다 훨씬 더 큰 폭으로 증가한다.
   → 승수효과
② 정부지출승수와 투자승수의 크기는 항상 동일하다.
③ 조세승수와 감세승수는 부호만 반대이고 그 크기는 동일하다.

④ 정부지출승수 > 감세승수
  → 조세감면 시보다 동액의 정부지출 증가 시에 국민소득 증대 효과가 더 크다.
  → 조세감면 시에는 증가한 처분가능소득의 일부가 누출(저축)되기 때문이다.
⑤ 정액세만 존재할 때의 승수 > 비례세가 존재할 때의 승수
⑥ 폐쇄경제하에서의 승수 > 개방경제하에서의 승수

참고 ▶ 각종 승수의 비교

	폐쇄경제		개방경제	
	정액세	비례세	정액세	비례세
정부지출승수	$\dfrac{1}{1-c}$	$\dfrac{1}{1-c(1-t)}$	$\dfrac{1}{1-c+m}$	$\dfrac{1}{1-c(1-t)+m}$
투 자 승 수	$\dfrac{1}{1-c}$	$\dfrac{1}{1-c(1-t)}$	$\dfrac{1}{1-c+m}$	$\dfrac{1}{1-c(1-t)+m}$
조 세 승 수	$\dfrac{-c}{1-c}$	$\dfrac{-c}{1-c(1-t)}$	$\dfrac{-c}{1-c+m}$	$\dfrac{-c}{1-c(1-t)+m}$
감 세 승 수	$\dfrac{c}{1-c}$	$\dfrac{c}{1-c(1-t)}$	$\dfrac{c}{1-c+m}$	$\dfrac{c}{1-c(1-t)+m}$
수 출 승 수	-	-	$\dfrac{1}{1-c+m}$	$\dfrac{1}{1-c(1-t)+m}$
수 입 승 수	-	-	$\dfrac{-1}{1-c+m}$	$\dfrac{-1}{1-c(1-t)+m}$
균형재정승수	$\dfrac{1-c}{1-c}=1$	$\dfrac{1-c}{1-c(1-t)}<1$	$\dfrac{1-c}{1-c+m}<1$	$\dfrac{1-c}{1-c(1-t)+m}<1$

✦ 균형재정승수란 정부지출과 조세를 동일한 크기로 증가시킬 때의 승수를 말한다.

예제 해외부문이 존재하지 않는 폐쇄경제에서 소비함수는 $C=100+0.8(1-t)Y$, 민간투자는 180, 정부지출은 180이다. 조세율이 0.25일 때 정부가 정부지출을 200으로 늘린다면 국민소득은 얼마만큼 증가하겠는가? (단, C는 소비, t는 조세율, Y는 국민소득이다.)

해설
ⅰ) 한계소비성향(c)이 0.8이고, 비례세가 존재할 때의 정부지출승수는 다음과 같다.
  • $\dfrac{\Delta Y}{\Delta G} = \dfrac{1}{1-c(1-t)} = \dfrac{1}{1-0.8(1-t)}$
ⅱ) 조세율(t)이 0.25이면 정부지출승수는 $\dfrac{\Delta Y}{\Delta G} = \dfrac{1}{1-0.8(1-t)} = \dfrac{1}{0.4} = 2.5$이다. 그러므로 정부지출이 180에서 200으로 20만큼 증가하면 국민소득은 50만큼 증가한다.

CHAPTER 19 총수요-총공급이론

제1절 총수요곡선

1 총수요곡선의 개념 및 형태

① 총수요(Aggregate Demand ; AD)란 경제전체의 재화와 서비스에 대한 수요를 말한다.

$$AD = C + I^D + G + (X - M)$$

② 총수요곡선(aggregate demand curve)이란 각각의 물가수준에서 경제주체들의 최종생산물에 대한 총수요의 크기를 나타내는 곡선을 말한다.

③ 총수요곡선은 일반적으로 우하향의 형태이다.

그림 19-1 총수요곡선

총수요곡선은 각각의 물가수준에서 경제주체들의 최종생산물에 대한 총수요의 크기를 나타내는 곡선으로, 일반적으로 우하향한다.

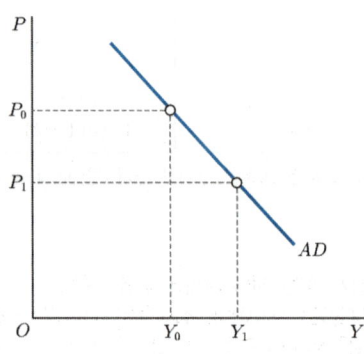

2 총수요곡선의 이동

(1) 총수요곡선상의 이동

내생변수인 물가(P)의 변화는 총수요곡선상의 이동을 가져온다.

(2) 총수요곡선 자체의 이동 ··· 우측 이동

① 기초소비(C_0), 독립투자(I_0), 정부지출(G), 순수출($X-M$)이 증가하거나 조세(T)가 감면되면 총수요곡선이 우측으로 이동한다.
② 그리고 화폐공급(M^S)이 증가하는 경우에도 총수요곡선이 우측으로 이동한다.
③ 그러므로 정책당국이 정부지출 증가, 조세감면과 같은 확대재정정책을 실시하거나, 통화량 증가와 같은 확대금융정책을 실시하면 총수요곡선이 우측으로 이동한다.

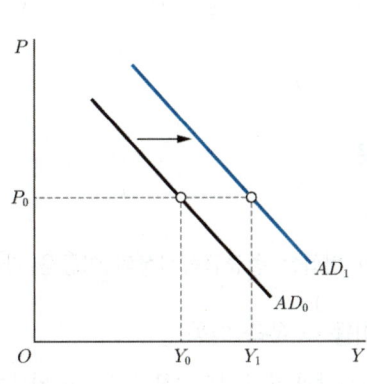

총수요곡선의 이동 그림 19-2

물가가 고정된 상태에서 총수요에 영향을 미치는 외생변수가 변하면 총수요곡선 자체가 이동한다.

제2절 총공급곡선

1 총공급곡선의 개념 및 형태

① 총공급(Aggregate Supply ; AS)이란 경제 내의 기업전체가 팔고자 하는 재화와 서비스의 총량을 말한다.
② 총공급곡선(aggregate supply curve)이란 각각의 물가수준에서 기업전체가 팔고자 하는 총생산의 크기를 나타내는 곡선을 말한다.
③ 총공급곡선은 노동시장과 총생산함수로부터 도출된다.
④ 일반적인 단기총공급곡선은 우상향의 형태이다.
   ✦ 총공급곡선은 학파에 따라 형태가 달라지고, 단기인지 장기인지에 따라서도 형태가 차이를 보인다. 여기서는 우상향의 형태를 띠는 일반적인 단기총공급곡선만을 가지고 논의를 진행하기로 한다.

그림 19-3 총공급곡선

총공급곡선은 각각의 물가수준에서 기업전체가 팔고자 하는 총생산의 크기를 나타내는 곡선으로, 일반적인 단기총공급곡선은 우상향한다.

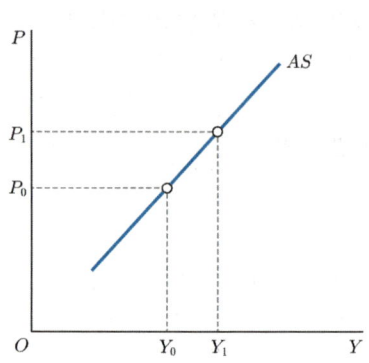

2 총공급곡선의 이동

(1) 총공급곡선상의 이동

내생변수인 물가(P)의 변화는 총공급곡선상의 이동을 가져온다.

(2) 총공급곡선 자체의 이동 … 우측 이동

① 총공급곡선은 노동시장과 총생산함수로부터 도출되므로 노동수요, 노동공급 및 생산함수의 변화가 총공급곡선 자체의 이동을 가져온다.
② 예컨대, 노동인구 증가(노동공급 증가), 원자재가격 하락(노동수요 증가), 기술진보(생산함수 상방 이동) 등은 총공급곡선을 우측으로 이동시킨다.

그림 19-4 총공급곡선의 이동

물가가 고정된 상태에서 총공급에 영향을 미치는 외생변수가 변하면 총공급곡선 자체가 이동한다.

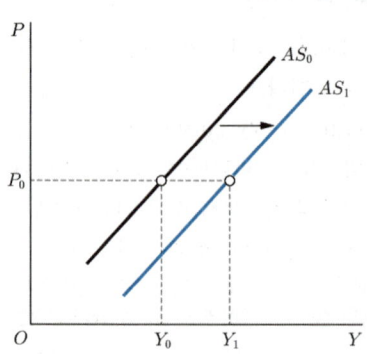

3 총수요-총공급모형에서의 균형

총수요(AD)곡선과 총공급(AS)곡선이 교차하는 점(E점)에서 균형물가와 균형국민소득이 결정된다.

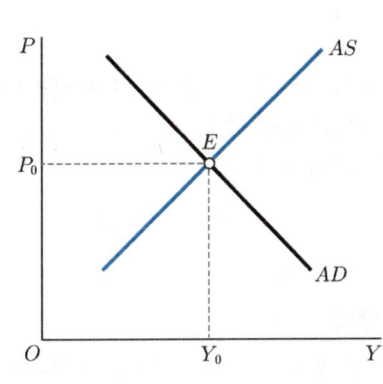

그림 19-5 총수요-총공급모형에서의 균형

총수요곡선과 총공급곡선이 교차하는 점(E점)에서 균형물가와 균형국민소득이 결정된다.

제3절 재정정책과 금융정책

1 재정정책

(1) 개념

① 재정정책(fiscal policy)이란 정부가 정부지출(G)이나 조세(T)를 변화시켜 경기침체를 극복하거나 경기과열을 억제함으로써 경기변동을 완화하고 안정적인 경제성장을 달성하고자 하는 정책을 말한다.
② 정부지출을 증가시키거나 조세를 감면하는 것을 확대재정정책이라고 하고, 그 반대를 긴축재정정책이라고 한다.
③ 재정정책은 금융정책과 더불어 가장 중요한 총수요 관리정책 수단이다.

(2) 재정수지

① 세입 중에서 가장 큰 비중을 차지하는 것은 조세수입이다. 그리고 세출 중에서 가장 큰 비중을 차지하는 것은 경상지출이고, 경상지출 중에서도 정부소비지출의 비중이 가장 크다.
② 거시경제학에서는 논의의 단순화를 위해 세입은 조세수입뿐이고, 세출은 정부소비지출뿐이라고 가정한다.

③ 그에 따라 조세수입이 정부지출보다 크면 흑자재정, 같으면 균형재정, 작으면 적자재정이 된다.

- 흑자재정 : 조세수입(T) > 정부지출(G)
- 균형재정 : 조세수입(T) = 정부지출(G)
- 적자재정 : 조세수입(T) < 정부지출(G)

(3) 재정정책의 재원조달방식

1) 정부의 예산제약식

① 정부가 정부지출 재원을 조달하는 방법에는 조세징수(T), 국공채발행(ΔB), 중앙은행으로부터의 차입(ΔH)이 있다.
② 따라서 정부의 예산제약식은 다음과 같이 나타낼 수 있다.

$$G = T + \Delta B + \Delta H$$

✚ 위 식에서 H는 본원통화를 의미한다. 본원통화가 증가하면 통화량(M)이 증가한다.

2) 재정정책의 재원조달방식

① 정부가 조세징수(T)를 통해 정부지출 재원을 조달하면 균형재정을 달성하고, 통화량은 변하지 않는다.
② 정부가 국공채발행(ΔB)을 통해 정부지출 재원을 조달하면 정부재정은 적자가 되고, 통화량은 변하지 않는다.
③ 정부가 중앙은행으로부터의 차입(ΔH)을 통해 정부지출 재원을 조달하면 정부재정은 적자가 되고, 본원통화가 증가하여 통화량이 증가한다.
④ 따라서 정부가 중앙은행으로부터의 차입(ΔH)을 통해 재정정책을 실시하는 것은 엄밀한 의미의 재정정책이라고 보기 어렵다.
⑤ 일반적으로 '재정정책'이라고 하면 조세징수(T)나 국공채발행(ΔB)을 통해 재정정책을 실시하는 경우만을 의미한다.

(4) 확대재정정책의 효과

① 정부가 정부지출 증가 또는 조세감면과 같은 확대재정정책을 실시하면 총수요가 증가하므로 총수요곡선이 우측으로 이동한다.
② 확대재정정책으로 총수요곡선이 우측으로 이동하면 국민소득이 증가하고 물가도 상승한다.
③ 그림에는 나타나 있지 않지만 확대재정정책을 실시하면 이자율이 상승하게 된다.

확대재정정책의 효과   그림 19-6

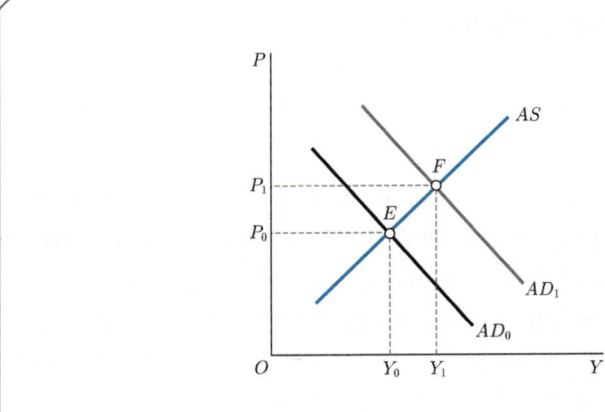

확대재정정책으로 총수요곡선이 우측으로 이동하면 국민소득이 증가하고 물가도 상승한다.

(5) 구축효과

① 정부가 정부지출 재원을 조달하기 위해 국공채를 발행하면 채권시장에서 국공채 공급이 증가하므로 국공채가격이 하락하고, 이자율이 상승한다.

   ❖ 채권가격과 이자율은 역(−)의 관계에 있다. 그러므로 국공채가격의 하락은 곧 이자율의 상승을 의미한다.

② 이자율이 상승하면 민간의 소비 및 투자가 감소하는 효과가 발생하는데, 이를 구축효과(crowding-out effect)라고 한다.

> 정부지출 증가 → 이자율 상승 → 민간의 소비 및 투자 감소 → 총수요(국민소득) 증가 일부 상쇄

③ 구축효과가 발생하면 정부지출 증가에 따른 총수요(국민소득) 증가가 민간의 소비 및 투자 감소로 인해 일부 상쇄되므로 재정정책의 효과가 감소한다.

✅ 구축효과가 크다는 것은 재정정책의 효과가 작다는 것과 같다.

구축효과   그림 19-7

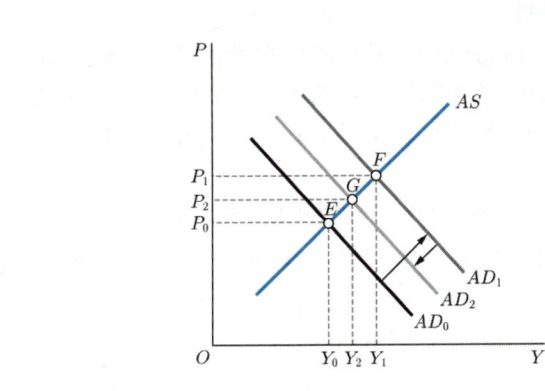

구축효과가 발생하면 정부지출 증가에 따른 총수요(국민소득) 증가가 민간의 소비 및 투자 감소로 인해 일부 상쇄되므로 재정정책의 효과가 감소한다.

④ 케인즈학파는 구축효과가 그리 크지 않기 때문에 국공채발행을 통한 재정정책이 매우 효과적이라고 보는 반면, 통화주의학파는 구축효과가 크기 때문에 재정정책의 효과는 미미하다고 주장한다.

(6) 리카도 등가정리

1) 개념

① 리카도 등가정리(Ricardian equivalence theorem)는 고전학파 경제학자인 리카도(D. Ricardo)의 이론을 새고전학파 경제학자인 배로(R. Barro)가 현대화한 이론으로, 공채중립성정리(debt neutrality theorem)라고도 한다.
② 리카도 등가정리에 의하면, 정부지출 재원을 조세징수를 통해 조달하든 국공채발행을 통해 조달하든 그 효과는 근본적으로 동일하다. 그러므로 정부지출 재원조달방식의 변경은 경제의 실질변수에 아무런 영향을 미칠 수 없다.

2) 케인즈학파의 견해

① 케인즈학파에 의하면, 조세징수를 통해 정부지출 재원을 조달할 경우 처분가능소득 감소에 따른 소비 감소로 총수요가 감소하여 재정정책의 효과가 감소하지만, 국공채발행을 통해 정부지출 재원을 조달하면 처분가능소득이 감소하지 않으므로 소비 감소나 총수요 감소가 나타나지 않는다.
② 그러므로 정부지출수준이 일정하더라도 정부지출 재원조달방식을 조세징수에서 국공채발행으로 변경하면 처분가능소득 증가에 따른 소비 증가로 총수요가 증가하여 국민소득이 증가한다.

$$\begin{pmatrix} 국채발행 \\ 조세감면 \end{pmatrix} \rightarrow Y_d\uparrow \rightarrow C\uparrow \rightarrow AD\uparrow \rightarrow Y\uparrow$$

3) 새고전학파의 견해

① 새고전학파에 의하면, 국공채발행은 정부의 부채이며, 만기 시에 이를 상환하기 위해서는 조세를 부과할 수밖에 없다. 그러므로 국공채발행은 합리적 기대를 하는 민간의 입장에서 보면 결국 조세징수를 현재시점에서 미래의 상환시점으로 연기한 것에 불과하다.
② 국공채를 미래의 조세로 인식하게 되면 국공채발행을 통한 조세감면으로 처분가능소득이 증가하더라도 합리적인 경제주체들은 미래의 조세 증가에 대비하여 소비를 늘리지 않고 저축을 증가시킨다. 그러므로 소비가 변하지 않고, 총수요도 변하지 않는다.
③ 결과적으로, 정부지출 재원조달방식이 조세징수에서 국공채발행으로 바뀌더라도 총수요에 아무런 영향을 미치지 않으므로 국민소득도 전혀 변하지 않는다.

$$\begin{pmatrix} 국채발행 \\ 조세감면 \end{pmatrix} \rightarrow Y_d\uparrow \begin{bmatrix} \overline{C} \rightarrow \overline{AD} \rightarrow \overline{Y} \\ S_P\uparrow \end{bmatrix}$$

④ 정부지출수준이 일정한 상태에서 조세를 감면하고 국공채를 발행하면 정부저축 $(T-G)$이 그만큼 감소하게 된다.

⑤ 이때 정부저축$(T-G)$의 감소분만큼 민간저축(S_P)이 증가하므로 총저축(S_N)은 변하지 않는다. 그러므로 이자율과 투자도 변하지 않는다.

4) 리카도 등가정리의 성립조건

① 모든 경제주체가 합리적일 것
   → 리카도 등가정리가 성립하기 위해서는 경제주체들이 합리적이고 미래지향적이어야 한다. 만약 경제주체들이 근시안적인 의사결정을 한다면 현재의 조세감면을 미래의 조세 증가로 인식하지 못하게 되므로 소비가 증가할 수 있다.

② 유동성제약(차입제약)이 존재하지 않을 것
   → 차입을 통해 소비를 늘리고 싶지만 차입이 불가능한 유동성제약(차입제약)에 직면한 사람들은 현재소득으로만 지출을 결정하기 때문에 국채발행을 통한 조세감면으로 처분가능소득이 증가하면 소비가 증가한다.

③ 경제활동인구 증가율이 0일 것
   → 리카도 등가정리가 성립하기 위해서는 경제활동인구 증가율이 0이어야 한다. 현재의 조세감면은 미래의 조세 증가로 연기되는데, 경제활동인구 증가율이 양(+)의 값을 갖는다면 미래의 조세부담을 분담할 수 있게 되므로 사람들은 조세감면에 대응하여 소비를 늘릴 것이다.

④ 정부지출수준이 일정하고, 정부가 균형재정을 추구할 것
   → 리카도 등가정리가 성립하기 위해서는 정부지출수준이 일정하고, 정부가 균형재정을 추구해야 한다. 만약 정부가 현재 확대재정정책(적자재정)을 실시하였는데, 미래에도 균형재정을 추구하지 않고 계속 적자재정 상태를 유지한다면 확대재정정책은 효과적일 수 있다.

⑤ 조세가 정액세의 형태로 부과될 것
   → 리카도 등가정리가 성립하기 위해서는 조세가 정액세의 형태로 부과되어야 한다. 만약 비례세나 누진세의 형태로 조세가 부과된다면 국민소득이 변화할 때 조세의 크기도 변하게 되므로 현재세대와 미래세대의 조세부담이 달라진다.

> 리카도 등가정리는 정부지출수준이 일정하게 유지된다는 전제하에서 정부지출 재원조달방식(조세징수, 국공채발행)에만 초점을 맞추고 있기 때문에 리카도 등가정리에서도 정부지출 규모가 증가하면 총수요가 증가한다.

(7) 재정의 자동안정화장치

1) 개념

① 자동안정화장치(automatic stabilizers)란 경기침체나 경기과열 등의 경제 상황에서 정부가 의도적으로 정부지출수준 혹은 세율을 조절하지 않더라도 자동으로 정부지출이나 조세수입이 변화하여 경기 진폭을 완화해주는 재정제도를 말한다.

② 자동안정화장치의 예로는 누진세, 비례세, 법인세, 실업보험, 사회보장제도 등을 들 수 있다.
   ✚ 비례세도 자동안정화기능이 있다.

2) 설명
① 정부지출은 소득수준에 관계없이 일정하고, 조세는 비례세인 경우를 가정하자.
② 국민소득이 Y_0일 경우 조세수입과 정부지출이 일치하므로 균형재정 상태이다.
③ 이제, 국민소득이 Y_1으로 증가하면 조세수입도 증가하므로 재정은 흑자가 된다.
④ 조세의 증가는 처분가능소득과 소비를 감소시키고, 이는 총수요를 감소시킴으로써 경기과열을 억제하는 역할을 한다.
⑤ 반대로, 국민소득이 Y_2로 감소하면 조세수입도 감소하므로 재정은 적자가 된다.
⑥ 조세의 감소는 처분가능소득과 소비를 증가시키고, 이는 총수요를 증가시킴으로써 경기침체를 완화하는 역할을 한다.
⑦ 자동안정화장치가 잘 작동하는 경우에는 정책당국이 재량적인 정책을 실시하지 않더라도 경제가 안정화되는 효과가 나타난다.

$$\begin{bmatrix} 경기과열 : Y\uparrow \rightarrow T\uparrow \rightarrow Y_d\downarrow \rightarrow C\downarrow \rightarrow AD\downarrow \cdots 경기과열\ 억제 \\ 경기침체 : Y\downarrow \rightarrow T\downarrow \rightarrow Y_d\uparrow \rightarrow C\uparrow \rightarrow AD\uparrow \cdots 경기침체\ 완화 \end{bmatrix}$$

그림 19-8 자동안정화장치

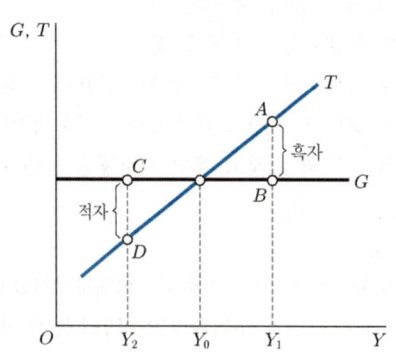

3) 특징
① 한계소비성향(c)이 클수록, 한계세율(t)이 높을수록 자동안정화장치의 효과가 커진다.
② 각종 사회보장제도 등으로 인해 정부부문이 경제에서 차지하는 비중이 클수록 자동안정화장치의 효과가 커진다.

2 금융정책

(1) 개념

① 금융정책(financial policy)이란 중앙은행이 통화량(M)이나 이자율(r)을 변화시켜 경기침체를 극복하거나 경기과열을 억제함으로써 경기변동을 완화하고 안정적인 경제성장을 달성하고자 하는 정책을 말한다.
② 통화량을 증가시키는 것을 확대금융정책이라고 하고, 그 반대를 긴축금융정책이라고 한다.
③ 금융정책은 통화정책(monetary policy)이라고도 한다.

(2) 확대금융정책의 효과

① 중앙은행이 통화량을 증가시키는 확대금융정책을 실시하면 총수요가 증가하므로 총수요곡선이 우측으로 이동한다.
② 확대금융정책으로 총수요곡선이 우측으로 이동하면 확대재정정책의 경우와 마찬가지로 국민소득이 증가하고 물가도 상승한다.
③ 그러나 확대재정정책과 달리 확대금융정책을 실시하면 이자율이 하락하게 되므로 구축효과가 발생하지 않는다.

CHAPTER 20 환율이론

제1절 환율이론

1 환율의 개념 및 표시방법

(1) 환율의 개념
① 환율(exchange rate)이란 자국통화와 외국통화의 교환비율을 말한다.
② 일반적으로 환율이라고 하면 명목환율을 의미한다.

(2) 환율의 표시방법

1) 지급환율(자국통화표시환율)
① 지급환율(direct quote)은 외국통화 1단위를 얻기 위해 지급해야 하는 자국통화의 크기로 표시한다.
  예 1$=1,200₩ : 1달러를 얻기 위해 1,200원을 지급해야 한다.
② 우리나라를 비롯한 대부분이 국가들이 이 방법으로 환율을 표시한다.

2) 수취환율(외국통화표시환율)
① 수취환율(indirect quote)은 자국통화 1단위를 지급할 때 수취할 수 있는 외국통화의 크기로 표시한다.
  예 $1₩ = \frac{1}{1,200}$ \$: 1원을 지급하면 $\frac{1}{1,200}$ 달러를 수취할 수 있다.
② 영국을 비롯한 몇몇 국가에서 이 방법으로 환율을 표시한다.

(3) 환율상승과 환율하락

1) 환율상승
① 환율상승이란 자국통화의 대외가치가 하락하는 것으로 평가절하라고도 한다.
  예 1$=1,200₩ → 1$=1,300₩
② 환율이 상승하면 달러표시 수출품가격이 하락하므로 수출이 증가하고, 원화표시 수입품가격은 상승하므로 수입이 감소한다.

2) 환율하락
① 환율하락은 자국통화의 대외가치가 상승하는 것으로 평가절상이라고도 한다.
  예 1$=1,200₩ → 1$=1,100₩
② 환율이 하락하면 달러표시 수출품가격이 상승하므로 수출이 감소하고, 원화표시 수입품가격은 하락하므로 수입이 증가한다.

2 외환의 수요와 공급에 의한 환율결정이론

(1) 외환의 수요

① 외환의 수요란 외환시장에서 외환을 구입하는 것으로, 우리나라에서 외화($로 통칭함)가 유출되는 현상을 말한다.
② 외환수요곡선은 환율의 변화와 외환수요량과의 관계를 나타낸다. 환율이 상승하면 원화표시 수입품가격이 상승하므로 수입이 감소하여 외환수요량이 감소한다.
③ 환율이 상승할 때 외환수요량이 감소하므로 외환수요곡선은 우하향의 형태로 도출된다.

☑ **외환의 수요**
: 달러의 유출 현상

(2) 외환의 공급

① 외환의 공급이란 외환시장에서 외환이 판매되는 것으로 우리나라로 외화가 유입되는 현상을 말한다.
② 외환공급곡선은 환율의 변화와 외환공급량의 관계를 나타낸다. 환율이 상승하면 달러표시 수출품가격이 하락하므로 수출이 증가하여 외환공급량이 증가한다.
③ 환율이 상승할 때 외환공급량이 증가하므로 외환공급곡선은 우상향의 형태로 도출된다.

☑ **외환의 공급**
: 달러의 유입 현상

(3) 균형환율의 결정

외환수요곡선과 외환공급곡선이 교차하는 점(E점)에서 외환시장의 균형이 달성되고, 균형환율과 균형외환거래량이 결정된다.

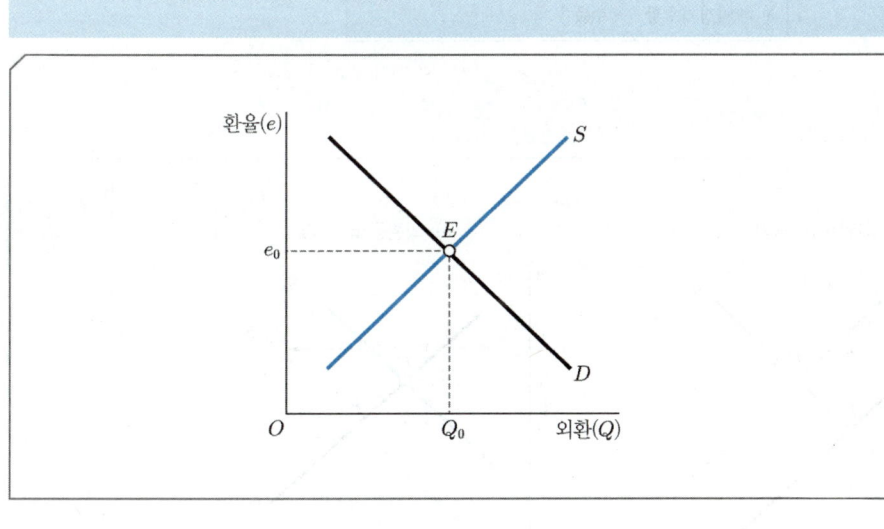

외환시장의 균형 그림 20-1

외환수요곡선과 외환공급곡선이 교차하는 점(E점)에서 외환시장의 균형이 달성되고, 균형환율과 균형외환거래량이 결정된다.

(4) 균형환율의 변화

1) 개요

① 외환의 수요와 공급에 영향을 미치는 요인이 변할 경우 외환의 수요와 공급에 의해 결정된 균형환율이 변화한다.

② 외환의 수요가 증가하면 외환수요곡선이 우측으로 이동하므로 균형환율은 상승(평가절하)한다. 반대로, 외환의 공급이 증가하면 외환공급곡선이 우측으로 이동하므로 균형환율은 하락(평가절상)한다.

2) 외환수요와 외환공급의 변화요인

- 수입↑
- 해외물가↓ → 수입품의 상대가격↓ → 수입↑
- 국내물가↑ → 수입품의 상대가격↓ → 수입↑
- 자국민의 해외관광↑
- 차관의 상환↑
- 국내이자율↓ → 자본유출
- 해외이자율↑ → 자본유출
- 국민소득↑(국내경기호황) → 수입↑

- 수출↑
- 국내물가↓ → 수출품의 상대가격↓ → 수출↑
- 해외물가↑ → 수출품의 상대가격↓ → 수출↑
- 외국인의 국내관광↑
- 차관의 도입↑
- 국내이자율↑ → 자본유입
- 해외이자율↓ → 자본유입
- 해외경기호황 → 수출↑

그림 20-2 균형환율의 변화

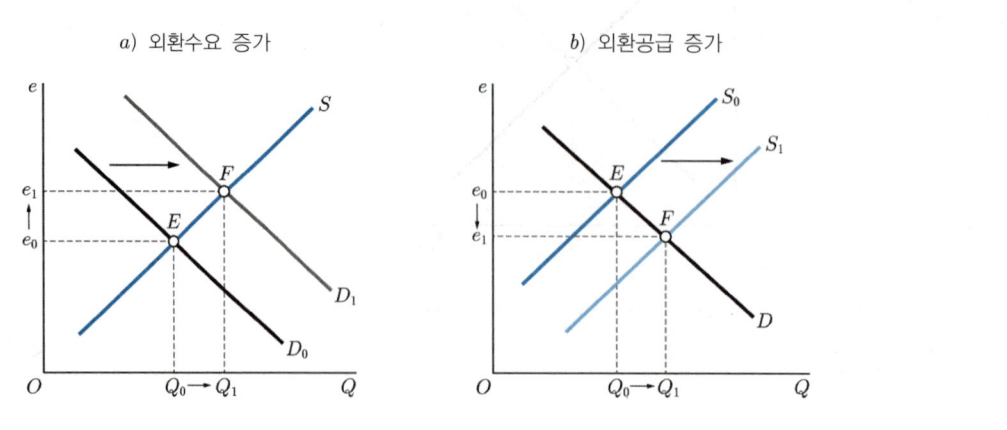

SUMMARY

01. 국내총생산(GDP) = 부가가치 + 고정자본소모

02. 국내순생산(NDP) = GDP - 고정자본소모

03. 총저축(국민저축)은 민간저축과 정부저축의 합으로 구성된다.

$$\begin{array}{ccccc} 총저축(S_N) & = & 민간저축(S_P) & + & 정부저축(S_G) \\ (Y-C-G) & = & (Y-T-C) & + & (T-G) \end{array}$$

04. 대부자금시장에서 대부자금의 수요(투자)와 대부자금의 공급(저축)에 의해 이자율이 결정된다.

05. 승수(multiplier)란 독립지출이 변할 때 국민소득이 얼마나 변화하는지를 나타내는 척도이다.

- 정부지출승수 : $\dfrac{\Delta Y}{\Delta G} = \dfrac{1}{1-c(1-t)+m}$
- 투 자 승 수 : $\dfrac{\Delta Y}{\Delta I} = \dfrac{1}{1-c(1-t)+m}$
- 조 세 승 수 : $\dfrac{\Delta Y}{\Delta T} = \dfrac{-c}{1-c(1-t)+m}$
- 감 세 승 수 : $\dfrac{\Delta Y}{\nabla T} = \dfrac{c}{1-c(1-t)+m}$

06. 구축효과(crowding-out effect)란 정부의 재정적자 또는 확대재정정책으로 이자율이 상승하여 민간의 소비 및 투자가 감소하는 효과를 말한다.

07. 케인즈학파는 구축효과가 그리 크지 않기 때문에 국공채발행을 통한 재정정책이 매우 효과적이라고 보는 반면, 통화주의학파는 구축효과가 크기 때문에 재정정책의 효과는 미미하다고 주장한다.

08. 리카도 등가정리(Ricardian equivalence theorem)에 의하면, 정부지출 재원을 조세징수를 통해 조달하든 국공채발행을 통해 조달하든 그 효과는 근본적으로 동일하다. 그러므로 정부지출 재원조달방식의 변경은 경제의 실질변수에 아무런 영향을 미칠 수 없다.

09. 리카도 등가정리의 성립조건은 모든 경제주체가 합리적일 것, 유동성제약(차입제약)이 존재하지 않을 것, 경제활동인구 증가율이 0일 것 등이다.

10. 자동안정화장치(automatic stabilizers)란 경기침체나 경기과열 등의 경제 상황에서 정부가 의도적으로 정부지출수준 혹은 세율을 조절하지 않더라도 자동으로 정부지출이나 조세수입이 변화하여 경기 진폭을 완화해주는 재정제도를 말한다.

11. 자동안정화장치의 예로는 누진세, 비례세, 법인세, 실업보험, 사회보장제도 등을 들 수 있다.

MEMO

―― 수험서의 NO.1 ――
서울고시각

편|저|자|약|력

황정빈
- 한국외국어대학교 경제학 박사
- (현) 우리경영아카데미 경제학, 재정학 강사
  아이파경영아카데미 재정학 강사
  우리취업아카데미 공기업 경제학 강사
  한국외국어대학교 출강

- 저서 : 황정빈 유형별 객관식 재정학 (서울고시각)
  황정빈 재정학 Check point (서울고시각)
  황정빈 재정학 10년간 기출문제집 (서울고시각)
  황정빈 경제학 Check point (서울고시각)
  황정빈 경제학원론 : 공기업 통합/상경 대비 (서울고시각)
  황정빈 공기업 경제학 : 통합전공 (서울고시각)
  황정빈 공기업 객관식 경제학 700제 (서울고시각)
  황정빈 공기업 객관식 경제학 1700제 미시편·거시편 (서울고시각)
  황정빈 공기업 경제학 FINAL (서울고시각)
  황정빈 공인노무사 객관식 경제학 (서울고시각)

길라잡이
황정빈 재정학
미시경제학

인쇄일 2024년 12월 10일
발행일 2022년 8월 10일 (제1쇄)
　　　　 2023년 1월 15일 (제2쇄)
　　　　 2024년 1월 10일 (제3쇄)
　　　　 2024년 12월 15일 (제4쇄)

편저자 황정빈
발행인 김용관
발행처 ㈜서울고시각
주　소 서울시 마포구 양화로7길 83 2층(데이비드 빌딩)
대표전화 02.706.2261
상담전화 02.706.2262~6 ｜ FAX 02.711.9921
인터넷서점·동영상강의 www.edu-market.co.kr
E-mail gosigak@gosigak.co.kr
표지디자인 이세정
편집디자인 김수진, 황인숙
편집·교정 김소정

ISBN 978-89-526-4271-4
정　가 20,000원

• 이 책에 실린 내용에 대한 저작권은 ㈜서울고시각에 있으므로 무단으로 전재하거나 복제, 배포할 수 없습니다.